HYPNOSIS
PRINCIPLES, METHODS
AND APPLICATIONS

催眠术
原理、方法与应用

郑日昌 著

北京师范大学出版集团
BEIJING NORMAL UNIVERSITY PUBLISHING GROUP
北京师范大学出版社

图书在版编目(CIP)数据

催眠术：原理、方法与应用/郑日昌著. —北京：北京师范大学
出版社，2017.7(2023.8重印)
（应用心理学丛书）
ISBN 978-7-303-22180-6

Ⅰ.①催…　Ⅱ.①郑…　Ⅲ.①催眠术　Ⅳ.①B841.4

中国版本图书馆 CIP 数据核字(2017)第 039566 号

图书意见反馈：gaozhifk@bnupg.com　010-58805079
营销中心电话：010-58807651
北师大出版社高等教育分社微信公众号　新外大街拾玖号

CUIMIANSHU：YUANLI、FANGFA YU YINGYONG

出版发行：北京师范大学出版社　www.bnupg.com
　　　　　北京市西城区新街口外大街 12-3 号
　　　　　邮政编码：100088
印　　刷：北京虎彩文化传播有限公司
经　　销：全国新华书店
开　　本：730 mm×980 mm　1/16
印　　张：21
字　　数：350 千字
版　　次：2017 年 7 月第 1 版
印　　次：2023 年 8 月第 5 次印刷
定　　价：48.00 元

策划编辑：沈英伦　　　　责任编辑：齐　琳　王星星
美术编辑：袁　麟　　　　装帧设计：锋尚制版
责任校对：陈　民　　　　责任印制：马　洁

序
PREFACE

提到催眠术，人们无不对其充满好奇。门外汉们会惊讶于催眠术何以能够如此轻易地操纵或改变个人的体验；有成见者会嗤之以鼻，将其看作旁门左道，贬为迷信和巫术；而催眠技术的学习者却觉得这个领域充满了挑战。

我对催眠感兴趣始于 20 世纪 80 年代。1985 年，我通过考试，受国家教育部派遣，以访问学者身份先后去美国教育测验中心（ETS）、匹兹堡大学、美国大学测验中心（ACT）研修两年。1986 年，我有幸参加了由圣地亚哥艾瑞克森学院主办的第二届催眠与策略干预年会，初次感受到催眠的神奇和玄妙，遂对其萌发了浓厚的兴趣。但由于我当时主要的研修方向是心理测量与心理咨询，且指导教授均不从事催眠研究，故没有更多接触催眠的机会。

回国后，我一直担任本科生和研究生心理测量与心理咨询两门课的教学及大、中、小学生心理健康教育方面的研究工作（全国教育科学"八五""九五""十五"规划教育部重点课题）。我在国内最早接触到的催眠术是 20 世纪 80 年代末社会上流传的催眠大师马维祥的催眠演示录像带，并聆听过一次马老师的催眠课。我自己只是在心理咨询课堂上对催眠做过简单介绍，或在个别咨询案例中偶尔用一点儿催眠法，更多的是在辅导学生克服考试焦虑时运用最基本的催眠放松技术，并开发多种放松磁带。

1997 年，经教育部有关部门批准，我再次获得出国研修一年的机会。从网上搜索到，澳大利亚心理学会会长、新南威尔士大学心理学院院长凯文·M. 麦坎基（Kevin M. McCongkey）教授是国际知名催眠专家，主编或参编催眠著作多部，遂通过电子邮件与其联系，表达访学愿望。麦坎基博士欣然应允，热情相邀，于是我以高级访问学者的身份成为新南威尔士大学的客座教授。

临床心理学是新南威尔士大学心理学院的优势学科，尤以员工心理援助（EAP）和催眠治疗见长，除一般咨询室外，另有催眠治疗室多间。在访学过程中，我不但旁听了麦坎基教授为博士班开设的催眠治疗课程，多次参加催眠疗法工作坊和催眠案例研讨会，而且观看了数十盘催眠治疗和催眠研究的录像带，收获颇丰。麦坎基还将其自著和与人合著的催眠教材或专著《临床催眠手册》(*Handbook of Clinical Hypnosis*)、《催眠与体验——现象和过程探讨》(*Hypnosis and Experience：The Exploration of Phenomena and Process*)、《犯罪调查中的催眠、记忆和行为》(*Hypnosis，Memory，and Behavior in Criminal Investigation*)赠送给我，并介绍我加入澳大利亚催眠学会和国际催眠学会。

1998 年年初，在新南威尔士大学心理学院做博士后研究的一位好友来北京考察调研，我请他将在澳大利亚很流行的员工心理援助计划的理念和资料介绍给我的学生。两位当时在读的研究生以年轻人的睿智，看到了 EAP 在中国的发展前景，硕士一毕业便创办了中国第一家 EAP 专业服务机构，经过十几年的打拼，机构如今已颇具规模，不但赢得了很好的社会声誉，而且获得了可观的经济效益。近几年，我曾多次应该机构之邀，为中国移动、中国电信、南方电网等多家大型企业管理者和员工举办压力与情绪管理工作坊，不同程度地运用了催眠放松技术。

2004 年，我受中共中央组织部派遣，去刚刚成立的中国浦东干部学院任访问教师，历时近 7 年，除开设了领导者(包括党政官员和大型国企领导者)心理调适课程外，还运用催眠原理，协助该学院创建了专门用于为领导者减压的音乐放松室，得到中共中央组织部和中央高层领导的肯定。此外，我还多次去中共中央党校、中国人民解放军国防大学、国家行政学院、中国纪检监察学院、国家检察官学院、中国大连高级经理学院讲授压力与情绪管理课程，适当穿插了催眠放松环节，受到各级领导的普遍欢迎。

本书是在我多年催眠研究和临床应用基础上，依据在多处催眠培训班和工作坊上的讲稿修改补充而成的。书中内容有编有著，书中所引催眠案例，有些是我本人所为，更多的是引自国内外催眠专家的著作，特别是艾瑞克森和麦坎基教授的著作，除在书中一一注明外，还要借本书出版之机，向书中所有提到的专家学者表示诚挚的谢意。

在编写过程中，我的两位弟子傅纳博士(带领其在北师大教育学部的几位研究生)和朱仙桃硕士,协助翻译和收集了部分国内外催眠资料,亦在此略表谢忱。

　　避免江湖气,增强学术性,是我在写作时坚持的原则和努力方向。这不是一本催眠的科普读物,因此没有用一些离奇古怪的催眠现象吸引读者的眼球,而是遵循理论与实践紧密结合的思路,系统阐述催眠术的原理、方法与应用,特别是用较大篇幅介绍了催眠感受性的测试方法,各种催眠诱导、加深技术,当代影响最大的艾瑞克森的催眠治疗理论,催眠的临床应用以及催眠治疗的研究方法。因此,将本书作为应用心理学本科生或临床心理学研究生的专业教材,以及心理治疗、心理咨询从业人员的参考书可能更适合一些。

　　2012 年年初完稿的本书第一版《催眠疗法》由开明出版社发行,这次再版对全书做了较大修订,除书名变为《催眠术:原理、方法与应用》外,框架结构和章节标题基本不变,但删除和增补了许多内容,特别是补充了多种催眠诱导方法和更多催眠应用的案例。为了今后修订联系方便,新版本改由北京师范大学出版社发行。

　　我虽从事心理学研究多年,但在催眠研究领域还只能算一名新兵。这里不揣浅陋,将多年来研习心得及拙见呈现书中,为催眠术在中国的发展贡献绵薄。

　　书中引用了许多海内外专家的研究成果和催眠案例,虽然一一注明出处,但并未征得原作者同意,在此除深表谢意外,尚请各位同道海涵。

　　然个人水平有限,书中谬误之处在所难免,恳请各方先进贤达和读者诸君批评雅正,不吝赐教。倘若有所反馈和评论,无论正面还是负面,均是笔者之大幸。

郑日昌
2017 年春末
于北京师范大学京师园

目 录
CONTENTS

001/ **第一章　催眠术在西方的发展史**

一、早期神秘阶段 /1

二、科学探索阶段 /3

三、现代应用阶段 /9

013/ **第二章　催眠术在中国的发展概况**

一、我国古代和民间的催眠术 /13

二、我国现代催眠术的发展 /15

017/ **第三章　催眠术是什么**

一、催眠的定义 /17

二、对催眠的误解 /18

三、正确的催眠观念 /19

四、催眠的相关状态 /21

五、催眠现象的理论阐释 /24

028/ **第四章　催眠术的门类和术语**

一、催眠术的类别与门派 /28

二、催眠的重要术语 /30

035/ **第五章　催眠的神奇现象**

一、退行作用 /35

二、催眠后暗示 /35

三、催眠幻觉 /37

四、感知觉的改变 /39

五、情欲的改变 /40

六、催眠后遗忘 /40

七、催眠梦 /42

八、催眠秀 /44

九、精神传感 /45

十、前世回溯 /46

049/ **第六章 催眠的程序、 影响因素与催眠冲突**

一、催眠实施的程序 /49

二、催眠效果的影响因素 /50

三、催眠冲突的表现与来源 /56

060/ **第七章 催眠感受性的量表测试**

一、斯坦福催眠量表 /60

二、哈佛团体催眠量表 /62

三、创造性想象量表 /64

四、儿童催眠量表 /65

五、卡特尔 16 种个性因素问卷 /66

068/ **第八章 催眠感受性的其他测试方法**

一、催眠感受性的自我测试 /68

二、催眠感受性的临床测试 /69

072/ **第九章 催眠诱导技术**

一、诱导目的 /72

二、诱导准则 /72

三、诱导方法 /73

四、诱导语种类 /75

五、诱导语示例 /75

六、标准催眠诱导语 /80

七、国外催眠大师诱导技术 /82

八、特殊催眠诱导方法 /89

094/ **第十章 催眠深化技术**

一、加深催眠状态的方法 /94

二、催眠加深法示例 /95

三、催眠深度分级 /97
四、催眠深度检测 /99
五、催眠状态的漂浮 /101

103/ **第十一章 催眠暗示技术**

一、设计暗示指令的原则 /103
二、直接暗示与间接暗示 /104
三、积极暗示指令举例 /105

107/ **第十二章 催眠探测与唤醒技术**

一、催眠探测技术 /107
二、催眠唤醒技术 /110

114/ **第十三章 催眠的基本技术**

一、自律式放松 /114
二、渐进式放松 /115
三、冥想式放松 /116

119/ **第十四章 年龄回溯技术**

一、年龄回溯的操作方法 /119
二、年龄回溯的真实性 /125
三、年龄回溯的理论解释 /129

131/ **第十五章 团体催眠技术**

一、团体催眠的作用与局限 /131
二、团体催眠的方法 /132

134/ **第十六章 自我催眠技术**

一、自我催眠的程序 /134
二、艾瑞克森自我催眠法 /137
三、"成功树"自我催眠法 /138
四、瑜伽深呼吸自我催眠法 /139
五、增强自我暗示效能的原则 /140

143/ **第十七章　艾瑞克森的催眠治疗理论**

一、艾瑞克森催眠学派的产生 /143

二、艾瑞克森催眠治疗的基本假设 /146

三、艾瑞克森催眠治疗的原理精要 /150

四、艾瑞克森催眠治疗的实施原则 /155

157/ **第十八章　艾瑞克森的催眠治疗方法**

一、合作策略 /157

二、联想策略 /166

三、分离策略 /173

四、催眠策略的综合运用 /185

186/ **第十九章　催眠术的应用领域**

一、催眠术在医学领域的应用 /186

二、催眠术在教育领域的应用 /187

三、催眠术在体育领域的应用 /188

四、催眠术在司法领域的应用 /188

五、催眠术在工商领域的应用 /191

195/ **第二十章　催眠术的临床应用**

一、催眠治疗的通用程序 /195

二、催眠术与常规心理疗法的结合 /196

三、催眠术与阴阳辩证疗法的结合 /198

四、催眠治疗的具体实施及案例 /201

五、催眠光盘指导语及音响设计 /221

233/ **第二十一章　催眠的传统研究方法**

一、口头报告法 /233

二、量表研究法 /234

235 / **第二十二章 催眠的体验分析技术**

一、体验分析技术的起源 /235

二、体验分析技术的实施 /236

三、体验分析技术的应用 /242

四、体验分析技术应用举例 /244

252 / **第二十三章 体验分析技术的变式**

一、常规体验分析技术的局限及变通 /252

二、体验分析技术变式的方法及优点 /253

三、体验分析技术变式的诱导语 /254

四、体验分析技术变式的实验研究 /255

五、结构化研究与非结构化研究 /263

六、体验分析技术变式的应用举例 /265

276 / **第二十四章 一个催眠研究案例**

一、被试 F 的几次催眠体验 /276

二、对被试 F 催眠体验的分析 /279

285 / **第二十五章 催眠师的素质要求**

一、催眠师的专业素质 /285

二、催眠师的人格素质 /286

三、如何选择催眠师 /288

290 / **第二十六章 催眠师的职业操守**

一、必须尊重受术者的需要和价值观 /290

二、必须恪守职业道德和相关法律 /291

三、如何规避催眠师的职业风险 /293

295/ 附　录

中华人民共和国精神卫生法 /295

中国心理学会临床与咨询工作伦理守则 /307

317/ 参考文献

第一章

催眠术在西方的发展史

研究任何一门学问，都要了解它的历史。只有洞察其过去，才能更好地理解现在，才能更好地展望未来。无论是在东方还是在西方，对催眠现象的研究和催眠在医学领域的应用都有着悠久的历史。

催眠术在西方的发展历史大体可分为以下三个阶段：早期神秘阶段、科学探索阶段、现代应用阶段。

一、早期神秘阶段

（一）原始宗教的影响

催眠术实际开始的时间早于任何有记载的历史。由于催眠是一种自然发生的现象，人类运用催眠起于何时确实已不可考。以催眠术作为治疗的手段，至少可追溯至文字出现之前的史前时代。催眠术是与人类的文化、宗教一起发生并传承的。原始部落的祭典活动、巫术治病以及所有的宗教仪式都包括某些催眠元素在内，那种以鼓声、吟唱、舞蹈的形式敬神祈福所引起的意识恍惚状态就是一种催眠现象。对相应仪式的考古研究分析指出，这些诱导过程一般都是通过语言的抑扬顿挫、眼睛的凝视和肢体的僵持发挥作用的。

几乎所有的古代文明社会都熟悉这种或那种催眠诱导技术。在古埃及、古罗马、古印度、古希腊及古巴比伦时代，都有使用催眠治疗疾病的记载，并认为催眠是一种神力。凡是有人患病，人们就祈祷上天神灵下降，祈祷时病人进入半睡眠状态，祈祷后病人康复。

历史上最早有关催眠治疗的记载（尽管当时还没有催眠这个词）是埃及第四王朝、公元前376年巴比鲁斯所描述的"睡神庙"：在古埃及的庙宇中，通过焚香和吟诵仪式让病患产生出神入神现象，施术者暗示症状将会消失，患者将获痊愈。在古希腊及古罗马时代也有数百间所谓睡眠治病的神庙，病患在"睡神庙"里接受治疗，施术者综合使用诸如音乐、药物、单调的重复言语等多种方法，使患者进入恍惚状态，但当时不叫作催眠而称为"巫术"。

这种把催眠术神秘化的现象，直到现代还在某些落后国家、民族或偏僻乡村存在，如巫师驱鬼或巫婆神汉"跳大神"治病，在某种程度上就是对患者的一种催眠。

（二）梅斯迈的磁气学说

催眠治疗的先驱并非是医生，而是一位天主教神父加斯那（Gassner）。在 18 世纪，患病被认为是"中邪"，需要把邪恶驱赶出躯体才能重获健康。加斯那在教堂里举行仪式，声称上帝通过他来驱赶病人身上的邪恶。

近代催眠疗法之父是出生于德国统治下的奥地利，并先后在奥地利、法国、英国、意大利等国行医的精神科医师弗朗兹·安东·梅斯迈（Franz Anton Mesmer，1734—1815）。在他生活的年代，正是占星术和牛顿力学风行于世的时候，他年轻时专门研究恒星、行星对于人体磁场的影响及其对治疗的作用，他的博士论文即以此为主题。毕业后他开始行医，一度获得极大成功。

梅斯迈借鉴占星术和牛顿力学理论，认为星体的磁力会影响人体的功能，一些人之所以精神错乱，是因为体内磁力失常。他认为"驱邪"并不是教父之所以能够治疗的关键，而是教父手中拿着的金属十字架的磁性所产生的作用。他还认为，不仅人体内有磁气，在猫狗、鸡鸭和青蛙等体内也有，从而提出了"动物磁气（Animal Magnetism）学说"。他宣称自己体内具有某种能治病的特殊磁气能量，并能将此磁气能量传达给他人，调整人体的不平衡，达到治病的效果。

梅斯迈故意制造一种神秘的环境氛围——精美的房间四周装满镜子，室内焚燃清香，邻室有小乐队演奏优美音乐。受术者坐在舒适的椅子上，身着丝绸礼服、胸前佩戴勋章的梅斯迈气宇轩昂地走进来，受术者立即产生一种敬仰之情和强烈的信任感。

他在个体治疗时采用按抚法，将双手放于受术者两肩，由肩部开始按抚，经臂、腕至指尖，再由指尖经腕、臂至肩部，如此重复多次。然后将手放在患病部位，微微震动，进行治疗。一种集体治疗的方法是，在光线暗淡的房间中央放一个大水桶，桶的四周装有许多磁棒，让病人围坐在水桶四周，将磁棒接触患病部位。梅斯迈手执长鞭，在音乐声中回旋于病人之间，用手中的长鞭或手触摸患病部位，促使病人出现大喊大叫、沉沉入睡、剧烈痉挛等反应，反应过后疾病就康复了。这就是他所宣称的"动物磁气疗法"。

当时梅斯迈术成为一股风潮，轰动整个欧洲大陆，甚至连当时的法国皇后也痴迷此道，成为他的"粉丝"。后来由于医学界质疑他的学说和盈利活动，他很快便陷入强烈的科学审查压力之下。特别是在法国，国王路易十六下令皇家科学院成立了调查委员会，成员包括当时为驻法大使的美国开国之父、著名科学家富兰克林。几个主要的科学调查组的共同结论是：该理论毫无科学依据！

实际上，梅斯迈初期利用磁铁，后来又故弄玄虚地使用神秘装置磁气筒，在受术者身上产生的生动效应，不过是想象、暗示的作用以及受术者对施术者崇拜、迷信的结果。

梅斯迈辗转欧洲各国，均经历了先兴后衰，由被奉为"神医"到被骂成"巫术"的命运，最后回到故乡郁闷而死，也有人说他晚年是在瑞士的布登湖于落寞中了结余生的。但他的动物磁气学说并没有因他的离世而消亡，直到19世纪初，欧洲各国特别是德国，在普鲁士政府的倡导下，将其看作一种重要医术，柏林医学界还在梅斯迈的墓前建立了一座纪念碑。曾经将梅斯迈驱逐出境的法国，在大革命战乱后，仍有很多医生、生物学家、哲学家争相研究磁气学说，不过在方法上已不再采用磁气装置，对其原理的解释也有所转变。

二、 科学探索阶段

虽说催眠的现象已伴随我们数千年了，但催眠的学术研究只是近两百年的事情。

（一）早期实验研究

葡萄牙哲学家、神学家法利亚（Jose Castodi de Faria，1755—1819），从印度移居法国，任巴黎修道院院长。他最初也是动物磁气说的倡导者，后来成为科学研究催眠的第一位实验者。他在1814—1815年通过实验发现，只用命令的语调也可使受术者入睡，也能收到与梅斯迈术同样的效果。他明确指出，使动物磁气术现象发生的，绝不是梅斯迈所说的那种动物磁气不可察知的力。受术者发生睡眠的原因，存在于受术者本人身上。法利亚是最早指出催眠的发生是由于受术者自身的"精神易感性"而不是磁气作用的人员之一。他认为在违反个人意愿的状态下，受术者是不会进入恍惚状态的。换句话说，在两百年前人们就知道催眠术并不能控制任何人。他还发展了固定凝视法，这项技巧到现在仍然被广泛流传，而且非常好用。法利亚的研究为后来南锡催眠学派的发展开了先河。

艾里奥松(John Elliotson，1791—1868)是英国伦敦大学医学院的教授、伦敦皇家医学暨外科手术协会主席。1837年，他在实验中发现患者在催眠状态下进行重要外科手术会没有痛苦。催眠能止痛，这是催眠疗法被科学界接受的重要原因。

在麻醉剂发明之前，印度医师伊斯戴尔(James Esdaile，1808—1859)利用催眠镇痛作为麻醉方法，为500余名患者施行手术，不仅减轻了病人手术时的痛苦，还加快了术后的康复过程，手术的死亡率也由50％降到5％。

在前人和自己多年探索的基础上，法国医生帕西格(Marquis de Puysegur，1751—1851)总结了现代意义上催眠术的三大基本特征：①被催眠者的注意力集中在催眠师身上；②无条件地接受催眠师的指令；③在被催眠状态下会出现遗忘。

(二)"催眠"术语的提出

英国曼彻斯特外科医师布雷德(James Braid，1795—1860)作为现代学者，研究动物本能在治疗上的应用，发现了催眠治疗心因性疾病所产生的神奇效果，实际上是动物的自愈能力。

1841年11月，布雷德细心观察一位来自瑞士的医生利用梅斯迈术为病人治疗的全过程，试图戳穿其骗术，结果并未发现任何破绽，而病人的确痊愈了。于是他摒弃偏见，亲自从事催眠研究，并于1842年写了关于催眠的第一本专著《神经性睡眠》，将梅斯迈所谓的"动物磁气学说"更名为"催眠"(hypnosis)。

"hypnos"是古希腊第三代的神，是主管快乐与自在之神，又称为睡眠之神。布雷德认为，催眠状态并非是真正的睡眠，而是精神(注意力)的集中。他认为诱发催眠的机理，乃是来自专注力固着在单一一个点或是单一的想法之上。他让受术者紧盯着一个盛了水的玻璃瓶或略高于眼睛上方的一个点，几分钟后，受术者的眼睛就会因疲劳而闭上。他起初称此为"神经催眠"(neurypuology)，后来简称为催眠，再后来又建议以精神集中状态来代替，将其命名为"单一观念"(monoideism)。

布雷德把催眠术从梅斯迈渲染的神秘气氛中解脱出来，是从科学角度解释催眠现象的第一人，被公认为现代催眠术的开山鼻祖。布雷德的一些关于催眠的观点到现在仍有意义，特别是他发明的一种能发光的透明器物——催眠球，至今仍为当代催眠师所使用，即让受术者凝视水晶球，并结合语言诱导，使其进入催眠状态。

（三）南锡学派的暗示理论

19世纪的科学家开始广泛关注催眠术，也对催眠术存在诸多争议，从而进行了更加深入的学术研究。

法国南锡学院（Nancy School）的利比奥特（Auguste Liebeault，1823—1904）认为催眠是直接暗示的结果。他的催眠方法是，在距离半米处与受术者两眼对视，不得闭合，当受术者双眼疲劳时，对受术者说："你的眼睛很疲倦，眼皮很重，你越来越困，你的眼睛睁不开了，你睡着了。"然后发出消除症状的直接暗示。他发现将布雷德的凝视法同语言暗示结合起来，可以使85％的人进入催眠状态。他常常用催眠术替人治病而不收费，所以收集了许多研究资料，在此基础上提出了"人为的睡眠状态"的新学说，于1866年出版了《类催眠论》一书，指出医师及患者的关系对催眠现象的发生及其治疗效果有重大的影响。据说此书只卖出一本，买者是南锡学派另一领军人物伯恩汉姆（Hippolyte Bernheim，1837—1919）。

伯恩汉姆是南锡学院的医学教授，起初他怀疑利比奥特是个骗子，决心揭穿他。于是带一位病人来试探利比奥特，结果利比奥特一夜之间便医好了病人。伯恩汉姆转而成为利比奥特的支持者，二人合作在南锡开办了一个催眠诊所。伯恩汉姆强调对催眠的心理学解释，将其视为暗示的力量（power of suggestion）导致的一种身心状态，并认为催眠是睡眠的特殊形式，是催眠对象的注意力集中在施术者的建议（暗示）上，从而强化了催眠过程的心理特性。他在催眠之前，先对受术者做详细解释，并让其观看催眠治疗的过程，从而消除其疑虑与恐惧心理，并产生预期作用。在大约二十年中，他们的诊所用催眠暗示医治了三万多个病人，并取得巨大成功。欧洲各地的医生纷纷来到南锡，在他们的指导下学习研究催眠，弗洛伊德就是其中之一。

法国著名神经科专家、巴黎大学的马丁·夏柯（Jean Martin Charcot，1825—1893）教授专注于神经系统失调的研究。他认为催眠是一种癔症（歇斯底里）现象，只会发生在精神病患者身上，凡被催眠者都有癔症的隐含个性。他于1878年开始，在巴黎的塞尔佩萃（Salpetriere）医院以癔症妇女为对象研究催眠，认为催眠状态是一种和癔症发作相似的状态。换句话说，所谓催眠不过是通过人为诱导使受术者进入癔症状态而已。很多人接受了他的观点,将其称为塞尔佩萃学派,成为同梅斯迈学派和南锡学派鼎立的催眠学派。后来,他以"创伤后应激障碍"(Post Traumatic Stress Disorder,PTSD)的研究闻名于世。

以利比奥特和伯恩汉姆为代表的南锡学派对梅斯迈的物理学理论和夏柯的神经学理论给予了严厉的批判。1884年,伯恩汉姆出版了《暗示及治疗应用》上、下卷,不但证明了催眠现象的发生与暗示有关,而且指出每个人都在某种程度上具有对暗示的感受性,因此无论是精神病患者或是正常人都可以进入催眠状态。他将暗示定义为"大脑接受并唤起观念的能力,它使这种观念倾向于实现,使之化为行动"。但是,伯恩汉姆后来认为,在清醒状态下进行暗示能取得同样的效果,因而他在各种医疗行为中不再使用催眠术,并把这种新的暗示方法称作为"心理疗法"。

南锡派的暗示说侧重的是心理学方面的研究,比布雷德单纯以生理为主的视神经疲劳说有很大进步,很少有人对其产生异义,它在20世纪初被广泛接受。当今所有催眠术的施行方法,都离不开暗示的作用,故有人说催眠术实际上就是暗示术。

药剂师伊麦尔·柯耶(Emile Coue,1857—1926)是自我暗示之父。他相信没有所谓暗示,只有自我暗示,用另外一种说法就是:所有的催眠都是自我催眠。

纵观催眠术的研究历史,从18世纪梅斯迈的神秘磁气说,到19世纪布雷德视神经疲劳的生理说和夏柯的神经病理说,再到利比奥特和伯恩汉姆的心理暗示说,都是把催眠建立在科学基础上的,所以后来人们把从19世纪开始的催眠术历史称作科学时代的催眠术。

第一次世界大战期间(1914—1918),精神病患者增多,催眠术在欧洲各国十分盛行。

(四)催眠研究热的降温

在近代,对催眠理论影响较大的是19世纪末的精神分析创始者、著名心理学家及精神科医师西格蒙特·弗洛伊德(Sigmurd Freud,1856—1939)。

1885年秋,奥地利青年医生弗洛伊德到巴黎留学,拜夏柯教授为师,为夏柯的催眠术所倾倒。1889年,弗洛伊德再次来到法国,向南锡的开业医师利比奥特学习催眠,并认识到催眠可以把压抑在意识深处的能量引导到意识表面上来。1895年,弗洛伊德与当时一流的催眠师布鲁尔(Breuer,

1842—1925)合著了《歇斯底里症的研究》一
书，结论是歇斯底里症的实质是压抑了被伤
害体验。布鲁尔通过催眠术来证实这一理
论，而作为不成功的催眠师，弗洛伊德则发
展了精神分析理论来阐释该结论的可靠性。
弗洛伊德将人的心理现象分为意识、前意识
和潜意识；他认为潜意识中既有许多病态信
息，也有丰富的自愈潜能，催眠术就是脱离
表浅意识状态而与深藏意识沟通并影响潜意
识的有效方法。由此看来，催眠术是开启潜
意识门户的金钥匙，对弗洛伊德潜意识理论
的提出具有重要的启迪作用。

弗洛伊德

　　弗洛伊德看了伯恩汉姆所著《催眠与暗
示》一书，便与当时的俄国生理学家巴甫洛
夫(Ivan Petrovich Pavlov，1849—1936)一样，认定催眠术的关键是暗示。
暗示使大脑皮层出现选择性抑制，意识范围缩小，从而接受指令与潜意识
沟通，并产生多种神奇效应。

　　后来，弗洛伊德与荣格(Carl Jung，1875—1961)一起研究催眠。由于
两人都只会用权威性直接暗示的催眠法，病人经常产生抗拒或移情阻抗，
效果并不理想。有一次"一名年轻的女病人跳起来，拥抱并亲吻了他，弗洛
伊德惊呆了，认为催眠太不稳定，不能再继续运用了。"后来，弗洛伊德和
荣格都宣布催眠术没有医疗价值，从而放弃了催眠术的使用。

　　在催眠治疗中，催眠师的信心对取得良好效果非常重要。弗洛伊德除
了对催眠术缺乏自信，还认为暗示治疗有风险，错误地认为去掉一个病症
后会形成一个更为严重的症状，如消除酗酒欲望后，病人会以吸毒来替代。
一些追随弗洛伊德而又对催眠术无知的精神病学家，以此为根据在大众杂
志和医学刊物上撰文攻击催眠术的应用，使很多人对催眠术心惊胆战。

　　后来由于弗洛伊德心理分析的盛行，催眠治疗几乎销声匿迹，催眠的
香火仅靠江湖术士的舞台秀才得以延续，直到第二次世界大战，催眠术才
再次获得科学界和医学界的重视。

　　奇科和莱克伦对弗洛伊德有过如下评论：

　　弗洛伊德在19世纪90年代开始进行催眠实践，与他一起工作的普通科

医生布鲁尔是当时最好的医学催眠师之一。弗洛伊德几乎不怎么了解催眠，是一个糟糕的催眠操作者，并且还对催眠抱有错误的观念，即必须要进入深度催眠状态才能达到良好的治疗效果。弗洛伊德的受试者只有十分之一能进入深度催眠，这令他的挫败感非常强烈。而布鲁尔医生的治疗效果则要好得多，他们之间有过很多竞争和敌对，弗洛伊德对此不能容忍，所以他放弃了催眠，寻找其他方法并发展出自由联想和释梦。

虽然弗洛伊德对心理治疗和心理知识的贡献是巨大的，但是他放弃催眠这件事却是有害的，因为它阻碍了催眠治疗的发展近50年。今天许多精神科医生和大部分分析师都对催眠不怎么有兴趣，他们对催眠所知甚少却相信它没有价值，因为弗洛伊德开始使用并且最终放弃了它。他们中的许多人笃信催眠治疗仅仅通过暗示令症状解除，正如伯恩汉姆应用的那样。因此，催眠治疗的效果通常被认为只是暂时的，虽然伯恩汉姆和当时其他内科医师已经明确地证明这种观点是错误的。

（转引自：斯蒂芬·吉利根. 艾瑞克森催眠治疗理论. 王峻，谭洪岗，吴薇莉，译. 北京：世界图书出版公司，2007.）

尽管弗洛伊德后来放弃甚至反对催眠治疗，而主要依赖自由联想、释梦和移情分析、阻抗分析，但他的潜意识理论对催眠术和催眠治疗的发展仍有巨大的推动作用。

受弗洛伊德潜意识理论影响，另一位催眠研究者皮儿·嘉内(Pierre Janeit，1849—1947)把催眠定义为一种"解离"(dissociation)的心理过程，即意念系统从正常的人格中分离出来并独立运转的过程。解离理论认为，催眠将意识离解为"体验自我"与"观察自我"两个独立系统，并且在催眠师的指令下，意识可以自由地在不同系统间切换。嘉内把催眠状态描述为受术者下意识(subconscious)地而不是有意识地执行认知功能的一种状态。这里所说的下意识即弗洛伊德说的潜意识(nonconscious)，而不是无意识(unconscious)。除此之外，他还认为，催眠中存在受术者有意取悦催眠师的"角色扮演"成分。嘉内的理论影响了很多心理学家，甚至美国心理学奠基人威廉·詹姆斯(William James，1842—1910)也对其理论十分推崇。

催眠术是科学和艺术的综合体，在学术研究之外，催眠术还会被当成一种表演和观赏的艺术。在20世纪30年代到50年代，催眠被普遍用在舞台表演及电影与电视剧中。其中有几部关于催眠的电影极大地影响了民众对催眠的认知，现代大多数人从这些媒体上获得的催眠知识都是错误的。

电影、电视和舞台上的催眠秀，为了吸引观众眼球，往往夸大其词或做各种搞笑动作，导致人们对催眠产生恐惧或过高的期望。

20世纪前半叶，行为主义的崛起，加之弗洛伊德对催眠的排斥，以及影视作品中对催眠神秘色彩的过分渲染，使得对催眠术和催眠治疗的学术研究热急剧降温，妨碍了催眠理论的进一步发展和应用。

直到1943年，美国耶鲁大学的著名心理学家克拉克·霍尔（Clark Hull，1884—1952）出版其著作《催眠与受暗示性》，才重新引起了学术界对催眠研究的兴趣。霍尔的另一个重要贡献是引导艾瑞克森走上了催眠研究的道路。

三、 现代应用阶段

（一）催眠热的重新兴起

第二次世界大战结束后，许多士兵因战争受到创伤，产生极大的精神困扰。当时以精神分析为主的心理治疗费用高昂、时间漫长，而催眠术因其在治疗战争神经症患者、牙科病人和产科疾病方面的经济和快速有效受到了极大的重视，从而使催眠术的研究特别是应用进入了新的快速发展期。美国和英国等国家的医学界均正式承认催眠术是一种有效的治疗方法，使催眠术从而被越来越多的临床医生所采用。例如，很多牙科医师在治疗中使用催眠麻醉，一些国家的牙医与医疗协会认可催眠的使用。

美国心理学会（APA）于1945年在总会之下特别设立了催眠心理学分会。德国、英国、法国、意大利、加拿大等国也相继在心理学会下专设催眠研究学术分会或单独成立了催眠学会。1955年，英国医学会肯定了催眠在医学临床中的应用。美国医学会（American Medical Association，AMA）经过两年调研，于1958年发表声明支持催眠治疗与医学上的催眠使用。同年国际催眠学会成立，推动了世界各国对催眠心理现象的原理及催眠术应用的研究。在欧美国家的影响下，日本也在1956年成立了催眠研究会，1963年成立了催眠医学心理学会。

后来美国先后成立两个由内科医生、牙科医生、精神病学家和心理学家组成的全国性催眠团体，一个是总部设在纽约的"临床与实验催眠术协会"，另一个是设在明尼苏达的"美国临床催眠术协会"。到20世纪80年代，两个组织的会员总数已逾四千人，有近两万名内科医生和心理医生接受过催眠术的正规教学或私人培训。越南战争期间，美国政府甚至资助有关单位开展催眠理论研究。

戴夫·爱尔曼（Dave Elman，1900—1967）是一位在美国专门教导医界人士的催眠治疗师，他学习催眠术的动机，来自 8 岁时一位舞台催眠师在短短的时间内止住了父亲癌症的疼痛。他发展出的爱尔曼诱导法与重复诱导法，是能够在极短的时间内引发深度催眠的技巧。他撰写的《催眠治疗》（*Hypnotherapy*）一书，被称为催眠圣经。

近代很多国家的大学都有催眠学科，开设多门课程，通常被归类于"自然疗法"或"另类疗法"，出版许多专著，更有专业杂志发表大量探索催眠奥秘的论文，有关催眠的科普书籍和文章更是汗牛充栋，不计其数。在欧洲、美洲、澳洲、亚洲许多发达国家都有专门研究机构，采用现代科技手段对催眠术的机理进行深入探索。对催眠术不止于学说的研究，各国都广泛将其应用于临床医疗、心理及精神治疗，学习与潜能开发、培训人才以及工商、司法、体育等多方面。

在苏联，学术界依据巴甫洛夫条件反射学说解释催眠现象，虽然意识形态与西方国家不同，但与催眠有关的学术活动和研究成果相当多，并在社会上有着广泛的应用，特别是大多数精神病医生都使用催眠术。据说，当代的俄罗斯还将催眠术的研究用于军事目的。

（二）艾瑞克森对当代催眠学的贡献

当代世界上最具影响力的催眠大师是米尔顿·艾瑞克森（Milton Erickson，1901—1980），他是正规的精神科医师，最早研究精神分析，后又研究催眠，成为第一个在美国国会对议员讲催眠的催眠师。他被称为美国催眠治疗领域的泰斗，也是运用催眠快速解决心理问题的翘楚，因此是举世公认的医疗催眠大师。催眠术在最近几十年再度兴起并越来越火热，在助人专业领域中被作为一种重要的心理治疗工具，主要应归功于艾瑞克森，是他付出了穷其一生的努力。

艾瑞克森罹患严重的小儿麻痹症，几乎丧命，却因病而发展出绝佳的观察与沟通能力，能洞悉人的行为及行为背后的心理动机。怀赤子心并富幽默感的他，不但使用自我催眠的技术帮助自己复健，后来还投注全部精力于催眠治疗。他具有非常积极的人生观和无比的爱心，他神奇的催眠治疗能力，绝大部分是自己探索出来的。他终生献身于催眠事业，在他六十余年的职业生涯中发表了 100 多篇与其兴趣有关的各种主题论文。他在

1957 年创立了美国临床催眠学会并被选为创会主
席，同时担任美国临床催眠杂志的创刊编辑
（1958—1968），还发起设立了美国临床催眠学会
教育及研究基金。

艾瑞克森

　　艾瑞克森是一个创新者，极大地丰富了传统
催眠的理论与技术。他提出"随意式催眠"（per-
missive hypnotism）的概念，不拘地点、不拘形
式，经常在普通的清醒对话中采用不同的方式帮
助来访者产生改变。

　　艾瑞克森认为催眠术是一种两人或多人之间
相互的关系，是一种帮助人们拓展其自我觉察限
制的有效途径。催眠状态（包括"意识"和"潜意识"）是自然的，是一种特殊
的学习状态；当身份处于混乱（解离）的情况时，催眠状态就出现了，目的
是为了重新建立身份；一些社会或心理仪式就是人为化的催眠。他说："催
眠师不能'控制'病人，他们只是帮助病人学会'利用'自身的潜能及潜意识，
从而更容易达到期望中的治疗结局。"

　　艾瑞克森指出，催眠疗效的取得，并非一定要以受术者进入"恍惚"
（trance）状态为前提。讲故事是艾瑞克森的专长，也是他在心理治疗过程中
采取的主要模式。他在颇具启发性的治疗故事中，常穿插一些鲜为人知的
医学、心理学及人类学珍闻，通过间接暗示巧妙引导来访者在不知不觉中
进入催眠状态，从而改变其意识，矫正其偏差行为。这种方法可避免来访
者过多注意或检验自己，减轻其对是否能被导入催眠状态和是否能达到预
期治疗效果的疑虑，可消除来访者对催眠的恐惧和有意无意的抵抗。很多
人将这种间接暗示的新型催眠诱导方法称为现代催眠，而尊艾瑞克森为现
代催眠治疗之父。

　　在艾瑞克森成长的年代，弗洛伊德精神分析取向的治疗在医学和心理
学领域还处于统治地位。解释人类行为的复杂理论与刚性治疗程序相结合，
使得心理治疗需要花费很长时间，变得十分昂贵——通常需要数百小时和
数千美元，因此对多数人来说是可望不可即的。大多数的治疗师要求，至
少是间接要求来访者适应治疗师的世界观，而这恰恰不可能是来访者当时有
兴趣做的事情。艾瑞克森开始挑战传统的治疗观念，并进一步改造传统的催
眠技术，强调受术者是催眠治疗的主体，这与卡尔·罗杰斯（Carl Rogers）的
"来访者中心"理念不谋而合。

　　以往的催眠治疗，通常一次需要四五十分钟甚至一小时，大大影响了催眠术在临床上的使用，即使在美国也有很多医生不会或不愿开展催眠治疗。艾瑞克森不再把主要精力放在寻找问题原因和幼年创伤上，而是更强调积极的经历与体验，努力通过催眠在尽可能短的时间内解决来访者的问题，从而开创了短程（简快）疗法之先河。

　　神经语言程式学（Neuro Linguistic Programming，NLP）两位创始人约翰·葛瑞德（John Grinder）与理查·班德勒（Richard Bandler）对艾瑞克森推崇备至，因此在他们的临床应用上，常可见到艾瑞克森的惯用手法。葛瑞德和班德勒基于艾瑞克森的沟通模式、萨提亚（Virginia Satir）家庭治疗的语言技巧以及弗里兹·珀尔斯（Fritz Peris）的完形疗法（Gestalt Therapy），于20世纪70年代发展出了NLP快速心理治疗模型，该模型被广泛应用于心理咨询和商业培训等多个方面。神经语言程式学假定，个人是通过处理外部感觉信息绘制心理世界地图的，这些信息来自听觉、视觉、体觉的输入并在特殊的参考框架基础上进行处理。他们的模型预测，个人有一个主要的或偏好的方式（如听觉、视觉、嗅觉、触觉、动觉等）来制作这种现实地图。使用、改变或扩大来访者的主要信息处理系统的治疗，有助于更有效地发展亲和关系，并增加来访者改变的可能性。

　　艾瑞克森的"随意式催眠"与艾斯塔布鲁克斯（George Estabruukes）的"权威式催眠"及爱尔曼的"快速催眠"，构成了当代临床催眠的三大派别。

　　1979年，米尔顿·艾瑞克森基金会正式成立，由他的入室弟子杰弗瑞·泽伊格（Jeffrey Zeig）主持，专门传播他的学问。

　　1980年，艾瑞克森去世后，他的亲密同事和追随者罗伯特·皮尔森（Robert Pearson）在其葬礼上做出了如下极高评价："艾瑞克森孤军对抗整个精神医疗界，而他终究战胜了所有反对的声浪。"

　　1983年，艾瑞克森的学生及仰慕他的专业人士举办了第一届催眠及心理治疗国际大会，自此之后，这个大会每三年举办一次，笔者有幸参加了1986年在圣地亚哥举办的第二届国际大会。

　　有关艾瑞克森催眠治疗的理论和方法在第十七、第十八章将做详细介绍，此处不赘。

第二章

催眠术在中国的发展概况

催眠术在我国同样有着漫长的历史和广泛的应用，只是过去探究不够。

一、 我国古代和民间的催眠术

自有人类以来，催眠现象就以令人眼花缭乱的不同形式表现出来。中华民族历史悠久，在我国浩如烟海的古代文献中不难看到对催眠现象的记载。

依据传说，神农氏不但是远古中国的农具发明家和种植业的开山鼻祖，还是中国最早的医师、药剂师和催眠祖师爷。

中国古代医学典籍《黄帝内经》记载的"祝由"（通过咒语治疗疾病）被认为是典型的催眠术。

战国时期庄子的《齐物论》里谈到的"庄周梦蝶"，就可以说是一种催眠现象。

三国时期的关云长，中了毒箭后华佗帮他疗伤，那个年代根本没有现代的麻醉剂或止痛药，有学者推测，华佗很可能使用了催眠麻醉技巧，减轻了关公在刮骨疗毒时的疼痛。

在现代中国催眠术之父余萍客所著的《催眠术与催眠疗法》中，以及当代中国催眠大师马维祥先生在亲笔签名赠送给笔者的《中华经络催眠术》一书中，都对我国古代的催眠现象有翔实的介绍。

例如，周穆王看到西极天国神仙下凡，能入烈火、穿金石等神话故事，都可能是催眠后幻觉的表现，只是人们将当时存在的催眠神奇现象，运用故事的笔法传播。

《唐逸史》《仙传括遗》中讲述了唐明皇夜游月宫的故事：开元中秋夜，明皇于宫中赏月，罗公远奏曰："陛下莫要至月中否？"乃取仗掷之，化为大桥，其色如银。请上同登，行至大城阙，曰："此月宫也。"《初刻拍案惊奇》说唐明皇在月宫中看见了一块"广寒清虚之府"的金字匾额，又从宫中仙女处习得并谱成《霓裳羽衣曲》。这虽是民间传说中的文字记载，但也许是罗公远使用了催眠术，在心理暗示下使唐明皇出现了各种神奇的幻觉。

我国儒家的一些书籍中也有类似催眠术的描写，认为催眠是"怪力乱神"的巫术现象。由于儒家恪守"子不语怪力乱神"的观念，凡是孔子不曾谈到的学术，不管好坏，统统被看作异端而被诋毁排斥，所以很少有士大夫对催眠术加以研究。但催眠术在民间却非常流行，且因不可思议的神效而大受推崇，在下层社会中以口口相传的方式广为应用。

我国催眠术的应用也同国外一样，最早见于寺庙中，神职人员常运用催眠术进行占卜、消灾祛疾，外出传教时也应用类似催眠术的各种技巧。他们不但使用自我催眠进入催眠状态，成为神的化身，也常应用集体催眠的方法，使教徒们集体进入催眠状态后，让他们感受到神的存在，聆听着神的旨意，以此消除所存在的心理问题和心中的困扰。

古代武林中的"定身术"，用双眼凝视对方，口中念念有词，手指划动可使对方呆滞地直立于一处，并接受施术者的指令，这与目前的催眠暗示后呈现的状态十分类似。

在我国民间流行的巫师或巫婆装神弄鬼的骗人把戏，应该是自我暗示后失神样的癔症性意识恍惚状态，或类似催眠状态。但这并不是神魔的力量，只不过是自我暗示后的意识变异表现而已。

例如，对于思念亡故亲人者，巫师在施术时自己陷入一种昏睡状态中，将亡魂引来并以亡人的口吻与思念者对答，多能引起思念者心中的哀伤，甚至使思念者放声痛哭。问答毕，亡魂退去，施术者便醒来恢复常态。

四川民间流传一种"请扇子神"的游戏，在炎热夏季，以请扇子神消暑清凉取乐。其方法是令受试者专注凝视一把旧扇，聆听施术者的"咒语"，少时受试者就昏昏若睡样，有睡意绵绵、神情恍惚、头昏眼花感，会顿感凉爽，体验到指令所述的身体处于极乐仙境中，看到仙女的舞姿，并与群仙饮酒同乐。完毕后施术者再指令请扇神离去，受试者则随指令清醒，可回忆起仙境游乐的美妙，从而心情愉快。

"降青蛙神"是我国民间男童的一种集体催眠游戏。夏秋季节，明月当空的夜晚，一群孩童席地围圆而坐，选一名十余岁男童居圆中，嘱静坐闭目，聆听群童请青蛙指令，并焚香念咒，暗示神至附在其身上，不久男童进入迷茫状态。当该童体验到青蛙神已降临其身时，就会像青蛙一样四肢着地，学着青蛙叫，并在圆中跳跃翻滚。当表演结束，群童再烧符念咒请青蛙神退去，该童就会清醒如初，备感轻松，而对这一过程一无所知。

"请竹篮神"则是女孩在夏季玩耍的一种游戏。群孩围圆而坐，挑选一名女童，手持旧竹篮，竹篮顶部系一根竹筷，筷子上端顶着一个椰子壳，装成一个人的模样，女孩坐在群女中央，全神贯注地聆听群女唱歌请神，注视焚香的缕缕青烟。经唱歌暗示竹篮神降临，该女孩逐渐进入恍惚状态，呆滞地坐着，让群女提问，她以竹篮上的竹筷摇动作为回答是否的信号。例如，问"竹篮神很漂亮吗？""她穿着一身花衣服吗？""你认识她吗？""她像你一样很愉快吗？""她同样叫人喜欢吗？""她很聪明吗？"针对这些问题该女孩不知不觉地摇动竹篮，竹筷也会随之而动。例如，问该女孩几岁，她会以摇晃几下作答。游戏毕，群女又唱歌，送神离去，少时该女孩就会清醒，并觉得十分愉快。

上述各种请神娱乐，实际上都是运用暗示使人进入催眠状态，从中获得轻松愉悦的活动。由于知识阶级从不对上述现象进行研究，便无法做出科学解释，百姓只能迷信鬼神。

二、 我国现代催眠术的发展

我国现代催眠术起始于 20 世纪初。1909 年，被誉为现代中国催眠术之父的余萍客和几位留学日本的朋友，首先在横滨创建中国心灵俱乐部，专门研究心灵学和催眠术。1911 年，俱乐部由横滨迁到东京，改组后称作东京留日中国心灵研究会(Chinese Hypnotism School)，1913 年扩大组织设立心灵学院，1917 年在上海设立中国心灵研究会事务所，1921 年研究会由东京全部移回上海，正式成立中国心灵研究会（Chinese Institute of Mentalist)，余萍客任会长并兼心灵学院院长，开展心理学与催眠术的研究工作。至 1933 年，有关催眠术的出版物达三千余种，其中定期刊三种，讲义七种，书籍六十多种，仅余萍客属笔的就有四十余种，其中既有心得与经验之作，也有各国名著介绍，如《催眠术》《催眠术讲义》《电镜催眠术》《催眠疗病学》《催眠学问答》等。1933 年 3 月，心灵学院从心灵研究会分离出来独立发展，培训了大批学员。同年 5 月，由心灵研究会同人在上海创办心灵科学书局，专门编辑出版心灵科学丛书。鼎盛时期心灵研究会会员多达 8 万余人，这可以说是我国催眠术发展史上空前灿烂辉煌的时期，至今仍无法超越。

在中国心灵研究会成立之后，许多同类组织纷纷成立，如在上海有催眠协会、变态心理学会、灵子术会、催眠养成所等，广州、香港、北平（今北京）等地亦有数家类似组织。一时泥沙俱下，鱼龙混杂，也冒出了不少只知图利不顾学术的腐败组织，并接连发生一些败类滥用催眠术的事件，损害了催眠术的良好形象。因此催眠受到社会抨击，催眠术声誉急剧下降，加之连年战乱，心灵研究会和有关刊物处于停滞状态。

新中国成立后，受极"左"思潮的影响，心理学多次遭到批判，作为心理治疗方法的催眠术其命运也可想而知，完全被看作唯心主义而打入冷宫，只有个别专家，如1941年毕业于中央大学医学院，1948年留学美国，1949年回国，历任南京神经精神病防治院医务主任、主任医师、院长、名誉院长，南京医学院精神病学教研组主任的陶国泰教授，以及著名心理学家、中国科学院心理研究所丁瓒教授等人，偶尔在临床工作中偷偷使用。

1978年，中国共产党十一届三中全会胜利召开，特别是全国科技大会后，中国科学迎来了春天，为催眠治疗的发展提供了阳光雨露。催眠术作为一门有效的心理治疗技术迅速发展起来。1986年10月在山东泰安成功举办了第一期催眠术讲习班，来自全国各地五十余名医务工作者参加了学习。

最近二十多年，随着改革开放进程的加快，当代最新的催眠技术开始进入我国，欧美、澳大利亚、日本等国催眠专家来华讲学，我国各地同行的交流也越来越多，极大地促进了我国催眠治疗事业的发展。

当代中国，道行最深、影响最广的催眠大师非马维祥先生莫属。1989年，科学普及出版社出版发行了由马维祥编著的《催眠术》一书，这是新中国成立后的第一本催眠著作。这里特别值得一提的是，他2010年出版的《中华经络催眠术》一书。马先生将中医传统经穴治疗理论与西方现代催眠技术结合，创立了中华经络穴位催眠术，为催眠诱导提供了新的手段，更为催眠治疗效果的提高及疗效的巩固提供了新的技术。笔者在该书的推荐序中赞其是"精神治疗领域的一朵奇葩"，当然更是我国现代催眠治疗发展史上的一座丰碑。

在我国台湾地区，对催眠术的研究和应用一直没有中断，如中国台湾精神学研究所所长、催眠大师鲍芳洲的学生徐鼎铭教授，多年来致力于催眠术的研究，卓有成就，著有《世界催眠法》等著作。

目前，催眠术在我国医学界、心理学界以及教育、司法、体育和商务工作中得到了一定的应用。但也有个别人只学了一点儿催眠皮毛，便自称"中国催眠之父""中国催眠之母"，不是太无知就是妄自尊大，不知他们将一百多年前的催眠先行者余萍客置于何位。这些游走于江湖的"催眠大师"，到处做催眠表演并收徒传道，哗众取宠，故弄玄虚，把催眠神秘化、庸俗化、商业化。我们期盼的是尽快成立全国性的催眠学研究会或催眠师协会等专业组织，并尽快建立有关催眠术的行业规范，完善相关法律，使催眠术及其应用在中国健康发展。

第三章

催眠术是什么

• •

在社会上，人们对催眠术有多种误解，最普遍的是望文生义，认为"催眠术就是催人入眠的法术"。为了匡正视听，这一章我们着重讲讲如何从科学角度理解催眠。

一、 催眠的定义

催眠现象的神秘和复杂，导致了对催眠的多种定义，就是催眠专家和专业组织的说法也不尽相同。

布莱恩（W. L. Bryan）认为，催眠是一种正常的、生理的、意识的变更状态，它与清醒状态相似，尽管并不相同。它的产生所需要的两个基本条件是：注意的相对集中和周围区域的抑制。催眠状态有三个主要特征：增加心理过程的集中；增加身体的松弛；增加对暗示的感受性。

爱尔曼（Dave Elman）认为，催眠是运用直接或间接提示，来诱导出暗示敏感度增高的状态，绕过了心灵的批判机制，选择性地注意被给予的暗示。

阿德尔（Harry Alder）认为，催眠是一种思维状态，在该状态下人们比正常情况更愿意遵照他人的建议行事。

艾瑞克森（Milton H. Erickson）认为，催眠是一种"注意力焦点的缩小"，是大脑功能由言语优势半球转向想象优势半球。

英国医学会对催眠的定义是：由他人引起被催眠者注意力的暂时变动状态，在这种状态下，对象可以自然地或由言语及其他的刺激产生多种不同的现象，如意识和记忆的改变、暗示性的增高，并出现一些非同寻常的反应和观念。

美国心理学会（APA）对催眠的定义是：催眠是一种由他人引导的注意力暂时改变的状态。伴随这种状态，由指导语或其他刺激诱导出各种现象，包括意识与记忆改变、受暗示性增强，以及正常状态下不易出现的反应及想法。

美国心理学会催眠心理学分会常务委员会对催眠做了如下解释：催眠是一种程序，在实施过程中由健康专业或研究人员对求询者、病人或个体施以暗示，使之能体会到感觉、知觉和行为的改变。催眠诱导内容决定催眠实际内涵。尽管有多种诱导方法，但绝大多数内容都是让受术者感到放松、平静以及进入良好状态的暗示，还有训练受术者进行想象和体会愉快的内容。

《简明大不列颠百科全书》(1986 年版)对催眠的定义是：催眠类似于睡眠，但对刺激尚保持多种形式反应的心理状态。被催眠者似乎只与催眠者保持联系，自动地、不加批判地按照暗示来感知刺激，甚至引起记忆、自我意识的变化。暗示的效果还可能会延续到催眠后的觉醒活动中。

综合各家之言，笔者认为，所谓催眠就是通过言语或非言语诱导，使人注意力集中、意识变得狭窄、受暗示性增强的过程。

作为名词，催眠是：①生理上放松的状态；②一种特殊的清醒状态；③处于想象力活跃的状态；④高度易受暗示的状态；⑤与自己的潜意识接触的一种方式。

简言之，催眠是一种改变了的意识状态，主要表现为四重状态：①受暗示性增高态；②意识领域狭窄态；③觉醒领域选择态；④注意功能受限态。

作为动词，催眠是通过各种言语或非言语诱导进入上述生理、心理状态，即将意念导向体内或将注意力放在主观感受上的活动过程。通俗地说，通过某些连续、反复的刺激，尤其是语言的引导，使人们从平常的意识状态转移到另一种比平常更容易接受暗示的意识状态，这个过程就叫催眠。

催眠术指的是诱导人进入催眠状态的方法技术。

二、 对催眠的误解

长期以来，人们对催眠有各种各样的误解。例如，人们认为催眠就是催人睡眠；催眠的作用是由催眠师的法术或特异功能引起的；只有患病或意志软弱的人才能被催眠；催眠术本身就是心理治疗；催眠是危险的，会失去知觉；在催眠状态下，个人隐私会完全暴露。

实际上，催眠并不是睡眠状态，无意识状态，盲从状态，心智低下状态，受人控制状态，自我失控状态。

有人认为，在催眠状态下人可能会做出违反伦理道德和法律的事，实际上并非如此。比如，催眠师发出偷钱包的暗示，受术者通常会拒绝执行；对当众脱裤子的指令，受术者也会窘迫不安，甚至发怒。这表明，在催眠状态中的人并非完全无意识。

在临床工作中，一些受术者往往认为自己没有进入期望中的催眠状态，而否认自己被催眠，但实际上我们却可以观察到与催眠相关的行为和生理指标的改变。

目前，催眠学者大多认为催眠状态是一种比较专注的意识状态，它既非睡眠状态，也不是清醒状态，而是似睡非睡、似醒非醒的一种变异的意识状态(an altered state of consciousness)。被催眠者所感受和经历的，通常是意识状态的变化。

在催眠状态时我们的意识与潜意识是同时起作用的，是一种注意力集中的自我觉知状态。大多数人在日常生活中都有类似经验。例如，专心开车、做白日梦、看一本引人入胜的小说、全神贯注地欣赏一部电影，皆是一种自然的催眠状态，这又被称为"浅度自发性催眠"。

三、 正确的催眠观念

树立正确的催眠观念，有助于克服对催眠的神秘感和恐惧感。

第一，进入催眠状态，并不是睡着了，即使进入深度催眠状态，意识也并不会完全丧失，知道自己在说些什么，干些什么，绝不会失去知觉，除了懒洋洋和困倦之外，极少有别的不良感觉。

第二，不必担心在催眠中会醒不过来，也许有些人会因为在催眠状态下很放松，很舒服，所以不想太早脱离，这时候，不妨好好睡上一觉，睡足了，自然就会醒来。催眠术对于帮助安眠的效果很好。

第三，在一般意识状态下，人们很难进入潜意识的世界。但是，在催眠状态下，人们的注意力非常集中，很容易接受引导而打开潜意识的记忆库或给潜意识输入积极、正面的信念或能量。

第四，我们的潜意识具有惊人的能力，它储藏着人类积累的智慧，它控制我们身体所有的自动运作。催眠可以帮助我们清除潜意识里的负面想法，让潜意识发挥最好的功效。

第五，催眠效果主要是由语言的引导、暗示来达成的，与超能力、气功、魔术、法力毫不相干，催眠没有什么神秘。

第六，几乎每一个人都能被催眠，只是花费时间的长短和进入的深浅程度不尽相同而已。

第七，人们对催眠术的反应是各不相同的。有些人体会到知觉状态的改变；其他人则描述处于催眠状态时，没有什么特别感觉，只是注意力非常集中，由此感到内心的宁静和放松。不管这些描述的程度如何，绝大部分人都认为体验催眠是件令人愉快的事情。

第八，有些人对暗示非常敏感，另一些则不一定。个体敏感性因对催眠的恐惧或错误观念的影响而削弱。并不是每个人都可以在第一次就被深度催眠，但是催眠是可以被训练的，可以通过打坐冥想、瑜伽练习让人更容易进入催眠状态。

第九，与大部分书籍、电影和电视所描绘的不同，人们进入催眠状态并不会失去对个人行为的控制，而依然保持对自身状态的感知能力，对做何种反应保持充分的选择权利，不会任人摆布，做违反自己意愿的事。

第十，催眠能使人们更容易体验暗示的作用，但不能强迫他们这样做。催眠的受术者即使进入恍惚状态，在认知上也仍然是一个积极的参与者，是一个积极处理所获信息的个体。

第十一，催眠中的人会以不同于清醒状态下的逻辑看待事物。与线性的、因果的理性逻辑相比，催眠逻辑更具联想性，更加具象化，更少限制性，可以使看似矛盾的事物或"双赢"关系同时存在，因而有助于探索更广泛的治疗可能性。

第十二，除非给予特别的遗忘暗示（部分遗忘或完全遗忘），通常情况下，被催眠者术后能回忆催眠中发生的事情。

第十三，催眠导致的意识改变是一种瞬间状态，是临时的，而不是心理功能的永久性改变。

第十四，催眠是自然而然的，不是与其他心理过程截然分开的人工状态，不是"全有"和"全无"的现象。

第十五，催眠治疗是一个体验的过程，学习的过程，舒服地产生一种状态的过程，在这种安全情境中，无意识能够自动地、有效地运作。催眠治疗的过程就是进入我们的潜意识，不受时间、空间所限，能回忆任何时空发生的事情，在意识觉察到的灵光一闪间，体验到刹那的直觉、智慧、创造力与透彻绵密的转化过程。

第十六，催眠是人本身就拥有的能力，提供了在不同的体验层次了解自己的机会。催眠不仅可以开发人的潜能与强化人格优点，更能启发内在的自我康复系统，能有效运用潜意识的力量，创造美好的生命。

第十七，接受一位遵守职业道德的专业催眠师的催眠不会有任何危险，绝对是安全的。正如汽车本身并无危险，除非由不称职的人员驾驶。

第十八，催眠术不是巫术，更不是迷魂散或麻醉药，如果你不愿意，没有人能强迫你接受催眠。

第十九，除非你有足够的安全感，否则，在催眠状态中不会暴露隐私或秘密，依然可以说谎或隐瞒。

第二十，每一种催眠说到底都是自我暗示导致的自我催眠，任何人都能够学会。

四、 催眠的相关状态

睡眠、禅定以及生活中某些状态与催眠状态或者关系密切，或者十分类似，我们有必要对其相互关系加以讨论。

（一）催眠与睡眠的区别

其一，睡眠是生理疲劳的结果；催眠是心理诱导的结果。

其二，睡眠受生物节律影响；催眠可人为控制。

其三，睡眠时对客观世界无反应或有反应而不自知；催眠中与外界有互动。

其四，睡眠能叫醒或推醒；催眠必须运用特定指令解除。

其五，睡眠能解除疲劳；催眠可帮助治疗身体或心理疾病。

其六，睡眠中个体肌肉放松；催眠时肌肉可紧张可放松。

其七，睡眠与催眠的脑电图不完全相同。人的脑电波可以粗略分为五种。

γ波：每秒 31～50 赫兹，是个体处于高度紧张、愤怒或兴奋状态时出现的脑电波。

β波：每秒 13～30 赫兹，是个体处于日常工作、学习状态，或轻度焦虑状态时出现的脑电波。

α波：每秒 8～12 赫兹，是个体在心情平静放松、闭目养神或是刚醒来时的脑电波状态，此时意识清醒而身体处于完全松弛状态。

θ波：每秒 4～7 赫兹，是较轻的睡眠状态，或是所谓"禅定"、气功状态，常见于个体疲倦时，大脑缺氧或轻度麻醉时也可出现。

δ波：每秒 3 赫兹以下，是深沉的睡眠状态，大脑器质性病变或深度麻醉时也可能出现。

需要指出的是，无论在清醒状态、睡眠状态还是催眠状态，各种脑波都同时存在，只是不同脑波的强度和比例有变化而已。在催眠状态下主要是 α 波和 θ 波，是介于清醒和睡眠之间的脑波，是每个人每天都会经历的意识状态。如果受术者经历被追杀、被火烧或极度愤怒时，脑波会立刻上升到 β 波或 γ 波。

当代生理学和脑科学研究发现，睡眠第一阶段包括缓慢的眼动期以及减慢的 α 波，而人在做梦时则处于快速眼动期。这使得我们对于清醒和睡眠之间的状态有了更多的了解，从而可以通过观察脑电波和眼动模式来判断是否进入催眠状态以及进入的深度，这就克服了人们口头报告的局限性。

人由完全清醒到深度睡眠是一个连续体，催眠类似于其过渡状态。如果将清醒看作白，将睡眠看作黑，催眠便是从浅到深不同程度的灰色地带。

（二）催眠和禅定的关系

佛家和道家的打坐或禅定与催眠状态十分相似，均包含"静"和"定"两种成分。"静"是排除外界无关因素的影响，"定"是专注在正向的观念上。所以禅师入定实际上就是一种自我催眠，而禅师接引弟子则相当于他人催眠。

但催眠和禅定在某些方面又有一定的区别。禅定的主要目的是通过平息心神以进入某种境界来健身。催眠是通过放松调动潜意识解决问题或达成某个具体目标。禅定主要靠自我调节和修炼。催眠可以自我实施，但更多的时候是由他人实施。

庄子曾经说过："静然可以补病。"现代医学研究表明，人在通过催眠或禅定入静，大脑出现 α 波时，脑中会分泌内啡肽，而且体内负责消灭病毒的 T 细胞也比较活跃。内啡肽有激活免疫细胞的功能，能够补充神经和腺体的能量，增加身体对疾病的免疫力。

（三）生活中的类催眠现象

日常生活中人们经常会体验到与催眠状态类似的状态。例如，

做白日梦时，

陷入沉思时，

专注阅读时，

演奏乐器时，

聆听歌曲时，

片刻迷茫时，

大吃一惊时，

深受感动时，

受骗上当时，

迷信某人时，

疯狂热恋时，

举行庄重仪式时，

凝视火焰或云朵时，

陶醉地游戏或运动时，

注视旧照片而沉思时，

观看电影戏剧下意识流泪时。

上述现象在机理和本质上都与催眠状态相同。一般说来，有节律的重复的声音和运动（如吟唱、祈祷、自言自语、跳舞、跑步、摇动、深呼吸等），注意力集中于某种声音或图像，以及通过按摩等方式放松肌肉等，都能使人的生物节律同步化、心理过程单一化而使人进入某种程度的催眠状态。

一些人被煽动而失去理智，被蛊惑而头脑不清，被忽悠而上当受骗，此时都可以视作催眠状态。因此，传销大师往往都可以被看作催眠大师。

一些人对革命领袖的盲目迷信或对法西斯头子的狂热崇拜，在某种程度上也可以看作进入了催眠状态。

催眠研究权威普列曼博士指出：

希特勒可以说是世界上最优秀的催眠术专家。某次，希特勒选择在日薄西山的黄昏时刻对其民众进行演说。当夜幕逐渐笼罩于该演说广场时，探照灯光齐向演说台上照射，台下的听众不得不将眼光投向演说的希特勒身上，但见他近乎狮子吼似地以强烈的口号、手舞足蹈似的神情在叫嚣出似是而非的理想。当时听众在讲台装置魔幻灯光影响下，正处于催眠状态，再加上希特勒的强烈暗示反应，自然会丧失自我意识而无条件接受其论调了。

可见，催眠状态不过是人人都具有的本能之一，我们每个人天天都会进进出出深浅不同的催眠状态。而且，催眠并非一定要闭上眼睛。

五、催眠现象的理论阐释

在催眠术发展的早期，人们对催眠现象的解释赋予许多神秘色彩，当代生理学和心理学，特别是脑科学的发展，慢慢拂去了蒙在催眠术上的神秘面纱，人们从而对催眠现象和催眠治疗可以做出更加科学的解释。

(一)生理学解释

经典条件反射学说的创立者、俄国著名生理学家巴甫洛夫认为，催眠实际上也是一种条件反射，诱导人进入催眠状态的语言就是一种条件刺激，这种单调重复的语言，能使大脑皮层产生选择性抑制，也就是局部睡眠。他明确指出："假如抑制毫无妨碍地扩散到整个大脑皮层，那就是平常的睡眠；假如只有大脑皮层的一部分受到抑制，那就是通常所谓的催眠状态。"他认为催眠状态是介于觉醒与睡眠之间的一种状态，是暗示所导致的一种"不完全睡眠状态"。这些暗示使大脑皮层的一些区域兴奋，其他部分抑制，从而使受术者将注意力集中于催眠语句而与外界分离。他甚至发现，实验室的狗接受一种单调重复的刺激，也会渐渐入睡或出现四肢僵直状态。所谓催眠治疗，就是找到并除去引起心理障碍的条件反应或重建条件反射。

还有一些学者认为，进入催眠状态，人的呼吸变缓，血流量减少，大脑由于缺氧，自然停止活动，因而容易接受暗示。

现代脑科学研究表明，处于催眠状态的脑电图(EEG)和脑血流图，既不同于睡眠状态，也不同于清醒状态，这说明在催眠过程中大脑神经可能有生物物理变化和生物化学变化。

神经生理学的微观研究进一步表明，催眠对中枢神经的影响是通过改变大脑皮层和皮层下脑干网状结构与边缘系统的交通关系实现的。罗伯特(Robert)通过脑电研究发现，催眠状态是由一种发生在丘脑网状结构的电阻塞引起的。

采用催眠麻醉实施开颅手术，当医生碰到病人脑内海马区域时，病人很快脱离催眠状态，再进行催眠诱导使其进入催眠状态，再度刺激海马区域，病人又会醒来。

上述研究表明，脑神经回路受阻是催眠的生理基础，而海马区域则是此种神经回路的重要部位。另有研究表明，前扣带回是体验催眠状态的关键部位，该部位损伤的患者将难以进入催眠状态。

20世纪末，各种探索脑内活动的仪器，如功能性核磁共振造影术以及廉价的脑电仪等，为探察脑内活动，更好地理解催眠的本质，提供了科学手段。当代脑科学研究表明，在催眠状态下，无论是大脑活跃区域还是脑电波，均与清醒和睡眠状态不同，而与冥想状态相似。

从化学专业跨界转攻催眠的台湾学者黄大一博士，多年来坚持用脑电仪研究催眠，努力将催眠由怪力乱神的巫术推进到"催眠学"的科学殿堂。他在《啊哈！催眠》一书中明确指出：

"什么是科学催眠？简单来说，就是以科学的态度来研究催眠，特别是透过应用脑科学和相关的情资，重新检验催眠的每个角落和每个课题；对于过去那些以讹传讹的胡说乱论，包括我们自己说过的呓语，都会、也都该无情地检验批判，并提出合乎真正脑运作机制的催眠理论和应用方法。"

当代科学认为，催眠是一种自然现象，具有多种功能。自发催眠和睡眠一样对人具有保护性，在生物学上是必需的。因此，催眠现象一定有其生物进化上的特殊意义。

(二)心理学解释

当代大多数催眠理论家摒弃了关于催眠的物理学和神经学解释（梅斯迈的理论和夏柯的理论）转而更多支持心理学观点，强调暗示、想象、动机、解离和角色扮演的作用。但同心理学中对催眠术的广泛应用相比，心理学对催眠现象和催眠治疗的理论阐释仍显得十分不足。

心理学通常认为，催眠状态是心理暗示直接诱导的结果，是心理暗示引起的想象；想象作为一种内部心理过程是催眠的关键环节，而诱发催眠状态并起到治疗作用的是心理暗示。

有些心理学家用联想重复、条件反射、习惯化等学习理论的原则来解释催眠现象。克拉克·霍尔在《催眠与受暗示性》（*Hypnosis and Suggestibility*）一书中指出，催眠现象是和其他习惯相似的习得性反应。韦森豪佛（Weitzenhoffer）等人也将习惯消退和驱力减退等学习概念引入催眠过程的讨论，并认为催眠感受性是可以通过练习来提高的。

心理动力学者用弗洛伊德精神分析学派的概念解释催眠现象，认为催眠状态是心理上向较少批判和防御的原始状态的退行和对催眠师的移情。弗洛伊德把心灵比喻为一座冰山，浮出水面的是少部分，代表意识；而埋藏在水面下的大部分，则是潜意识。意识心智掌管着我们的逻辑、分析和线性的思维；潜意识心智涉及的是习惯、信念、整个生命历程的记忆、情绪反应、生理反应以及身体自动的运作。依据当代心理学特别是脑科学的研究，人的大脑有88%以上的部分是属于潜意识主导的区域。换言之，我们每天大部分的心理活动，都是受潜意识或内隐记忆的支配而不自知。由于潜意识心智负责我们日常生活的身体、感知和情绪活动，因此，通过催眠实现意识和潜意识协同工作，就可以整合内在所有的资源，从而使行为发生改变。

随着认知心理学的兴起，一些学者在旧解离理论基础上发展出了新的解离理论，包括希尔加德(E. R. Hilgard)在20世纪70年代提出的神经解离理论(Neodissociation)和90年代鲍沃(K. S. Bowers)提出的解离控制理论(Dissociated Control Theory)。

希尔加德把嘉内的解离概念与认知心理学的注意理论结合，认为在催眠状态下，大脑功能解离成操作与监控两个相互独立的部分，操作部分摆脱了通常意识的计划及监控功能，降低了判断力，从而获得一种分离体验。他还认为每个人都有一系列认知系统，人体能被催眠的原因是体内存在感受催眠的认知系统，催眠师必须和该系统建立联系后才能进行催眠。

鲍沃的解离控制理论保持了"解离"概念，仍然假定在催眠状态下意识解离成几个独立系统，但不认为受术者接受暗示是"注意分散"导致的，而认为是催眠师的诱导语激发了受术者采用不同认知策略的结果。解离控制理论可以解释催眠状态下进行某些信息加工反应时加长或缩短的现象。

巴伯(Barber)的认知行为观点认为，是受术者"针对实验情景的积极态度和动机，以及由此产生的对暗示主题自发思考和想象的期望"，导致了催眠体验的发生。任何有意愿的个体都可以进入状态，因而不需要正式的诱导和仪式来引发催眠体验，最重要的是建立和谐关系，激发起受术者的动机。

上述基于生物的、个体的催眠理论，均忽视了社会因素的影响。美国心理学家西奥多·R. 萨宾(Theodore R. Sarbin)强调催眠情境的社会心理特性，指出人可以在不同的社会环境下扮演不同的角色(role-playing)。催眠也是一种社会环境，人进入催眠状态时是在扮演一种"被催眠者"角色，做该角色中的人应该做的事，即像一个"被催眠者"那样的行为。而受术者卷入角色的程度，则可能有很大差别。

心理学界普遍认为，催眠状态是注意力的高度集中，是注意范围缩小使意识变得狭窄，对周边事物的辨别能力下降，从而不加抵制地接受自己或他人给予的心理暗示。泰勒金(Tellegen)和阿金松(Atkinson)认为，全神贯注(absorption)与催眠感受性有重要的关联。

按照心理学的观点，催眠状态是一种特别的学习状态，是一个重构自我的过程。催眠状态下意识的批判能力下降，减少了心理防御，使意识与潜意识的沟通得以实现，正能量和积极信息从而能无阻碍地输入，充分挖掘利用潜意识中的无尽资源，开发自身潜能，清除潜意识中各种致病情结和消极观念，使心理动力平衡，达到治疗效果。

(三)生理、心理综合解释

长期以来，对催眠现象的单一解释和简洁陈述是理论家们追求的目标，但这却给从业者的临床实践带来不必要的限制。艾瑞克森深知催眠现象的复杂性和多维性受许多重要情境变量、个人变量和人际关系变量的影响。因此，当有人要求他对催眠过程的实质做出明确解释时，他总是拒绝这样做，并解释道："不论我说它是什么……都将会扰乱我对其诸多可能性的认识和利用。"

当代科学认为，催眠状态的产生是一个复杂的生理、心理过程，因此对催眠的解释要采用一种更为成熟的综合性解释模式。

心理学家和生理学家的研究共同表明，心理暗示通过大脑接收器的分析加工和储存，引起意识活动的改变，进一步引起了神经生理和内分泌的变化，以及自主神经系统的相应调整，从而导致大脑和躯体功能的改变。

当代脑科学研究发现，人脑对外来刺激的反应机制有两条途径，一条是经过大脑皮层特别是前额叶的分析判断之后做出理性反应，另一条是通过大脑皮层下的边缘系统自动做出快速反应。经过慢长进化形成的前额叶是意识所在地，边缘系统则是与生物本能有关的潜意识藏身之地。在催眠状态下，额叶大部分区域兴奋性降低或处于抑制状态，意识变得狭窄，从而使边缘系统的潜意识能更直接、更好地受暗示指令的影响。

虽然这种解释更为全面，但距离解开催眠的机理仍有很长的路要走。尽管如此，在催眠术的神秘面纱彻底揭下之前，这并不妨碍催眠术在各个领域特别是临床工作中广泛而有效的应用。

对"催眠术是什么?"的千古谜题，目前只能回答到这种程度。

第四章
催眠术的门类和术语

· ·

　　为了更好、更深入、更全面地理解催眠术，也为了后面讲授的方便，我们有必要先了解催眠的主要门类和常用术语。

一、 催眠术的类别与门派

　　催眠术种类众多，百花齐放；门派各异，百家争鸣。在此我们只做简略介绍。

（一）催眠的类别

　　催眠的方法各异，名称繁多，至今无统一的分类标准。按不同施术方式、时间和条件等因素，可对催眠大致划分如下：

　　根据施术人员不同，可分为自我催眠和他人催眠。

　　根据暗示条件不同，可分为言语催眠和操作催眠。

　　根据意识状态不同，可分为觉醒催眠和睡眠催眠。

　　根据进入速度不同，可分为快速催眠和慢速催眠。

　　根据受术人数不同，可分为个别催眠和集体催眠。

　　根据地理距离不同，可分为近体催眠和远距催眠。

　　根据配合程度不同，可分为合作性催眠和非合作性催眠

　　根据深浅程度不同，可分为浅度催眠、中度催眠和深度催眠。

　　根据诱导因素不同，可分为自然催眠、人工催眠和药物催眠。

　　以上类别均可见文知义，不再多做解释。

（二）催眠的门派

　　根据催眠师在催眠中作用的大小，可将催眠师分为独裁派、标准派和合作派。独裁派强调催眠师在催眠中的决定作用；标准派强调受术者重视催眠的感受性对催眠效果的重要影响；合作派强调催眠师与受术者的相互作用是决定催眠成败的关键。以上三个门派的区别在后面第十七、第十八

章会详加讨论。

根据催眠理念和经常采用的方法，可将催眠师分为以下几个门派。

1. **放松催眠派**

此门派将催眠等同于放松，催眠时并不让受术者进入太深的催眠状态。

最简单的做法是通过调息（腹式呼吸）来放松入静，消除心慌气短的紧张状态。

更复杂一点的方法是采用雅各布逊（Jacobson）创立的渐进式放松训练，即让受术者依次放松头、颈、肩、臂、肘、手腕、手指、胸、腹、背、腰、臀、大腿、小腿、脚腕、脚趾等，并暗示肢体有温暖感、沉重感、疲劳感，再暗示其在催眠中和催眠后变得很轻松。

此种以放松为主的催眠疗法，不但能直接减轻或消除失眠、焦虑、恐惧、疼痛等症状，而且有助于改善和提高自由联想能力和自我省察能力。

2. **操作催眠派**

此门派主要通过操作器物或肢体接触来实施催眠，如让受术者凝视手指、笔尖或水晶球等导致视觉疲劳，催眠师用手安抚或按压受术者身体某个部位而使其进入催眠状态。

梅斯迈利用磁气装置以及马维祥先生创立的经络穴位催眠法都属于典型的操作性催眠。

3. **间接催眠派**

此门派的代表人物是艾瑞克森，他通过讲故事、打比喻等方法，提供间接心理暗示，有效克服了受术者对催眠的恐惧和阻抗，让受术者在不知不觉中进入催眠状态。

当今，这种间接暗示法受到越来越多催眠师的推崇，并被称为现代催眠而广泛采用。

4. **自我催眠派**

爱弥尔·库伊（Emile Coue）认为，所有催眠在本质上说都是暗示在起作用，而真正起作用的是自我暗示。所以，无须他人诱导，只要自己全身心放松，就能很好地接受暗示，达到治疗效果。

舒尔茨创立的自律训练法，即通过手足沉重、手足变暖、心率稳定、呼吸顺畅、腹部变暖、额头变凉六个环节的自我暗示，不知不觉进入催眠状态，再结合个人问题给予积极心理暗示。

5. **实验催眠派**

实验催眠学派的代表人物是希尔加德，他从科学视角出发，强调催眠的生物学基础和实证研究，主张采用标准化的催眠条件和诱导语，不同受术者对标准催眠诱导语的反应存在差异，这是由其稳定的人格特质"催眠感受性"决定的。

6. 临床催眠派

临床催眠学派不认可"催眠感受性"的概念，认为催眠是人类普遍具有的能力，任何人都可以被成功催眠，没有顺利进入催眠状态，是因为催眠方法不当或催眠师功力不够；催眠成功的首要条件是建立和谐的催眠关系，取得受术者的信任。当代临床催眠的拓荒者非艾瑞克森莫属。

以上门派各有所长，各有所专，形成了百花齐放、百家争鸣的繁荣局面。

除了上述根据对催眠的看法或以那种方法为主对催眠门派所做的划分之外，还可以根据所受专业训练和工作场所的不同，将催眠师分为学院派和江湖派。前者受过系统专业训练，严守催眠伦理道德，主要服务于学校、医院和其他专业机构；后者往往无师自通或自学成才，游走于民间江湖，靠催眠秀或收徒传道赚钱谋生。

二、 催眠的重要术语

（一）意识变异状态

这是一些科学工作者和大部分临床催眠师应用的术语，指由催眠导致的不同于觉醒和睡眠的一种状态。

"变异状态"（altered state）这个术语在学术界有些争议。例如，金伯格（Zinberg）反对使用"altered"这个词，他认为这个词的含义代表了偏离正常的一种状态。金伯格更倾向于使用"alternate"（"替换"或"替代"）这个词，因为它更清晰地表明了"意识的不同状态因不同的原因出现在不同的时候，没有哪一种状态可以当作标准"。从这个角度来看，我们通常的意识状态也可以简单地归为"替换"或"替代"（alternate）状态的一种类型。不管怎样选择术语，都表明我们通常的意识状态并不代表意识的一般标准。我们在清醒状态（一般意识状态）下经历的很多现象都是常见的，但是就因为我们对它们过于熟悉，就没把它们也当作一种轮换状态。金伯格的"alternate"概念明确地表明催眠与一般意识状态的交替性与可逆性，催眠受术者甚至能够经常意识到自己清醒的意识有中断。

"意识变异状态"这个概念过于简单且不易测量，因此它难以被心理学家们接受。另外，绝大部分科学工作者确信，催眠的本质以及什么是可以应用催眠达到的目标是无法用"状态"这一术语来简单解释的。

（二）暗　示

暗示是用直接或间接的含蓄方法，对自己或他人产生影响的过程。不自觉地、下意识地受了自己、别人或环境的影响，即称受了暗示。受自己影响叫自我暗示，受别人影响叫他人暗示，受环境影响叫情境暗示。杯弓蛇影、望梅止渴就是心理暗示作用的典型表现。

暗示避开了意识的看守人——批判性，经由非理性知觉通道进入人的内心世界，从而可以迅速有效地对人产生影响。

暗示种类的划分方法很多：可以是直接的，也可以是隐喻（间接）的；可以是语言的，也可以是行为（非语言的）的；可以是无意的，也可以是有意的；可以是积极的，也可以是消极的。暗示可以影响人的情绪和行为，甚至让生理发生改变，因此能影响人的健康。积极的心理暗示有助于人保持愉快的情绪，有助于事业的成功和生活的幸福。

医药研究中将病人随机分组，做安慰剂双盲对比实验，就是考察暗示对治疗效果的影响。

自 20 世纪 20 年代起，欧美国家兴起对暗示研究的热潮，不但出版很多书籍，甚至有人开了自我暗示诊所。巴甫洛夫认为，暗示的力量非常强大。

日本九州大学心理医学权威池见西次郎教授和中川俊二博士对暗示的影响做了系统的实验研究。他们拿一杯水对于患有漆疮的人暗示道："这是野漆树的汁液。"同时将水涂在患者的腕部，隔不久在腕部组织上真的形成明显的皮肤炎。

在藤本上雄先生所著的《催眠术》一书中还记载了这么一件趣事：

他的一个同学，有一年开车去瑞士旅行，车行至山中时感到口渴难耐，就在路边秀丽而清澈见底的湖中用手捧水喝。喝完水后，偶然一看，在告示牌上用法文写着什么。他不懂法文，但看到上面写的词中有一个词为"poisson"，与英文中的词"poison"（毒）很相似，他就以为这个告示牌上一定是写着"此湖水有毒，不能饮用"的字样。于是心情骤然变坏，整个人都觉得不对劲，头晕眼花，脸色苍白，直冒冷汗，呕吐不已。好不容易来到了附近的一家旅馆。他立刻恳求旅馆老板去请医生，并向他叙述了喝过附近湖水的事。老板听了这番话，哈哈大笑起来，说那是不准捕鱼的告示，法文中的"poisson"一词是"鱼"，比英语的"毒"（poison）一词多一个 s。听完老板的说明，他的病马上就好了。

（转引自：邰启扬，吴承红．催眠术治疗手记．北京：社会科学文献出版社，2007.）

生活中暗示对人的影响确实很大。比如，大家都说你气色不好，你就真的会感觉不舒服；你躺在床上想："今晚可别失眠"，越努力想入睡，就越睡不着；你刚学会骑自行车，越担心撞到前面的树或行人，越可能撞上；同样一尺宽的长木板，放在地上人人都能平安走过去，架在高空就有人会担心跌落而失足；经常被人骂"你真笨"的孩子，可能认为自己笨而放弃学习，从而真的变笨；相信"左眼跳福右眼跳祸"，就可能因心神不宁而真的发生车祸。这实际上就是心理学中的"预言的自我实现"，也有人把这种消极暗示的影响称作逆效应定律。

有人称催眠术为暗示术，暗示是催眠术的生命。暗示的本质是自我暗示，临床发现，那些身患疾病、求医心切的人，更易接受暗示，因而更容易进入催眠状态。

在催眠中的暗示是指用语言和非语言的刺激诱导受术者自动、无须努力以及不加批判、不予抵抗地按照催眠师的指令去想象和行动。暗示效果具有累加性，经过多次反复，可使人对某种暗示的反应越来越敏感。

不但唯有透过暗示才能进入催眠状态，而且催眠中的各种动作完全受到暗示所左右，至于解除催眠更非借助暗示作用不可。

暗示是操纵潜意识的最佳途径之一。催眠治疗通常就是用积极心理暗示取代消极心理暗示，从而使受术者的生理、心理和行为发生改变。

（三）受暗示性

接受暗示是人类与生俱来的能力，也是催眠成功的前提。

受暗示性的高低是人的一种个性特点，指的是个体对暗示的反应能力。受暗示性虽有个别差异，但每个人都或多或少对暗示有感应性。

受暗示性高并不意味个体意志薄弱，它与个体运用想象的能力有关，许多伟人通常也对暗示很敏感。受暗示性低也不意味着完全不能被催眠，因为催眠能增强人的受暗示性。受暗示性的高低能影响进入催眠状态的难易，影响催眠的深度和效果。研究表明，经暗示而能进入深度催眠状态的人不足 30%。

从众心理可影响受暗示性，集体催眠的惊人效果就是明证。

有人将受暗示性高和容易上当受骗混为一谈，这是一种误解。如果人无暗示感应性，学习就会成为一件难事。

人类不但具有本能的受暗示性，同时也有反暗示性，即对暗示具有认知防线、情感防线和伦理防线。暗示能否奏效，取决于能否克服这些防线的阻碍。

(四)催眠感受性

这是实验催眠学家们提出的概念，指通过量表和测试评估出的个体对暗示的敏感性或易感性，即经过标准化的催眠诱导程序，受术者通过标准测试项目的多少和对标准方法做出反应的多少，被分为高、中、低敏感性三种。

在催眠感受性量表中，催眠诱导的标准程序是有效催眠的操作样本。虽然催眠有多种诱导方法，但这个测量感受性的方法要求催眠诱导采用标准的程序，遵照量表中的暗示和指导语进行操作。

催眠感受性在统计曲线上呈正态分布。感受性极高和极低的人均为少数，大部分人有中度敏感性，在医学、口腔或心理治疗中能有效利用催眠达到治疗目的；低敏感者需经过训练，方能采用催眠解决相应问题；许多临床催眠治疗并非只有高度敏感的个体才能奏效。

许多人对催眠易感者的人格特质感兴趣，但研究结果令人失望，只发现催眠敏感性与个人的想象能力有关。

研究表明，同一个人对不同暗示指令(听觉、视觉、嗅觉、味觉、触觉、动觉等)的感受性也会有不同，所以在催眠时要尽量使用受术者敏感的指令。

(五)体验性专注

体验性专注指的是，在催眠状态中受术者的注意力完全沉浸在某一特定情境中，并持续一段时间。

人在清醒状态时，由于各种外界刺激的不断干扰，注意力很难集中。而在催眠时，受术者往往意识不到无关刺激，即使意识到了通常也不会分心去注意它们。

（六）意动反应

意动反应亦称念动反应，是指通过意念的暗示，使身体某部分不自觉地做出某种动作或改变，此时个体经历的是无须意识努力的非自主的反应。大多数导入催眠的程序都是基于意念动力学的原理，即意念可以不受意识过程的控制而独立地转变成动力。因此，认识这种反应是理解催眠的关键。

例如，闭上眼睛想象手上重物增减使手臂下降或上升，这既是一种测量催眠感受性的方法，也是受术者进入了催眠状态的标志。

意动反应是许多常规标准的催眠反应中的重要组成部分，而且大量的内部过程从传统的意义上讲与催眠状态密切相关。

（七）解　离

解离是指意念系统从正常的人格中分离出来，下意识地而不是有意识地执行认知功能的一种心理过程和状态。

在催眠状态下，个体可以完全与当下现实分离并转移到所选择的时空背景中去。比如，可以在主观上将年龄退行到过去或者进入未来；可以扭曲时间，像体验一小时那样去体验一分钟（时间延长），也可以像体验一分钟那样去体验一小时（时间压缩）；可以产生出对根本不存在的东西的幻觉，也可以对实际存在的东西视而不见、听而不闻。

这种催眠状态下的解离现象，与某些精神疾病的症状十分相似。但在解离状态下时空关系的灵活性，却蕴含着巨大的治疗价值，使人们能够重新建构和认识过去，改变当前观点和对未来的信念，从而解开在清醒状态下捆绑人的各种元素，消除痛苦体验。

人们之所以觉得催眠术神秘，与催眠状态中发生的一些神奇现象有关。

一、 退行作用

退行作用又称年龄回溯，是指在深度催眠状况下，受术者的意识状况会退回到过去某一个生活阶段，融入过去的经验中，重现当时事件或经历，发泄当时积压的情绪，其言语、思想、行为、观念都保持过去的样子。具体可采用以下方法。

直接暗示：让受术者把自己看成几岁的小孩。

间接暗示：让受术者回忆自己小的时候是怎样的。

隐喻暗示：让受术者想象时间河流或隧道以及通过回翻日历等方法回到过去。

情境暗示：让受术者通过听儿歌、做游戏、叫小名、看旧宅等方法回到过去。

在年龄回溯状态下，受术者并不是真的回到了过去某个时间。例如，他们可以正确拼出自己以前不会拼写的单词，听得懂催眠师使用自己后来学习的语言发出的指令。

关于年龄回溯问题我们将在后面第十四章专门加以讨论，此处从略。

二、 催眠后暗示

催眠后暗示是指催眠中给予的而应该在醒来后履行的暗示，即催眠师在催眠状态中暗示受术者，要他在清醒之后的某个时间或在收到某个信号的时候，去做某一件事情。所以，很有可能，许多你自己的想法、见解或自主做出的行为，其实，只是你在不知不觉当中被别人或某些团体催眠了才产生的。

例如，催眠中催眠师暗示你晚上出门时背后有只小狗，你出门后会下意识地觉得背后有狗,并不时回头看。

又如,催眠中催眠师暗示你下午去街边小店买瓶啤酒,你午休后真会去买,并觉得自己真的想喝啤酒。

类似下面的暗示语都可能在催眠后仍发挥影响:

"醒来后觉得口渴,连喝三杯茶。"

"醒后坐在椅子上歇一会儿。"

"醒后翻翻桌上的书本。"

"醒后每小时小便一次。"

"醒后很开心,脸上有微笑表情。"

"醒后吻吻太太的额头。"

"每天饭前洗手,饭后漱口。"

"每天午饭后静默一会儿。"

"每天吃一个鸡蛋,不吃心不安。"

"每次抽烟后都觉得恶心。"

台湾催眠大师徐鼎铭教授在《世界催眠法》一书中,翔实地描绘了他的一次"后催眠术"公开表演。这次表演生动有趣,引起在场观众热烈反应。有兴趣的读者,不妨找来一读为快。

一般说来,催眠状态越深,催眠后暗示越容易成功。正是这种催眠后暗示使催眠治疗可以产生长久的效果。

通常在前一次催眠过程中催眠师会给予受术者再次催眠的催眠后暗示,从而使受术者在下一次能更快被催眠。例如,催眠师可以说,下一次当你听到我说"闭上眼睛"或"完全放松"的时候,你会立刻进入很深的催眠状态。

苏联《社会主义工业报》中一篇介绍催眠术的文章提及,催眠师对一位受过高等教育的科技工作者实施了催眠术,并暗示他,要以比平时快一倍的速度完成一系列的实验并记录其实验结果。于是,在这之后,他便变得急如星火地工作,好像确定生活在加快了的时间里。在隔音室内,他一天干的工作通常比在实验室里干得多一倍。并且,一昼夜的时间里他两次躺下就寝。

不仅如此,这位被催眠者的呼吸也变快,脉搏跳动次数增多,新陈代谢大大加剧。这不是自测或直觉观察的结果,而是经过仪器精确记录下来的。他的生物节律确实在加快。

其他许多人也参加了类似的实验,结果大致相仿。由此可见,这并非是个别的、偶然的现象，而是具有普遍性意义。于是，研究人员改变了实验的方向——暗示被催眠者时间过得慢一半。其结果是人们开始不慌不忙地行走，说话拖长，马马虎虎地工作。他们身体的新陈代谢也变得缓慢起来，生物节律明显放慢。在他们身上，正常的时空概念失去了应有的效应。

（转引自：邰启扬，吴承红. 催眠术治疗手记. 北京：社会科学文献出版社，2007.）

三、 催眠幻觉

催眠幻觉亦称催眠联想，既在催眠师的暗示下，被催眠的人通过联想出现幻觉。他们跟着催眠师的指导语，一些与现实不符的感觉如同真实存在一样，生动地呈现出来。

一种经典的幻觉体验是斯坦福催眠感受性测试的一个项目，该测试让受术者对蚊子或者苍蝇产生幻觉，在这个项目中受术者的反应包括了对视觉、听觉和触觉的错误感知。

简言之，所谓幻觉指的就是与现实不符的感觉，包括正向幻觉和负向幻觉。正向幻觉是无中生有，看见、听见或感觉到不存在的事物。负向幻觉是视而不见，听而不闻，对存在的事物没有反应。

日本催眠大师美童春彦先生在《催眠术入门》一书中列举了多种有趣的催眠幻觉。例如，被催眠的人看见桌上不存在的苹果，拿在手中并做出用小刀削皮的动作。

希尔加德及其同事们所收集的证据指出，有一些被催眠的人，通过书写或口头报告的形式表明自己正经历痛苦，尽管在清醒状态下并没有口头报告表明任何的痛苦表现和感受。

在希尔加德的另一项研究中，受术者被告知他们将会在盒子中看到两盏灯，而事实上只有一盏。结果表明，几乎半数的受术者认为另外那盏灯也是真的，一些受术者确实被这种暗示体验所欺骗。该研究发现，受术者是否出现幻觉及幻觉体验的强度，与一个人对催眠的感受性密切相关。资料显示，专注和想象的过程在催眠幻觉中扮演着重要的角色。

下面是希尔加德采用的幻觉暗示的一段指导语：

在我让你睁开眼睛的时候，保持深深的放松和沉沉的催眠。当你睁开眼睛的时候，你将会看到一个人坐在椅子上，在你的左边。你记得这个人，你之前见过她，并且在开始的时候同她有过短暂的交谈。当你睁开眼睛的时候她将会坐在椅子上面，在你的左边，就像开始时她见到你一样。她将会坐到椅子上面，在你的左边。你记得她有着长长的棕色的头发并且穿着橘黄色的衬衣和黑色的宽松裤。这个人坐着并且开始与你交谈，坐在椅子上面，在你的左边。一会儿我将会让你慢慢地、轻轻地睁开眼睛，去看你左边的椅子。她将会在那儿，你将会看到她坐在那里，现在请你睁开眼睛然后告诉我你看到了什么。

一位受术者报告说："我可以很清楚地看见那个人坐在那里，穿着橘黄色的衬衣和黑色的宽松裤。"事实上，幻想体验中的那个人是穿着蓝色的衬衣和系着皮带的牛仔裤，所以这位受术者报告的个体感觉中有极大的虚构成分。

而另一位受术者报告她听见了那个人走进房间，听到了开门的声音。

还有一位受术者在催眠后的讨论分析时说，"在催眠师那样说的时候，我觉得非常虚假，我明知道那是假的，可还是能看见她，因为她在我的脑海里。"虽然现实信息对这位受术者的体验有比较大的影响，但是受术者通过对催眠师暗示的想象解决了这个冲突。

可见，对同一段指导语，人们产生的幻觉体验并不完全相同。一般说来，人们只有在深度催眠状态下才能产生各种催眠幻觉。

当然，幻觉不只是简单地发生在催眠中。它可以而且的确在意识的各种状态中发生，可能由冥想、药物中毒或者是精神分裂引起。但催眠状态中的幻觉与它们是不完全相同的。

例如，在白日梦发生时，我们通常知道自己是在做白日梦。但在催眠中，我们虽然不会完全与自己的日常经验相脱节，但有时甚至可能意识不到自己的意识发生了改变。

精神分裂病人的幻视、幻听、幻嗅、幻味、幻触、幻动、幻痛会严重影响患者的思维、感情和行为，影响正常生活。而在催眠中诱发的各种幻觉，不但与人无害，而且可用来满足受术者的某种需求。例如，同思念的亲人见面；或与厌恶疗法结合，用于戒烟、戒酒等。

四、 感知觉的改变

在催眠中受术者会体验到各种感知觉的变化，会产生各种错觉。常见的有以下几种。

（一）体觉的改变

受术者可能感到身体变得沉重和温暖，或者感到肌肉僵硬，同时伴有轻飘飘的或与身体断开了的感觉。有时会产生对身体各部分的知觉扭曲，如可能感到头部异常大，手离开身体浮在空中等。偶尔还会体验到身体旋转等各种前庭系统方面的变化。

（二）视觉的改变

通过言语暗示，受术者可以把一张纸看作一只鸟来追逐，或者把五个手指看成四个。

闭着眼睛的受术者通常会沉浸在生动的视觉意象中。睁着眼睛的受术者如果盯着某个单一刺激而没有移动或眨动，有时可能会产生隧道视觉或管状视野，即视线外周都是黑暗或模糊不清的。受术者对颜色的知觉也会改变，或者变成黑白亮色，或者变成各种不同的颜色。如果看着催眠师，受术者还会看见催眠师的脸变成了另一个熟悉或不熟悉的人。深度催眠中的受术者还可能体验到类似相片或底片的幻觉。

（三）听觉的改变

通过言语暗示，受术者可以把敲击桌子声误认为锣鼓声，或把火车轰鸣声当作迪斯科音乐并随之起舞。

受术者经常会选择性地注意催眠师的声音，而听不到其他的声音。同时，催眠师的声音可能听起来离得更近或更远。而且，受术者对催眠师的非语言信号，如音调、节奏、呼吸、方位等会非常敏感。如果催眠师以难听刺耳或起伏过大的方式讲话，或讲话速度过快或过慢，并同受术者本人的内在信息处理速度不协调，受术者在进入或保持催眠状态上就可能会有困难。

此外，在催眠中通过语言暗示，受术者味觉、嗅觉等也都会发生改变，可将盐说成糖，将甜的说成苦的，将清水误认为香水，将白开水当成酒并喝下去并有醉意。

上述感知觉方面的变化既可以出现在催眠状态中，也可能出现在某些精神疾病患者身上，还可能在有一般心理障碍的正常人身上发生。例如，一位妇女不管什么时候，只要有其他女人在她丈夫身边，都会体验到强烈的嫉妒并产生对该女人的隧道视觉。在催眠状态中，她被教会以积极的方式去利用隧道视觉，将视野集中在丈夫身上，从而产生了安全和愉快的情感体验。

五、 情欲的改变

通过催眠暗示，受术者会产生喜怒哀乐的情绪，并可使食色（饮食男女）等欲望增强和减弱。

暗示可喜之事就有欣喜的表情，暗示被人激惹就有愤怒的表情，暗示哀伤之事竟能放声大哭，暗示可笑之事竟能乐不可支。人在观赏影视等文艺作品时所产生的爱与恨，均非理性在起作用，而是心理暗示的结果。

催眠暗示即可增进饮食，也可降低食欲。余萍客在《催眠术与催眠疗法》一书中指出，催眠术可用于减肥、戒烟、戒酒和克服过度手淫。有关催眠在这些方面的应用，后面第十九、第二十章将有翔实的介绍。

六、 催眠后遗忘

一般说来，在催眠状态下人的记忆力会增强。因为大脑入静有助于唤起记忆，我们回忆某件事，通常会低着头，闭上眼睛静静默想。在催眠状态下，暗示能使人将忘却的事情回想起来。

但催眠也能让人丧失记忆，催眠后记忆丧失又称催眠后遗忘，也是催眠的一个有趣的现象。

从历史上看来，催眠后记忆丧失不但提供了对催眠进行客观观察和理论研究的动力，也为其他领域的心理探究提供了直接的可用工具。对于在催眠中的记忆丧失的观测有可能会为现代心理学开拓出一系列重要的研究主题。比如，催眠后记忆丧失与对记忆的精神病理学研究具有一定的相关性。

催眠后遗忘现象一般是指受术者在被催眠后接受催眠师的暗示，暂时不能记住一些事情。催眠后记忆丧失似乎与其他功能性记忆丧失有关。比如，突然忘记一个朋友的名字，或者忘了是否看过一部特别的电影，这些经历都类似于催眠后记忆丧失。催眠后记忆丧失同一些临床症状，如歇斯底里病、失忆症等也有某种相似之处。

催眠后遗忘仅是发生在催眠状态下的一种记忆丧失。希尔加德列举了很多种被称为催眠后记忆丧失的现象。比如，催眠后回忆记忆丧失（对催眠这一事件的记忆丧失或对于在催眠过程中所学资料的记忆丧失），催眠后来源性记忆丧失（保留了学习资料的记忆但是忘记了学习情境），催眠后部分记忆丧失（只忘记了关于催眠事件的一部分）等。

在一个对自发催眠后记忆丧失和引导性记忆丧失的研究中，希尔加德和库泊（Cooper）报道说，7％的个体表现出了自发的记忆丧失，而35％的个体表现出引导性记忆丧失。

希尔加德指出，当催眠师特意引导记忆丧失时，潜在的影响引导结果的变量是比较容易被确定和运用的。因为这一引导能够很容易被删除，所以这种记忆丧失是可逆的，很容易被恢复。几乎所有的标准化催眠感受性量表，都有记忆丧失测试项目。

比如，在哈佛团体催眠感受性量表（HGSHS-A）或者史坦福催眠感受性量表（SHSS-C）中，测量催眠后记忆丧失在催眠结束前进行，催眠师经常引导受术者去忘记所有发生在催眠中的每一件事情，直到他们被告之能够想起来为止。催眠结束之后，受术者要求去详述他们的测试体验，催眠测试项目及结果由催眠人员记录。接下来，遗忘引导语通常会通过一种预先安排好的取消提示而消除，而受术者会被要求报告任何与测试环节相关的附加记忆。

催眠后记忆丧失通常是通过受术者在催眠后、引导者取消命令前记住的题目数量来评估。比如，在 SHSS-C 中，如果在被告知"现在你能够记起所有的事情"之前，受术者只能够回忆起三个或者更少的项目，就算有催眠后记忆丧失。

这一标准有助于区分正常性遗忘的作用和引导后导致的遗忘的影响。将记忆丧失指令取消后记忆的恢复情况作为指标，可以区分出以下四种记忆丧失：记忆完全丧失（完全忘记和完全不能恢复）；假的记忆丧失（完全忘记但能够恢复）；记忆部分丧失（部分忘记和部分不能恢复）；记忆没有丧失（没有忘记）。很明显，一个好的测量催眠后记忆丧失的工具不应只关注忘记的项目数，也应关注恢复的项目数。这样做才能将普通的自发遗忘与引导后催眠遗忘区别开来。然而，令人遗憾的是目前常规的衡量催眠后记忆丧失的标准都是受术者在取消指令出现之前记住的项目数。

凯尔斯特郎(Kihlstrom)和伊万斯(Evans)报告了 691 名受术者在 HG-SHS-A 测试中、391 名受术者在 SHSS-C 测试中记忆的项目数。在这些受术者中，能够记起三个或者更少项目的人被认为是通过了遗忘测验。数据显示，在 HGSHS-A 的测试中有 31％的个体、在 SHSS-C 的测试中有 32％的个体符合这一标准，而这一通过率与两个量表的常模数据是一致的，表明只有不到三分之一的个体会积极反映 HGSHS-A 和 SHSS-C 中的遗忘引导语。然而，对特殊人群的研究表明有更高的比例。比如，精神分裂症患者对这两个测试的遗忘引导语分别有 78％和 100％的正向反应率，而他们的记忆恢复概率却比较低。这表明与遗忘的特定引导语无关的因素可能会很明显地决定这些个体的反应。

尽管学者们一致认为，记忆丧失是某些受术者确实存在的一种真实体验，但对于它的解释却见仁见智，莫衷一是。

研究表明，催眠后记忆丧失尽管不是记忆功能的永久性丧失，但还是可以持续一定的时间。麦坎基等人让受术者观看自己的催眠录像，发现记忆丧失个体好像都不能够在测试项目出现之前回忆出来。两项研究得出的一致结论是，一些催眠记忆丧失个体当面对他们之前测验的录像时，能够报告他们关于催眠行为的记忆，却记不得他们当时的体验。第一项研究中有 37.5％的记忆丧失个体，在第二项研究中有 31.3％的记忆丧失个体，都很明显地体现了行为记忆与体验记忆之间的区别。正如一位个体所说："当我看录像时，我能够记起这些事情，但却记不起我的感受。我仅仅是坐在这里看录像。"

七、 催眠梦

在各种催眠现象中，另一个受到研究人员和临床工作者广泛关注的是催眠梦。

催眠梦是指在催眠体验中的人报告自己受暗示后所做的梦。如果一个被催眠的个体被催眠师指示梦见特别的主题，几乎 40％的人会在随后报告说，他们很强烈地体验到了暗示中的内容。在临床工作中，催眠梦可以对有价值的诊断和治疗起到一定的作用。

研究显示，全神贯注和富于想象，以及易受催眠影响的个体所采用的各种不同的认知方法，有助于促进催眠梦的发生并加深催眠梦的体验。

　　希尔加德指出，不应该将催眠梦过多地与夜间梦相比较，因为催眠是不同于睡眠的，催眠梦和睡眠梦在生理基础方面就是不同的。催眠梦的时间和内容都是催眠师所指定的，而且受术者知道自己将会报告他的催眠梦境。许多研究表明，在梦的内容以及生理反应方面，催眠梦和睡眠梦的体验是有很大差别的。但也有研究者认为，自然的梦和催眠的梦十分相似。例如，有一些证据说明快速眼动通常伴随着睡眠的梦境，也伴随着一些催眠梦。塞瑟道特（Sacerdote）认为，尽管没有相同的心理基础存在于催眠梦和睡眠梦中，但也许在一些生理方面有相同之处。

　　巴瑞特（Barrett）把那些从相同的研究对象中收集来的催眠梦和睡眠梦以及醒着的梦（白日梦）加以比较，发现了催眠感受性对于决定不同梦的内容类型的重要性：那些有能力进入深度催眠的受术者，在催眠梦和睡眠梦（不包括醒着的梦）的长度、情感主题、角色、环境和交谈等方面具有一致性；而对于中等易感的个体，催眠梦在多数内容上既不同于睡觉时的梦，也不同于醒着时的梦。她的研究表明，催眠感受性也许与梦的类型和其他方面有相互作用。

　　下面这段关于催眠梦境的暗示语，改编自韦森豪佛和希尔加德研发的斯坦福催眠敏感性量表。

　　我们非常感兴趣探索什么是催眠以及催眠对人们的意义。通过催眠时产生的梦境去探索是最好的方法之一。现在，我们要求你休息一会儿，然后你将要做一个梦，一个真实的梦，就是那个你晚上睡觉时做的梦。当我对你说话的语调开始变得缓慢的时候，你将要开始做梦。你将要做一个关于催眠的梦，你将会梦见催眠的意义是什么。现在你将要睡着，沉沉地沉沉地睡着，与你晚上睡觉时十分相似。你将要开始做梦。

　　某位受术者报告梦境说，她"和一位怀疑催眠的朋友在一起，并且将要旅行欧洲，人们试图去催眠她的朋友"。在催眠后讨论分析时，该受术者说她真的打算与朋友去欧洲旅行，之前她经常做这样的白日梦。

　　而另一位受术者的描述却是，"所有我曾经看到过的和所有我体验过的催眠都进入我的脑子里，以一种非常混乱的状态发生"。

　　可见，受术者在一定程度上会个性化梦境体验，这些体验往往包括了他们睡觉时和醒着时的梦境。

　　还有一位受术者梦到看一个舞台催眠的示范表演，他说："图像很清晰，我可以清楚地看见我坐在那儿，和谁在一起，甚至在休息的时候我吃了些什么。"这说明，生动的想象在催眠梦体验中扮演了一个重要的角色。

八、 催眠秀

在催眠现象中，最吸引公众眼球的是催眠秀，既五花八门的催眠术表演。事实上，在催眠过程中的众多经验事件确实是很有趣的。

笔者常常在每次催眠培训开始之前，让学员分组轮流扮演催眠师和受术者，相互做催眠人桥试验（即头脚各搭在一把椅子上，腹部上站立一人），只要受试者按要求屏住气、绷紧躯干和腿部肌肉、忍住不笑，几乎都能取得成功，以此破除对催眠秀的神秘感和对一些江湖催眠大师的盲目崇拜。这种人桥试验就是毫无意义的催眠秀，是许多所谓催眠大师到处表演的花样之一。因全身肌肉不可能长期绷紧，所以这种表演通常很快结束，不可能让上面的人站立太久，而且身体十分虚弱的人是不适合做人桥试验的。

与身体僵直相反的是身体柔软试验，催眠师对受术者说："你全身变得柔软，像棉花一样软，骨骼支不住身体，就像没有骨头似地瘫软下来。"受术者便像烂泥一样塌落在地上，扶都扶不起来，直到被给予"身体恢复强健，起来吧"的暗示，才站立如常。

同身体软硬试验类似，还有全身冷热试验：即使严冬天气，暗示"热呀！"就觉得汗流浃背，叫他脱衣，便一件件脱，还要摇扇乘凉；即使炎热夏天，暗示"冷呀！"就全身发抖，觉得手足冰冷，到炉边取暖。

余萍客在《催眠术与催眠疗法》一书中列举了许多催眠游戏试验：

无索捆绑：双手交叉在背后，施予被捆绑的暗示，受术者极力挣扎，总不能脱绑。

一羽千斤：说一根鸡毛有千斤重，受术者使尽全身之力，仍无法举起来。

饮水大醉：将一瓶水说成烈酒，受术者饮后便会酩酊大醉。

蚊蝇扑面：说有成群蚊蝇扑在脸上，受术者会用手不停驱赶。

拥抱恋人：将一捆被褥说成新恋美人，受术者会拥抱热吻。

还有很多，不一一列举。

所谓催眠秀指的就是上述这些把催眠技术舞台化、庸俗化了的各种花哨表演。催眠秀中有真的催眠的成分，也有与催眠无关的故弄玄虚的夸张因素。虽然这种表演有助于扩大催眠的影响，让更多人了解催眠术的神奇，了解在催眠状态下会出现什么样的生理反应和心理反应，但催眠秀与催眠治疗毫无关系。催眠秀多半是对催眠一知半解或略知一点皮毛的江湖人士的哗众取宠。催眠表演的现场，人越多效果越好，因为这里面很容易找到受暗示性强的人，且在集体压力下，很容易产生从众效应和面子效应。真正造诣深的催眠专家是不屑于催眠秀的。

九、　精神传感

精神传感指的是不用语言暗示，而只是凭精神传感，令受术者随着催眠师的意念产生感应。例如，催眠师全神贯注，用意念指挥受术者闭眼或抬手，有时也能取得成功。

这种方法的创始人是日本著名催眠大师吉屋，各种催眠方法都被他应用到了登峰造极的程度。江波在《实用催眠术》一书中介绍了他创造该方法的始末细节：

一天，吉屋独自一人在街上行走，看见前面一个姑娘行走得很快，背影很像他的一个学生，他想看清姑娘的面貌，可是竟追不上她，于是就集注心力于姑娘的背上，一心想要她退后走几步，那姑娘果真在不知不觉中向后倒退，吉屋赶忙走到她的面前，一看是位不认识的姑娘。吉屋心中非常兴奋，便停立在路边，再次集注心力于姑娘身上，默默命令她停止脚步，姑娘果真站立不走了。吉屋又用意念让她继续向前行走，姑娘果然抬步向前走去。

吉屋家中有一名叫盖太的助手，催眠感受性很强。一天，吉屋买东西回家，途中遇到大雨，避入路旁的小理发店中，借此整容。整容完毕，雨还是倾盆而下，这里又比较偏僻，雇不到车。于是，吉屋站立在理发店门前，集注心力，闭目凝想：“盖太见到这雨久下不停，必定会想到我在中途避雨，又会想到我胡子茸茸，一定在理发店中修面避雨，于是给我送雨衣雨帽来。”他反复默念，约十分钟，盖太果然送雨衣来了。

江波先生认为，这种心灵感应以及遥视、透视等特异功能，都是在催眠状态下诱发出来的人体潜能。

十、 前世回溯

这是美国耶鲁大学医学博士、曾任耶鲁大学精神科主治医师、迈阿密大学精神药物研究部主任、西奈山医学中心精神科主任的布莱恩·魏斯创立的一种近乎荒诞的催眠治疗方法。他声称在临床工作中发现，利用潜意识中的记忆，在催眠中可重新经历前世的经验，不但可以去除前世伤害对今生所造成的不良影响，更可以借由对前世的了解，重新规划今生未来的生涯。此种疗法虽然违反科学常识，具有明显生命轮回的宗教色彩，但也有人认为它打破了传统心理治疗的樊篱，是一种崭新、有效的治疗方法。

有人用图 5-1，形象地表现了前世回溯治疗的荒诞。

图 5-1 关于前世回溯的漫画

注：图中上面的英文是：前世回溯治疗。下面的英文是："在催眠状态下，你能回想起八辈子以前的自己。啊哈！你原来是只猫！"

布莱恩·魏斯在 1988 年和 1992 年先后出版了"*Many Lives，Many Masters*"和"*Through Time Into Healing*"两本书，我国台湾中译本书名为《前世今生——生命轮回的前世疗法》和《生命轮回——超越时空的前世疗法》，分别于 1993 年和 1995 年由张老师文化出版社和张老师文化事业股份有限公司出版发行。前一本书详细介绍了他创立前世疗法的经过：对一个患严重焦虑症和恐惧症的女病人凯瑟琳，采用传统心理治疗和药物治疗 18 个月，均毫无效果，于是采用催眠法，希望把她的童年创伤找出来。凯瑟琳虽然说了一些童年受伤害的事，可病情并无改善。于是就让她回到更早的阶段，没想到她居然越过今生跑到前世去了，说出了引发她症状的许多前世经历，经过几个月回溯治疗，凯瑟琳的症状彻底消失了。多年严格的科学训练使布莱恩不相信任何不能以传统科学方法证明的事物，直到四年之后，积累了更多案例，他才有足够的勇气，冒着他的科学家声誉被毁于一旦之险，将自己的发现公之于世。后一本书则针对人们的质疑和批评，用许多案例翔实地介绍了在催眠状态中运用前世回溯的操作方法并附上实况录音的文字稿。

布莱恩·魏斯的前世疗法发表后，受到主流科学界的围剿，骂他是学术骗子，许多心理学家认为，所谓前世回溯不过是受术者在催眠状态下产生的幻觉而已。

2012年，布莱恩·魏斯博士又与其女儿艾米·魏斯（Amy E. Weiss）合作，出版了"*Miracles Happen*"一书，我国台湾中译本书名为《奇迹正在发生——回溯最纯净的生命本质》，2013年由台北时报文化出版社发行。该书用85位前世回溯体验者的信件反馈，表明该疗法的有效性，并用考古或历史资料以及其他证据，证明其回溯情境的真实性。例如，有人在催眠回溯时能说出自己从未学过的外语或早已绝迹的语言，这就无法归因于纯粹的幻觉或想象，从而证实前世经验确有其事。

布莱恩在书中说：

有位来自北京的女外科医师第一次出国，就是为了来拜访我。她回溯到1850年在加州的那一世。因为她完全不懂英文，因此诊疗期间必须借助一位中国籍口译员的专业协助。这位女外科医师忆起在那一世和丈夫争吵时，竟开始说着一口非常流利、生动的英语。口译员尚未意识到发生了什么事，很自然地将听到的话译成中文。我不得不轻声阻止他："我听得懂英文。"口译员差点昏倒，因为他知道这位女医师连一个英文字也不会说。我永远忘不了他脸上那惊讶的表情。

海伦·瓦默巴赫（Helen Wambach）博士原是位极度怀疑前世说的心理学家。20世纪60年代，她主导了一项对前世领域大规模的科学调查，也开始进行一系列的实验。她原本的打算是，要推翻轮回理论，孰料结果却正好相反。她发现在前世回溯期间得到的细节，绝大多数都符合史料与纪录。她把这些发现集结成书，出版了《前世》（*Life Before Life*）和《重温往事：催眠下的证据》（*Reliving Past Lives*）等书。这位原本的怀疑论者后来做了以下总结：我不相信轮回，但我了解轮回。

布莱恩在该书中还用许多案例证明，找回前世经验，不只能让人摆脱恐惧及其他不良情绪，还能让某些生理症状和疾病消失。这类事件再度确认了前世观的真实性，因为想象或幻想是无法治疗慢性疾病的。

后现代主义哲学认为，理论都是人们用语言建构出来的，不存在绝对真实和绝对真理。无论对物质现象还是精神现象，无论对微观世界还是宏观世界，人类的认识都十分有限，不过是管中窥豹，充其量是瞎子摸象而已。仅从上面吉屋和魏斯所创立的方法来看，对我们仍有一定启发和参考价值。

人们常说"眼见为实"，其潜台词是，看到的都是真的，感觉不到的就是不存在的。岂不知感觉也有错觉和幻觉，神秘的魔术也为我们亲眼所见；超声波、红外线、X射线，在没有科学仪器之前，都是我们人类的感觉器官接收不到的。蚂蚁无法知晓人类世界，人类的认识也会有局限性。何况科学发展永无止境，不能将我们不认识、不理解或科学未能证实的事物一概认为是假的或不存在的。

人类自身尚有许多未解之谜，至于精神传感等特异功能是否真实，当然可以用严格的科学实验加以检验，但戳穿一个骗子，不能说其他人也是骗子，因此不必过早下定论。特别是灵魂和生命轮回的有无，以及前世回溯的内容是否存在，我们既很难证实为真，当然也无法证实其伪。实践是检验真理的唯一标准，关键是看这种治疗方法在临床上是否有效，真伪问题并不重要。

人性是十分复杂的，有人敬畏法律，有人迷信鬼神，法律和鬼神都能管住一些人的行为。彻底的唯物主义者是无所畏惧的，没有信仰的民族是可怕的。那些既没有法制观念又对神灵缺失敬畏的人便会无法无天，为所欲为。所以，笔者甘冒宣扬唯心主义的风险，斗胆对精神传感和前世回溯疗法做简要介绍，希望能对读者开阔眼界、解放思想有所帮助。

人类的认知地图不等于客观世界的原貌，对同一事物人们的认识不同是很正常的。审辩式(亦称批判性)思维既提倡不懈质疑，又强调包容异见，原因即在于此。对精神传感和前世疗法相信不相信都很正常(本人是半信半疑，既不完全认同，也不坚决反对)，但就此展开论战或大批判却毫无意义，绝不是笔者希望看到的。

第六章
催眠的程序、 影响因素与催眠冲突

催眠术的实施是催眠师和受术者的互动过程，具有一定的发展阶段，其效果受催眠双方及环境等各种主客观因素的影响。

一、 催眠实施的程序

（一）催眠实施的主要阶段

催眠术的实施大体要经历准备、诱导、利用、结束四个阶段。

准备阶段：此阶段的主要任务是收集有关来访者的年龄、民族、职业、教育背景、兴趣爱好、能力特长、婚姻家庭、宗教信仰、以往的经历等信息。为了节省时间，此类信息一般可通过预约表格获得；了解来访者希望达到的目标或渴望发生的变化，判断来访者的问题是否适合采用催眠的方法来解决；了解来访者对催眠的大概认识和此前有关催眠的体验；通过有关催眠性质的交流，使来访者对催眠过程有正确的期待；与来访者建立和谐信任的关系，并就催眠目标达成一致。若来访者对催眠缺乏安全感或不愿被催眠，可用其他人做示范，或对想象中坐在来访者身边的人做催眠，以打消其顾虑。

诱导阶段：此阶段的主要任务是通过系列互动，促使受术者产生专注体验和意识状态的改变。可以采用标准化的诱导语，也可以根据受术者的特定需要和独特交往模式，以及当时的体验灵活进行诱导，从而达到集中受术者注意力、弱化意识心理、进入无意识心理的目的。根据艾瑞克森的经验，在一次催眠会谈中，使受术者从清醒状态转入催眠状态的诱导，短者三五分钟，长者可达一小时；在多次会谈的催眠治疗中，可能有 2~8 次会谈是做催眠训练，使受术者学会很容易地进入催眠状态。

利用阶段：此阶段的主要任务是利用催眠状态进行干预。在催眠状态，人的评鉴能力降低，可以完全沉浸在体验性的现实中。当人们感到被保护和安全时，专注于催眠世界会有很好的干预效果，因为这会激发新的思维和生活方式。催眠师可以通过隐喻性故事、年龄回溯、催眠梦等解离技术，帮助受术者摆脱束缚，整合或重组已有资源，产生新的体验，达到干预目的。

结束阶段：此阶段的主要任务是把受术者带出催眠状态，巩固催眠干预的效果。在催眠的最后 10～15 分钟，可以给予受术者一些自我肯定暗示、催眠后暗示以及一般性或特殊性记忆缺失暗示，然后唤醒受术者。在催眠结束后，还要与受术者进行催眠体验的讨论；还可以布置家庭作业、进行自我催眠指导或其他非催眠的策略指导，以巩固干预效果。

(二)催眠实施的具体步骤

具体说来，整个催眠流程可分解为以下九个步骤：

第一步，简短自我介绍，表达助人善意，取得来访者信任。

第二步，通过术前询问，确定来访者问题是否属于催眠的适用范围。

第三步，简短介绍催眠，消除受术者对催眠的疑虑、恐惧及过高期望，增强信心。

第四步，通过催眠感受性测试，了解受术者对催眠暗示的敏感程度。

第五步，采用各种诱导技术，使受术者进入催眠状态。

第六步，通过催眠加深技术，使受术者进入干预所需要的催眠状态。

第七步，结合各种心理辅导与治疗技术对受术者进行心理干预。

第八步，采用催眠唤醒技术，使受术者恢复到正常意识状态。

第九步，对催眠中的现象做简单解释，提醒受术者回去后需要注意的问题。

二、 催眠效果的影响因素

影响人工催眠效果的因素很多，主要包括催眠现场的环境因素，被催眠者的身心因素、催眠师的个人因素以及催眠双方的关系因素等。

(一)催眠环境因素

1. 光线和色彩

光线要柔和，以朦胧为宜，阳光或强烈灯光会扰乱被催眠者。墙壁和灯光色彩以冷色调(如绿色、蓝色等)与中性色系(如灰色)为佳，能给人带来宁静、安详的感觉；暖色调及鲜艳色系的颜色，如红色、紫色、橘色、黄色，会使人兴奋激动，因过于刺激而不适用。光线最好来自催眠对象后面。

2. 温度和气味

室温以 21℃～25℃ 为最佳，要避免太冷、太热，稳定而略为温暖的环境适合催眠的进行。空气要流通，但突然的强风、强烈的气味（如刺激性的辛辣食物、香烟及霉味）不利于催眠进行。

3. 声音和音乐

环境要安静，避免喧闹，催眠室的门口应挂上"请勿打扰"的牌子。柔和的轻音乐作为背景，能使人产生镇静与松弛的效果。穿插着鸟叫虫鸣、泉水叮咚、小溪潺潺、海浪滔滔、风雨潇潇等大自然声响的催眠音乐（Hypno Music），可使受术者更易进入催眠状态。钟表和节拍器等单调重复的声音，也有利于大脑进入抑制状态。当然，也可以不需要音乐和其他声响的配合，催眠师的话语是更重要的影响催眠效果的因素。

4. 氛 围

可视情况，使用无香精味道的蜡烛或具有镇定作用的精油作为辅助催化的道具。闪烁的烛光本身就是圣洁的象征，具有难以抗拒的神秘能量，特别是对注意力难以集中者，烛光是很好的催眠诱导工具。若有条件，采用闪烁频率为 7～14 赫兹（α 波）的发光二极管，效果会更好。

一般说来，催眠室以小房间为宜，不需要字画、花草等装饰物。室内光线不要太亮，落地灯比头顶灯好。受术者可以坐在沙发上接受催眠，但沙发最好是高靠背的，以便支撑头部。受术者也可以躺在舒适的小床上接受催眠。必要时可在催眠室的天花板上装一个金属圆钉，离受术者的眼睛大约 2 米，作为催眠时用的固定目标。催眠师最好站立，也可坐在受术者左边的小桌旁，以便在桌上做记录，催眠师的位置应在受术者的视线之外。催眠室内至少有一把备用椅子，还要放一个计时器。催眠室必须隔音性能强，谢绝外人参观，避免户外人车声、楼道走步声、水管流水声等噪声干扰。

余萍客在《催眠术与催眠疗法》一书中对催眠施术室做了如下描述：

地方要幽静，布置要森严，令人一进门就能产生敬畏和信仰的观念。在邻室辟音乐间，当催眠时弹奏单调的音乐达到使受术者观念集中的效用。光线暗薄，门窗都垂下帘子；至于晚间灯光带有一种淡蓝光线，不会直射被术者的眼睛，更使被术者觉得有一种神秘光景。施术室有了这样的设备，得到间接的助力不少。

至于施术室的外面，多悬挂催眠名家施术照片和施术者以往的成绩照片、赞颂的牌匾，及桌上放置病人的谢函，也有相当的功效。

安全舒适、外界刺激最小化的物理环境是保证催眠效果的必要条件，但并不是最重要的条件。有经验的催眠师，如艾瑞克森，即使在嘈杂的环境下，也照样能使受术者进入催眠状态。

(二)催眠对象的身心因素

1. 身体舒适度

椅子高低适中，坐姿舒服，确定其背部有椅背支撑。必要时给予背垫及脚垫。双脚平贴地板，不可交叉。双手可置于椅子的扶手或大腿上，或放在身体两侧。服装、领带、衣领、腰带、鞋子若是太紧，请松解。

2. 身体、精神状态

身体不适、湿冷、发烧、疼痛、疲累、饥饿或过饱、醉酒、服用药物、情绪亢奋等，均不适合催眠。心平气和，心无杂念，最易进入催眠状态。

3. 对催眠抗拒

受先前催眠经验(错误技法、舞台催眠、业余催眠等)的不良影响，害怕失去控制，个人内心冲突，对催眠怀疑抵触等，都会导致催眠效果下降。

4. 对催眠的信仰

对催眠信仰程度高，对催眠的效果深信不疑，会减少对催眠暗示的阻抗，这就是人们常说的"心诚则灵"。

5. 催眠深度

暗示语要适合受术者的催眠深度，在浅催眠状态时不宜施予难度较大的暗示。

6. 催眠敏感性

催眠敏感性越强，催眠效果越好。据艾瑞克森报告：一位病人只花不到35秒便进入第一次深度入神状态；另外一位病人，足足花了300小时才勉强达到入神状态。可见，催眠感受性的个别差异很大。催眠感受性同以下因素有关。

(1)年龄因素

幼儿的催眠易感性随年龄逐渐增强，9～12岁的儿童最容易被催眠，以后随年龄增加而越来越不易被催眠，40岁以上的成人感受性最差。

（2）性别因素

人们通常认为女性比男性的催眠易感性高，但实验研究表明，男女被试对催眠的感受性并无显著差别。

（3）遗传因素

很少有迹象表明催眠易感性与遗传基因有关，虽有资料显示催眠易感性包括遗传因素，但其他研究却不能重复相应结果。一般认为，催眠易感性是一种相当复杂的现象，它与遗传的关系可能不太大。

（4）生理因素

有研究显示，优势利手和脑电图 α 波特征与催眠易感性有关，但目前无明确定论。通常认为，服用安眠药、乙醚、酒精、大麻等会使受术者受暗示性提高。

（5）智力因素

一般说来，智力和受暗示性成正比关系。因此，比较容易进入催眠状况的人大多智商比较高，比较具有想象力，比较能够放松自己，而且比较能够接受新鲜事物，对环境的适应能力比较好。智力障碍者多半对暗示毫无反应。

（6）人格因素

人格因素和催眠易感性之间存在相关性，但这种相关性并不太大。人们通常认为，性格随和，较为顺从的人，催眠感受性强。四种气质类型对催眠易感性排序为：胆汁质最强，其次是黏液质，再次是多血质，最弱是抑郁质。对于胆汁质的人，只要引起他对催眠术的热情和对催眠师的敬仰，就能很快使他进入催眠状态；对于黏液质的人，催眠方法要多样，他才能进入催眠状态，一旦进入深度催眠状态，不容易醒觉；多血质的人，对催眠的感应性弱，初次催眠比较困难，需要先做几次深呼吸安静下来，才能进行催眠；抑郁质的人对催眠容易怀疑，需要诚恳相待，引起他心理上的信服，才能缓慢地进入催眠状态。

（7）动机因素

从直觉上来说，来访者的被催眠期望和强烈动机将有利于催眠，但事实并非如此，动机强烈，催眠感受性并不一定高。有些抱着好奇和研究心理的人，很难进入深度催眠状态。对催眠过于热心、故意配合的人，催眠效果也不好。当然，来访者缺乏接受催眠的动机或信心，也很难施术成功。

（8）注意因素

注意力容易集中的人，对催眠敏感性较强；注意力涣散，平时很难集中注意的人，对催眠感受性较弱。

（9）宗教因素

一般说来，对于有神论者，只要催眠指导语与其宗教教义不相违背，他的催眠感受性通常较好；而持强烈无神论观念的人，对催眠的感受性可能会比较弱。

（10）职业因素

临床发现，数学家、科学家、工程师、会计师、律师、机长等喜欢独立思考的人，通常不易被催眠；长期处于单调的工作环境中的人容易被催眠，因为相同的工作使注意力集中在一特定区域；习惯于接受命令的军人也容易被催眠。

（三）催眠师的个人因素

要实施催眠，首先必须取得受术者的信任，这是催眠术成功的前提。

催眠师的专业水平、临床经验及人格特点、服务精神等都会影响催眠干预的效果，这是不言自明的。后面第二十五、第二十六章中将会对此有更详细的阐述。

不但催眠师口齿不清、讲受术者不易听懂的方言或超出其接受能力的话语，会直接影响催眠效果，就是语气不够坚定、含糊其词或暗示语前后矛盾，也会令催眠效果大打折扣。例如，"你的眼睛可能睁不开""你的头痛大概会好""我希望你看到"，同"你的眼睛睁不开了""你的头痛肯定会好""你会看到"，两种暗示语的效果截然不同。又如，在"你的双手不能动了"的暗示解除前，给予"把你的双手举起来"的指令，就会因二者相互抵触使受术者无所适从。一般说来，坚定果断且不断重复的指令会增强暗示的效果。

催眠师对受术者的态度也会影响催眠效果。黄大一先生在《催眠大师150招》中指出：

在进行催眠的过程中，催眠师有两种基本的态度可使用：一种是慈母型的语调与动作，另一种则为严父型的语调与动作。对于心中抗拒型的对象，必要的时候，必须采用严父型的引导言辞，使之放弃抗拒。一旦将来访者带入催眠状态中，就可以改用慈母型的口气和手段。当然，由于某些催眠对象在达到眠游状态之前还有部分意识抗拒，因此偶尔的严父型言辞还是有必要的。

在被催眠的过程中，不是所有的人都会受同样方法的影响，人们的反应因不同的听话度会有所不同，甚至会有很大的不同。某人对权威式（严父型）回应最好，另一个人却要温和式（慈母型）的引导方式。要成为一个催眠师专家，就要学会以最适当的方法，把特定对象催眠。它是一种艺术，透过经验而来，几乎是一种直觉，知道怎么做最好。原则上，对于生理型听话度者，直接使用严父型（命令式）引导；而对于情绪型听话度者，则采用慈母型（说理式）引导。

进行催眠时，催眠师必须严肃认真，衣着整洁，仪表端正，集中精神，消除杂念，全身心投入。心猿意马，神情恍惚，马虎大意，或焦虑不安，急于求成，矫揉造作，均不可能取得好的催眠效果。

受过训练的催眠师通常有一双明亮而善于催眠凝视的眼睛，能让自己的目光在几分钟内不游移，稳定注视受术者的眼睛，显示出自信和意志力，有助于增强催眠效果。

催眠师的名气和权威性也会影响催眠的效果。苏联有位催眠大师经常在电视上做表演，闻名遐迩，家喻户晓。某天，一对正在饭店就餐的夫妇，抬头看见这位大师正向他们这边走过来。先生对太太说："他可能要给你施催眠法术。"大师刚走到眼前，这位太太便进入电视中看到的催眠状态了。

（四）催眠双方的关系

催眠师与被催眠者建立合作关系，这是催眠术成功的最重要的前提。和心理咨询一样，关系比技巧更重要，只有融洽的心理氛围才能引出双方的感应关系。

一般说来，催眠师同受术者过于熟悉，会失去权威性和神秘感，催眠效果往往不佳。

许多被催眠者往往错误理解催眠状态，认为自己会在催眠中失控，任由催眠师摆布，为此而恐惧、焦虑，对催眠过程产生过度的防御和阻抗。所以，作为催眠师必须以温和、理解、关心和尊重的方式与被催眠者相处，只有建立了和谐的催眠关系，受术者才会减弱防御，消除紧张和不安全感，产生必要的信任气氛。

除了安全、舒适、温馨的催眠环境，催眠师与被催眠者保持最佳身体距离，也有助于建立良好的合作关系。所谓最佳身体距离，是指与他人交谈时距离多远双方感到最舒服。如果催眠师和受术者之间距离太近，会让人感到紧张；距离太远，又会弱化可以增强催眠反应的"亲密接触体验"。正确做法是"亲密有间"。

最佳身体距离因人而异，因文化而异。催眠师面对一位来访者，可以在谈某些无刺激性的话题时，小心而有意地接近对方来识别这个距离。接近到了某种程度来访者会轻微紧张（表现在呼吸或身体姿势等方面），那说明催眠师已经触犯了最佳身体距离的界限，催眠师可以稍微退回一点，来建立适合的距离。

必须牢记，催眠术是一件相互合作的事情，而不单是催眠师对受术者做的事。催眠师的个人魅力和适当的举止是催眠气氛中不可缺少的因素之一。

三、 催眠冲突的表现与来源

所谓催眠冲突（conflict），是指受术者对暗示的反应同催眠师的预期不一致或有意违背而产生的不协调体验或副作用。用精神分析的术语来说，催眠冲突实际上就是对催眠的阻抗，会影响催眠的效果。

（一）催眠冲突的表现

华东师范大学心理系博士研究生单家银在徐光兴教授指导下，对催眠冲突做了系统研究。在送笔者评审的博士论文《催眠冲突管理研究》中，将催眠冲突分为以下几种。

1. 拒绝催眠

拒绝催眠又有拒绝接受和挑战催眠两种具体形式。

由于影视戏剧、文学作品、民间传说、媒体宣传等非科学途径的影响，有些来访者担心自己的意识被人控制、隐私被泄漏，或担心人身与财务的安全而拒绝接受催眠。对此可通过术前晤谈（pre-talk），向来访者解释催眠的原理及反应，或通过简短体验消除催眠的神秘感，取得来访者信任，从而建立和谐的催眠关系以减少阻抗。

还有部分来访者对催眠本身持怀疑态度，期望从成功挑战催眠师中获得满足。他们表面上愿意接受甚至主动要求体验催眠，实际上却坚决对抗催眠师的暗示，拒绝卷入指导语所描述的意象。在催眠演示的场合，这种情况尤其多见。对此可采用艾瑞克森的随意式催眠或间接暗示法来化解其阻抗。

2. 诱导失败

有些来访者同意接受催眠，甚至迫切希望通过催眠来解除痛苦，但不能顺利进入催眠状态，这种情形多半出现在理性思维比较发达的人身上。他们对外来信息更容易采取批判态度或做出自己的解释，在整个催眠过程中不断进行内部对话，因而较难成功进入催眠状态。

对于理性思维或审辩性思维较强的受术者最好采用非言语暗示，艾瑞克森的间接催眠和混乱技术都是克服诱导失败的有效方法。

3. 催眠中退回

一些受术者可以顺利进入催眠恍惚状态，但是当进一步意象操作时（如回溯、幻视），却出现焦虑不安，从恍惚状态退回到清醒状态，甚至睁开眼睛。

这实际上就是后面第十章会讲到的催眠漂浮现象，对此催眠师不要紧张，只要再次给予诱导，就能让受术者重新进入催眠状态。

4. 催眠副作用

来访者同意接受催眠，并体验催眠师暗示的意象与情境，却在催眠过程中或者催眠结束后出现不适症状，可以持续数分钟，也可能持续数小时、数天甚至数周。

副作用确实是临床催眠师经常面对的棘手问题。据莱威特（Levitt）等人1962年报告，对2500名美国催眠协会会员发出问卷调查，在回复的866份问卷中，有301份提到非常反应（unnormal responds）；朱迪（Judd）等人1985年报告，在澳大利亚催眠协会会员回复的202份有效问卷中，88份提到催眠副作用问题。

催眠的实验研究情形也大体类似。希尔加德等人1961年报告，220名被试中有8％出现催眠副作用，甚至仅做催眠感受性测试这样的标准化诱导也会出现副作用。希尔加德1974年报告，在120名接受斯坦福催眠感受性量表（SHSS）测试的被试中有31％出现不适，其中16％为一过性，15％可能会持续超过一小时。希尔加德等人1982年另一份报告说，接受哈佛团体催眠感受性量表（HGSHSA）测试的被试中有5％可能会出现副作用。

舞台催眠秀则会发生更多的副作用问题，其后果可能相对更严重。据1987年艾赤特灵（Echterling）等人报告，105名催眠秀被试有33％出现一定程度的不适；另据沃斯塔夫（Wagstaff）和海泊（Heap）分别于1997年和2000年发表的报告指出，英国目前因催眠引发的诉讼案件，均与催眠秀有关。

1988年，麦克豪威（MacHovec）发表了对86篇有关催眠副作用的文献综述，其中 50% 的文献为临床应用方面，25% 属于实验研究，25% 与舞台催眠相关。结果发现，在临床应用与实验研究中，大约有 7% 的被试会出现中等到重度的催眠副作用，而在舞台催眠中较严重副作用发生率则可能达到 15%。

催眠副作用的表现多种多样，焦虑、恐慌、抑郁约占 9.63%，头痛、恶心、眩晕约占 4.98%，哭叫、歇斯底里约占 2.99%。

对自我催眠的副作用，目前尚无报道。但如果将静气功看作自我催眠的话，则自我催眠的副作用也不可忽视，因为国内有关气功偏差的报道亦不少。

为了减少或消除催眠的副作用，应在催眠过程中密切观察受术者的表现，特别是要注意其口头语言和体态语言的反馈。一旦发现有不适反应，则应及时改变诱导和深化方法，必要时可停止催眠并给予良好的催眠后暗示；或将受术者唤醒询问原因，待问题排除后，再让其重新进入催眠状态。总之，催眠师的一切行为都要有利于来访者的身心健康。

(二)催眠冲突的来源

单家银博士将催眠冲突的来源分为以下几类。

1. 文化冲突

研究表明，不同文化背景的群体对催眠的感受性有所不同。例如，华人和日本人催眠感受性相对趋中，超高或极低者较少；欧美人则相反，西班牙人甚至对"清醒催眠"更具感受性。

即使同样一件事物，不同的文化也会有完全不同的含义。因此在一种文化背景下促进催眠顺利进行的刺激，在另外一种文化背景下可能会引起冲突。例如，"冰敷"意象，在西方是最常用的镇痛催眠暗示，但中医认为"寒凝血脉"，"冰敷"意象会导致血脉不通，从而引起不良反应。又如，我国港澳地区的交通规则是左侧通行，在诱导有关驾驶或行走催眠意象时，必须与内地有所不同，否则会引起冲突。

前面曾讲到，对于虔诚的有神论者，只要给予的暗示与其宗教教义不冲突，其发生催眠冲突的可能性相对较小；而那些坚定的无神论者往往视催眠为愚昧迷信而加以抵制。

2. 情境冲突

催眠过程中，周围环境的干扰会影响催眠效果。比如，在手术时做镇痛催眠，手术室的环境及马上进行手术的预期，与镇痛催眠暗示相矛盾，便会引起催眠冲突，使诱导时间加长。又如，在诱导受术者进入催眠状态或加深催眠时，电话铃声或汽车的喇叭声都会引发情境冲突。

3. 经验冲突

受术者的既往经历与体验，在催眠中有至关重要的作用，常常会成为催眠冲突的来源。例如，红色通常意味着喜庆，但在做与此有关的暗示时，却可能诱发某个有创伤史的来访者产生血腥场面的闪回，从而导致催眠冲突。

4. 催眠师冲突

某些来访者可能对催眠师的性别有所选择，对同性或异性催眠师表现出不同的感受性。有的病人可能只接受某位催眠师的催眠治疗，其他催眠师则一概不能诱导成功。艾瑞克森曾提到，个别催眠师会通过催眠后暗示让来访者拒绝接受其他人的催眠。

除上述几种冲突之外，有时为了研究工作需要，还可以通过某种方式，有意设定催眠冲突。

催眠冲突的管理方法大体分为两大类。一类为和谐技术，亦称合作技术，重点在于创造安全、舒心的环境，和谐的氛围，减少受术者的阻抗，提高其开放性；另一类为混乱技术，亦称分离技术，着重于打破受术者已有的习惯性思维模式，制造谬论，提高其卷入程度。这些对催眠冲突的管理方法都是艾瑞克森经常使用的，留待后面第十七、第十八章再做详细介绍。

第七章
催眠感受性的量表测试

∙∙

从 20 世纪 50 年代以后，心理学界和医学界普遍认为，个体的受暗示性亦即对催眠的感受性，是一种具有稳定性并可加以测量的心理特质。催眠的感受性是正态分布的，至少在实验室(与临床相对)环境下的测量得到的结果是这样的。

对催眠感受性进行测量的方法很多，主要分为量表测试和临床测试。

量表测试主要针对催眠感受性(hypnotizability)亦称为催眠能力(hypnotic capacity)或催眠敏感性(hypnotic susceptibility)来进行测试。

因为人们对不同暗示的感受性并不相同，所以在量表中必须采用多种任务以测试其不同的感受性。

测量催眠的量表有很多，总体来讲，都是侧重于行为和经验的，可能是临床特征或者来自于受术者的客观报告，通常是根据行为表现的细节给予客观评分。之所以采用行为量表，主要是为了测量的可靠性，避免主观性。但在这样做的过程中难免失去了临床测试的灵活性。

国外早期的催眠感受性量表主要有弗里德兰德和萨宾量表(Friedlander and Sarbin Scale，1938)、爱森克和佛尼奥克斯量表(Eysenck and Furneaux Scale，1945)，现在常用的标准化催眠感受性量表是：斯坦福催眠敏感性量表(Stanford Hypnotic Susceptibility Scale，SHSH)和哈佛团体催眠敏感性量表(Harvard Group Scales of Hypnotic Susceptibility，HGSHS)。

一、 斯坦福催眠量表

(一)斯坦福催眠敏感性量表

韦森豪佛和希尔加德编制的斯坦福催眠敏感性量表在催眠评估上是一个里程碑，它为后来各种特殊应用的催眠量表的发展开通了道路。例如，在此基础上开发了更加适合儿童的催眠感受性量表，以及更适合在临床上而不是在研究中应用的量表。

该量表使用标准闭目感应技术，测试任务涉及从简单的意念运动项目（如手臂降低）到正向幻觉、失忆和催眠后暗示等。实际上该量表是对弗里德兰德和萨宾量表的重新修订和标准化。

斯坦福催眠敏感性量表有 A、B、C 3 个版本，SHSS-A 包括以下 12 个测试项目：①身体后倒；②凝视目标后闭眼；③手臂下降（左）；④手臂不动（右）；⑤手指连锁；⑥手臂僵直（左）；⑦双手移动（靠拢）；⑧语言抑制（姓名）；⑨幻觉（苍蝇）；⑩眼僵（眼皮粘住）；⑪催眠后暗示（换椅）；⑫催眠后遗忘。

根据观察受术者的行为表现评分，每个项目评定为合格或不合格，分别记 1 或 0 分。最高得分为 12 分。

该量表的特点是：能全面评估受术者由催眠所引起的感知觉和记忆改变的能力。测试时间大约需要 1 小时。

SHSS-B 是 SHSS-A 的等值形式（复本），12 个项目中有 9 个是相同的，其他的也是测试同样的功能。二者均最适催眠筛选，适用的催眠任务广泛。

SHSS-C 旨在扩展 SHSS-A 和 SHSS-B 的动机，以更好地反映其测试项目中的幻想和认知。在 SHSS-C 中，某些项目被适合特定目的的测试任务替换。SHSS-C 和 SHSS-A 有较高的相关，相关系数为 0.72。

SHSS-C 的测试项目如下：①手降低（右）；②分别移动手；③蚊子幻觉；④味幻觉；⑤手臂僵硬（右）；⑥做梦；⑦年龄回溯；⑧手臂固定（左）；⑨对氨丧失嗅觉；⑩幻听；⑪负向视幻觉；⑫催眠后遗忘。

每个项目也按合格或不合格记 1 或 0 分，最高得分 12 分。

SHSS-A 和 SHSS-B 在临床上不太受欢迎，因为它关注的是学术研究而不是测试的临床目标。SHSS-C 是在实验环境中对个体催眠反应最好的评估方法，它的缺点是对于临床使用来说时间太长了，其中一些挑战性的项目在临床上用起来也很尴尬。SHSS-C 的修订版本早已完成，目的是为了克服临床实践中产生的问题，以适应个体测试和临床需要。

［欲了解斯坦福催眠敏感性量表的信度与效度以及其他更多信息，请参看：方莉，刘协和．斯坦福团体催眠感受性量表的信度与效度分析．中国临床康复，2004(15)．］

（二）斯坦福催眠敏感性精细量表

斯坦福催眠敏感性精细量表（Standford Profile of Hypnotic Susceptibility，SPHS)是对斯坦福催眠敏感性量表的发展，目的是通过细节评估对催眠感受性做出更精确的诊断，它比以前的斯坦福催眠敏感性量表更适用于临床。这个量表比 SHSS-A 和 SHSS-C 还要难，在特点上以认知为主，事实上比 SHSS-C 更重视认知。尽管这个量表有两个版本 SPHS-Ⅰ 和 SPHS-Ⅱ，但它们不是严格意义上的复本(等值型)，它们之间是彼此互补的。这两种版本都和 SHSS-A、SHSS-C 有着高度的相关，尽管与后者内容不同，引导语、催眠深度和时间也不同。

(三)斯坦福成人临床催眠量表

斯坦福成人临床催眠量表(Stanford Hypnotic Clinical Scale for Adults，SHCS-A)主要是用于发现一些适合心理咨询的与临床项目高度相关的个体。该量表的项目是从 SHSS-A、SHSS-B、SHSS-C 中修订而来的，目的是通过一些最可能在临床中应用的程序，了解受术者特殊的认知能力。数据显示，题目较少的 SHCS-A 得分与费时较长的 SHSS-C 的相关为 0.72，说明两个量表具有较高的相容效度。

SHCS-A 具体项目包括：①一起移动双手(也可以一起放下手)；②做梦；③年龄回溯；④催眠后暗示(清理喉咙或者咳嗽)；⑤失忆症。

项目得分是基于行为和经验的评估，通过得 1 分，最高得分是 5 分。

二、 哈佛团体催眠量表

(一)哈佛团体催眠敏感性量表 A 式

该量表的特点是：受术者自己评分，用于集体催眠。该量表是由斯坦福催眠敏感性量表 A 式变化而来，可由受术者自己评分，因此既可以单独施测，也可同时测试几十人。测试时间为 70 分钟左右。该量表与斯坦福催眠敏感性量表有很高的相关，是目前用于团体评估催眠感受性的最好的标准化测验。它的主要优点是可同时施测大量受术者，比较省时和经济；主要缺点是在自我评分的时候很容易受团体中其他人的影响。

哈佛团体催眠感受性量表 A 式

测试项目

①垂头：头往前垂下。

②闭眼：眼睛感到沉重并闭上眼睛。

③左手下沉：左臂感到很沉重并往下沉。

④右手固定：右臂感到很沉重并无法移动。

⑤十指紧锁：无法分开锁住的双手十指。

⑥左臂僵硬：左臂变得僵硬并无法弯曲。

⑦双手合掌：伸展手臂双手结合在了一起。

⑧交流抑制：摇头表示"不"感到困难。

⑨苍蝇幻觉：赶走令人烦心的苍蝇。

⑩睁眼困难：睁开眼睛感到很困难。

⑪催眠后暗示：当出现击掌的声音时触摸椅子左边的扶手。

⑫催眠后遗忘：回忆催眠中的事情暂时感到很困难。

记分标准

①垂头：头向前垂下大于 2 英寸①记 1 分，少于 2 英寸记 0 分。

②闭眼：在暗示左手下沉之前眼皮已经闭上记 1 分，没有闭上记 0 分。

③左手下沉：左手臂降低大于 6 英寸记 1 分，少于 6 英寸记 0 分。

④右手固定：移动右臂少于 1 英寸记 1 分，大于 1 英寸记 0 分。

⑤十指紧锁：手指没有完全分开记 1 分，否则记 0 分。

⑥左臂僵硬：左手手臂弯曲少于 2 英寸记 1 分，大于 2 英寸记 0 分。

⑦双手合掌：结合双手之间的距离少于 6 英寸记 1 分，大于 6 英寸记 0 分。

⑧交流抑制：不能摇头来表示"不"记 1 分，否则记 0 分。

⑨苍蝇幻觉：做出了一些面部难受的反应或者赶走苍蝇的动作记 1 分，否则记 0 分。

⑩睁眼困难：眼睛仍然是闭着的记 1 分，眼睛睁开了记 0 分。

⑪催眠后暗示：至少局部地做出了可观察到的触摸椅子左边扶手的动作记 1 分，否则记 0 分。

⑫催眠后遗忘：共包括 9 个项目（第 3 至第 11 项），回忆少于 4 个记 1 分，多于 4 个记 0 分。

HGSHS-A 共包括催眠引导和反应手册两部分。催眠引导部分包括催眠引导语和 12 个暗示语，可用录音带播放，时长约为 1 小时。反应手册分为主观印象、客观外在反应、主观内在反应、其他主观体验和对全过程的主

---

① 1 英寸约为 2.54 厘米。

观评价五部分，回答反应手册时间为 10 分钟左右。

主观印象部分是由受术者根据自己在催眠过程中的体验来判断是否通过了 12 个暗示，"通过"记 1 分，"未通过"记 0 分。

客观外在反应部分列出了除催眠后遗忘外的 11 个暗示，受术者只需要根据自己的外在行为回答，选项 A 记 1 分，选项 B 记 0 分。第 12 项催眠后遗忘则根据受术者在反应手册开始部分回忆起来的项目数量来记分，共包括 9 个项目（第 3 至第 11 项），回忆少于 4 个记 1 分，多于 4 个记 0 分。对于这 9 个项目，并不必提到每个项目的准确名称和正确顺序，只要根据受术者的描述确定它是属于哪一个项目即可。客观反应部分得分大于 9 分者为高敏感性个体，小于 3 分者为低敏感性个体。

主观内在反应部分再一次列出了 12 个暗示项目，每个暗示有 6 个选项，分别代表受术者对暗示做出回应的 6 个层面的意识状态。

其他主观体验部分包括 8 个对催眠体验的描述，由受术者根据自己的主观体验在 0（"一点也不"）到 3（"非常"）4 级中做出选择。

全过程的主观评价部分为受术者给自己进入催眠的深度在 1（"完全没有被催眠"）到 10（"深度催眠"）之间评分。

（二）哈佛团体催眠敏感性量表 B 式

HGSHS-B 是 HGSHS-A 的等值形式（复本）。但是，HGSHS-B 的应用不是很广泛。

通过主成分分析方法得到的结果在所有研究的样本中是兼容的，且与皮特斯等人分析 HGSHS-A 的结果是一致的，都得到 3 个因素，分别是挑战、意动、认知。项目中与挑战因素有关的是手臂固定、手指锁定、手臂僵硬、交流抑制；与意动因素有关的是头下垂、闭眼、手下沉、双手合掌；与认知因素有关的是幻觉、催眠后暗示、催眠后遗忘。

三、 创造性想象量表

创造性想象量表（The Creative Imagination Scale，CIS）是一个较为现代的催眠感受性量表，由威尔森（Wilson）和巴波（Barber）1978 年编制。该量表既可以用于实验研究，也可以用于临床工作；个体施测和团体施测都可以。

CIS 采用了一个完全建立在受术者体验基础上的评分系统，而没有从任何方面去测量行为。主要从认知方面强调对事物的体验，以一种极其精确的方式将易受暗示的行为量化。

该量表包括动作的和认知的项目，但是特点上偏向认知，主要关注个人体验，具体包括以下一些项目：①抬起左胳膊；②抬起右手；③手指麻木；④水幻想；⑤嗅觉和味觉幻想；⑥音乐幻想；⑦温度幻想；⑧时间扭曲；⑨年龄回溯；⑩身体放松。

每个项目均在 0～4 量表上自我评分，最高得分为 40 分。

四、 儿童催眠量表

（一）儿童催眠敏感性量表

儿童催眠敏感性量表（Child Hypnotic Susceptibility Scale，CHSS）是由龙顿（London）和库泊（Cooper）1963 年编制的。它由两个部分组成，第一部分是在 SHSS-A 和 SHSS-B 基础上编制的，包括 12 个项目。第二部分是在 SHSS-A、SPHS-Ⅰ 和 SPHS-Ⅱ 基础上编制的，包含 10 个项目。它的特别之处在于采用了主观和客观结合的评分系统。量表的信度是 0.92，它与 SHSS-A 的相关较高（$r=0.67$）。这个量表很长，包括了动作和认知等多种维度。全部项目如下：

1. 身体扭动。
2. 闭眼。
3. 放下手。
4. 胳膊不动。
5. 手指相扣。
6. 胳膊僵硬。
7. 两手合并。
8. 失去知觉（名字）。
9. 视觉幻象（苍蝇）。
10. 眼睛不动。
11. 催眠后暗示。
12. 失忆。
13. 催眠后暗示（重新引导）。
14. 视觉幻象（电视）。

15. 冷幻想(很冷)。

16. 失忆。

17. 味觉幻想。

18. 听觉幻想。

19. 视觉幻象(兔子)。

20. 年龄回溯。

21. 做梦。

22. 唤醒和催眠后暗示。

量表可以在很广的范围内使用。有两种版本,一个适用于 5～11 岁的儿童,另一个适用于 12～16 岁的儿童;二者在引导语方面有一些不同。

(二)斯坦福儿童临床催眠量表

斯坦福儿童临床催眠量表(Stanford Hypnotic Clinical Scale for Child, SHCS-C)主要适用于 4～8 岁的儿童,比 CHSS 要短,没有正式的程序介绍,测试建议使用想象的程序。编者称它与咨询技术直接相关,量表主要适用于焦虑的和不成熟的儿童,允许受测的儿童睁开眼睛而不是闭着,编者发现非常年少的儿童特别喜欢睁开眼睛而不是标准的闭眼放松指导。主要数据显示,这个量表和现存的催眠量表是有着较高相关的,SHSS-A 和该量表的相关为 0.67。

在 SHSS-A 中有些适合儿童的测试项目被用在了 SHCS-C 中。由于 SHCS-C 是一个缩减版的量表,会遇到和之前斯坦福量表相同的困难。但是缩减后的这个量表更适合儿童,因为儿童的注意力是有限的。

五、 卡特尔 16 种个性因素问卷

卡特尔 16 种个性因素问卷(Sixteen Personality Factor Questionnaire, 16PF)是由美国伊利诺伊州立大学及能力测验研究所的心理学家卡特尔编制的,是用因素分析法编制问卷的典范。这一问卷能在约 45 分钟的时间内测量出受测者 16 种主要的人格特质,适用于 16 岁以上的青年和成人。16 种人格因素的名称及字母代号见表 7-1。

表 7-1　16 种人格因素的名称及字母代号

代号	因素名称	代号	因素名称	代号	因素名称	代号	因素名称
A	乐群性	F	兴奋性	L	怀疑性	Q_1	实验性
B	聪慧性	G	有恒性	M	幻想性	Q_2	独立性
C	稳定性	H	敢为性	N	世故性	Q_3	自律性
E	恃强性	I	敏感性	O	忧虑性	Q_4	紧张性

　　在卡特尔 16 种个性因素测试中，乐群性、兴奋性、敏感性比较高的人，他们受暗示性高，比较容易受催眠诱导而进入催眠状态。而那些以怀疑性、紧张性为人格特征的人，就很难进入催眠状态，但是对于怀疑性和恃强性都高的人，可以采取反向催眠引导语；对于紧张性高的人，则首先要使其消除杂念、心态平和。

第八章
催眠感受性的其他测试方法

• •

一、 催眠感受性的自我测试

催眠爱好者可以采用下面一种更为简单易行的催眠感受性自我测试。

催眠感受性自我测试

1. 闭上眼睛，想象一部你所看过的电影，你可以清楚地描述你最喜爱的演员在里面的表演吗？

　　A. 当然可以　　　　　B. 有点含糊　　　　　C. 办不到

2. 当你看到电影或电视里的悲苦情节时，你会哭吗？

　　A. 常常哭出来　　　　B. 偶尔　　　　　　　C. 从不会

3. 你曾有一段美好时光，你可以回想得起来吗？

　　A. 历历如昨　　　　　B. 马马虎虎　　　　　C. 记不起来

4. 你曾经开车在高速公路，错过了该下的岔道吗？

　　A. 不止一次　　　　　B. 一次　　　　　　　C. 从没有

5. 如果你会开车，是不是曾经过于专注而忘了时间？

　　A. 常常　　　　　　　B. 偶尔　　　　　　　C. 从没有

6. 一般来说，你上床需多久时间才能睡着？

　　A. 大约十分钟　　　　B. 将近半小时　　　　C. 至少一小时

7. 你还记得上次恋爱时的感觉与情形吗？

　　A. 很清楚　　　　　　B. 有点印象　　　　　C. 记忆模糊

8. 你是最后一个下公交车的人，你发现公交车上有个装满钱的皮包，假设你的动机是纯正的，你会：

　　A. 把它交给司机　　　B. 送交警方　　　　　C. 拿着，设法联络失主

9. 你做白日梦吗？

　　A. 常常　　　　　　　B. 偶尔　　　　　　　C. 几乎没有

10. 想想你曾有的光荣事迹，记得起来吗？

　　A. 当然　　　　　　　B. 有点困难　　　　　C. 几乎完全想不起来

记分与解释

每答一个 A 得 10 分，B 得 5 分，C 得 0 分。

55～100 分：你的想象力丰富，信任他人并常保持顺其自然的态度；你是最适合做自我催眠的人，而且会从催眠中收获良多。

25～54 分：你善于分析事理，有时不妨捐弃一些太过理性的部分，这样自我催眠就会容易多了。

0～24 分：你是非常理智的人，而且凡事皆一手掌握；你必须学着自我催眠，那么一定能有所获。

上述测试很明显是对成年人催眠感受性的评估，而这个记分方法在很大程度上是主观的，而不是客观的基于经验的。

二、 催眠感受性的临床测试

临床测试又称经验性测试，是人们更常用的对催眠感受性的多种检测方法，可供临床催眠师灵活使用。

临床测试通常需要受术者想象自己在做某种运动，但实际上并不做这种运动，只是通过想象对暗示做出意念运动的反应，反应明显者对催眠的感受性强。有时也可采用对不同感觉系统下指令，来观测或由受术者口头报告其反应。

做测试前先让受术者调整呼吸，处于放松状态，然后听从指令。

上肢悬浮：双手悬空平放，闭上双眼，心中想象左手挂有一个氢气球；右手上有一个很重的铅球。过一段时间（约 10 秒）后，睁开双眼，双手不要动，看看双手如何。

手掌相吸：双手悬空，掌心向对，闭上双眼，想象两只手是强力磁铁互相吸引。过一段时间（约 10 秒）后，睁开双眼，双手不要动，看看双手如何。

身不能动：闭上双眼，暗示"你的身体发沉，僵硬，不能站立"。持续45 秒，5 秒后让受试者站立。

头重下垂：坐着，双眼睁开，注视正前方。然后，主试命令他们闭眼，想象自己的头越来越沉重，逐渐向前方垂下。

躯体摇摆：要求受术者双脚并拢，躯体直立，微闭眼睛，主试站立在前面或后面，双手放在他的臂部左右摆动，受术者毫无抵抗或经过几次摆动后，出现躯体自行摆动的倾向。

站立后仰：让受术者闭眼站立，放心地将身体向后倒，主试用双手接。

此测试即可考察受术者的催眠感受性，又可考察其对催眠师的信任。

手臂摆动：让受术者直立，两手自然下垂。主试握住对方一只手，告诉他"现在我让你的手臂上下摆动。你不要用力，由我来摆动，一切顺其自然。"然后主试便摆动其手，反复数次。在摆动过程中，主试逐渐减少用力程度。受暗示性高的人，便可能自觉不自觉地摆动起来；受暗示性低的人，摆动幅度较小。

柠檬幻觉：请受术者想象手上有一个好大的柠檬，拿出一把水果刀切一半，仔细地看看这一半柠檬反射的闪光，并且注意它的色泽，能感觉出它的重量和它的纹理，接着将它塞到嘴中用力地咬，吸进柠檬汁，感觉整个口腔都是柠檬汁酸酸的味道，甚至流到手上和衣服上，黏黏的，感觉到手指上的柠檬汁，闻到了柠檬的清香，听到自己吞口水的声音，好酸好酸。若受术者脸上的表情就像是吃了很酸的东西一样，说明其感受性高。

短期失语：让受术者闭上双眼，不断暗示"你喉咙、嘴巴动不了啦，说不出话来"，持续45秒，5秒后与受术者交谈。

宠物对话：受试者闭上双眼，在想象中抚摸自己的宠物（或其他喜爱的东西），并采用一问一答的形式与宠物对话。

摆锤实验：受术者右手捏着摆锤线端，手臂前伸，闭上眼睛，分别想象摆锤静止、左右摆动、前后摆动，顺时针或逆时针转圈摆动。若摆锤做相应摆动，说明感受性好。

方法多多，不一而足。下面是一段经验测试的指导语：

我希望你向上举起你右侧的胳膊和手。保持住这个姿势，然后注意你的右胳膊和手的感觉。我希望你想象自己正在举着一个很重的东西，而且当你想着这个东西时，你的手感觉到越来越重，更重，更重，越来越重。当你想着那个很重的物体时，它开始向下压你的手臂，越来越低，越来越重，现在变得非常重。你的整个手臂变得越来越重。那个重物将你的手臂压得更低，越来越低，越来越低，越来越重，越来越重。现在可以了，放松你的手臂将它舒适地放到你的腿上休息。你的胳膊和手再也不那么重了，再也不用举着那个重物了。你的胳膊和手臂，回到了原来正常的状态，非常的安静和放松。

催眠感受性的测试方法还有很多。运用之妙，存乎一心。这里不做更多列举。

　　珀瑞（Perry）指出，没有证据表明戴曼德（Diamond）所说的，能将低敏感性的受术者转化为高敏感性个体。一些执业者宣称，任何人在临床中都是可以被催眠的，唯一的问题是如何引导。然而，催眠感受性的个体差异确实在临床中存在，个体进入催眠状态的快慢和深度以及催眠干预的效果与催眠感受性密切相关，因此有必要在催眠前对其加以测量。

在这一章，我们要按催眠流程介绍每个阶段采用的具体方法和实用技术。

让受术者背着光线安适地靠坐在椅子上，首先对其说明：催眠是让人出现和清醒时不同的入静状态，对人有益无害，只要按照指导语去做就能产生一种美好的感觉。

每次催眠大体都要经过下面的流程：

①诱导：一种放松入静过程（凝视、调息、意念放松等），使受术者逐步进入催眠状态。

②加深：在诱导放松的过程中进一步入静，使受术者进入更深的催眠状态。

③暗示：为达到某一目的而不断地重复某些话语，或者告诫受术者平时意欲去做而又难以做到的事。

④唤醒：让受术者从恍惚中复苏过来，结束催眠状态，恢复清醒意识。

本章首先介绍催眠诱导技术。

一、 诱导目的

实际上，每个人都具有自行进入催眠状态的能力。所谓诱导（induction），指的是以人为方式导致催眠现象的出现。

催眠诱导阶段的主要目的是使受术者感到放松，按程序进行操作，调整受术者的注意，使其从关注外界转向关注自我，关注个人躯体感受，胜过关心催眠师诱导语的含义，使受术者的意识变得狭窄，精神集中，观念停止，放弃批判评估和逻辑思考，从而导致受暗示性增强。

二、 诱导准则

催眠师首先要创设情境，让受术者愿意和能够将常规的意识过程放置一边，去探索新的存在方式。然后用自然的沟通方式让受术者沉浸于自己的体验中，从而进入催眠状态。

在正式开始催眠之前，可先问受术者："通过术前谈话，你对催眠已有所了解，你同意我催眠你吗?"受术者回答"同意"或"是"，方可开始催眠诱导。这一征询受术者同意的步骤十分重要，除了满足"知情同意"的法律需求之外，主要是说给受术者自己听的，让他通过明确说出来的话语，在意识上允许自己不予抵抗地被催眠。然后催眠师说下面的引导语：

"你要我把你催眠，实际上是要我协助你进入催眠状态。那就请你完全按我说的去做，顺其自然，既不要抗拒，也不要故意迎合我，只要不假思索地照做就好。"

为了产生有效的催眠诱导，必须时刻牢记以下几条准则。

第一，设法引起和保持受术者的专注。

第二，绕过和弱化受术者的意识过程，接近和发展受术者的无意识过程。

第三，尽可能采用美好积极的诱导语，如"小桥、流水、人家"比"枯藤、老树、昏鸦"要好。

第四，根据受术者的感知类型，采用不同的诱导语，如对视觉型的人更多采用有具体可视形象（具象）的诱导语；对于听觉型的人可采用描绘各种声音的词语，也可直接用音乐或自然声音来诱导；对于体觉型的人则主要用描绘动作或身体感觉的诱导语。

第五，避免使用引起受术者恐惧或不舒服的诱导语。

譬如，对一位患有惧光症或角膜炎等眼疾的患者，以凝视法来诱导其进入催眠状态，不仅会增加其痛苦，更会对受术者的眼睛构成不良影响。

在一次催眠培训班上，笔者采用海浪拍击沙滩的诱导语时，有位女学员因感到眩晕而中途退出。事后得知，她多年前在海中游泳遇险，从而产生了对海水的恐惧。

三、 诱导方法

所有催眠诱导都是让受术者注意力聚焦，聚焦的方法可以利用外部线索，也可以利用受术者的内部线索。

有多达几百种方法被用于诱导催眠，如固定眼球、注视有规律移动的目标、摆动身体、催眠师接触被催眠对象的身体，造成某种暗示效应，激发肢体麻木和瘫软等。

大多数传统的催眠仪式是，首先让受术者把注意力集中在一个位于前上方大约45度角的某个物体上，如水晶球、节拍器、催眠师的眼睛、墙上的一个黑点或笔尖、图钉等，然后再把注意力转移到个人内部，如肌肉、呼吸、某种意念或意象等。

下面是一些催眠师常用的诱导受术者进入催眠状态的方法。

①抚摸法：抚摸或按压受术者身体某些部位使其入静。（对异性应改用离抚法）

②拍手法：让受术者闭眼默数催眠师拍了多少次手引导其注意力集中。

③忆想法：让受术者闭眼回忆曾经达到过的高度放松状态。

④倾听法：通过倾听钟表或节拍器等单调声音入静。

⑤凝视法：通过凝视灯光、摆锤、笔尖、水晶球、催眠师的手指等，使眼睛疲劳。

⑥耀眼法：运用手电强光刺激照射眼睛进行催眠。

⑦转眼球法：利用摆锤或水晶球让受术者连续转动眼球进入催眠。

⑧深呼吸法：通过腹式呼吸并默数次数进入催眠。

⑨意念守定法：吸气和呼气时心中重复说"一""二"。

⑩渐进放松法：从头到脚逐步放松身体各部分肌肉。

⑪语言诱导法：描述一种美好的景色并暗示身体温暖疲软。

⑫四目对视法：让受术者与催眠师两眼对视，不许眨眼，目光不许移开。

⑬紧张—放松交替法：让受术者四肢和身体各部分肌肉交替进行紧张和放松。

总之，在不违背法律、伦理和社会习俗的前提下，应用任何单调重复的刺激，都可以使受术者进入催眠状态。

需要指出的是，不是每一种诱导方法都适用于所有对象。一种方法效果不好，不要紧张焦虑，可改用另一种方法。催眠师掌握的诱导和加深方法越多，催眠成功的可能性越大。

四、 诱导语种类

在催眠开头，让受术者连续做出几个肯定的反应，对催眠师接下来的要求受术者通常也会顺着做出肯定的反应。这同苏格拉底在与人辩论时采用的问答法，以及心理咨询师采用的"先跟后带"技术有异曲同工之妙，更是许多商业推销员常用的一招。

黄大一先生在《催眠大师 150 招》中建议：

催眠师要技巧性地让催眠对象做出几个肯定的回应，如要催眠对象坐好、双腿自然张开、双脚掌平贴地面、一只手放在一只大腿上、把眼镜拿掉、关上拿下呼叫器（或行动电话）、把上衣口袋的笔（或香烟等）拿出来放在旁边等，都是很实用（而且必要）的技巧。有时候，明明催眠对象都已经把这些请求做好了，还要故意要他稍微往前（后）坐一点点，这些都是养成他听催眠师指令的技巧。

根据时态不同，正式诱导语大体可分为以下三类。

（一）未来式指导语

例如，"你现在看我手中的铅笔，这样你将会渐渐感到眼皮疲劳，最后闭上眼睛。"

（二）现在式指导语

例如，"你的眼皮正在变得越来越重，非常重，非常重。"

（三）过去式指导语

例如，"就像刚才我说的那样，你的眼皮已经很重了，已经很重了。"

五、 诱导语示例

（一）呼吸诱导

请舒舒服服地坐到椅子上，尽量采取最舒服的坐姿。请将头部、脖子、肩膀到手指的肌肉完全放松。再将胸部、腹部、背部、腰部、大腿、膝盖、小腿到脚趾的肌肉完全放松。眼睛轻轻闭上，然后缓缓地呼吸。慢慢地，吸气……再慢慢地吐气。现在跟着我数数，1代表吸气，2代表吐气。好！开始：1，2，1，2，1，2，请您的呼吸配合我数的1，2，来进行呼吸，并尽量保持身体各器官的轻松状态。

（二）眼皮诱导

你躺在一片美丽、迷人的海滩上，在暖暖的阳光下，你随意伸展四肢，享受阳光的洗礼，无事烦心，无处可去，你就放松地躺在这里，闭上眼睛，慢慢地沉入梦乡中，睡个深沉、舒服的好觉。睡得平和安详，感觉温暖的阳光照在眼皮上，阳光有种安抚、令人放松的作用，你觉得眼皮上暖暖的，有种舒服轻松的感觉。你的眼睛沐浴在温暖的阳光中，觉得好舒服，好温暖，完全地放松。温暖的阳光让你眼部的肌肉完全放松，现在你的眼皮觉得很温暖，很放松，瘫软无力。你的眼皮是这么得温暖、放松、瘫软无力，现在你再也睁不开眼睛了，眼睛好像粘住一样，你的眼睛现在被封死了，它们又温暖又放松，瘫软地提不起一点儿劲儿，你的眼睛被封死了。你可以尝试去打开眼睛，但是你办不到，因为你的眼睛被封死了，再试一次，要打开自己的眼睛，但是，你办不到，因为它们好像被封死了一般，紧紧闭着。好，你已进入催眠状态。

（三）聚焦诱导

请选择一个舒服的姿势坐好，然后，在你上方的天花板，略高于头顶上方的位置，选择一个点，不论是真实的或是想象的点都可以，并且将你的视线固定在那儿，专注在那个点上。很好，持续专注在那个点上，当你这么做的时候，你会感到越来越放松。做个深呼吸，然后，慢慢吐气。这样做，可以让你深深地沉入椅子中。如果可以的话，持续地将视线固定在那儿，直到你的眼睛疲劳，好像失去焦点。对，深呼吸，更加的放松。可能你会注意到，你的视线开始变得模糊了，你的眼皮自然而然地变得沉重。你的眼睛盯着那点看，变得越来越疲倦，随着你的眼睛变得越来越疲倦，会慢慢失去焦点。你感到眼皮越来越重，直到你感到累了，才轻松地把眼睛闭上。当你感觉到眼睛疲倦的时候，你就可以闭上你的眼睛，深深地放松下来。对，你持续地专注在这个点上，感觉到你眼皮的重量。直到你感觉到眼睛疲倦时，你就可以闭上你的眼睛，深深地放松下来。感到你眼皮的重量，当眼睛变得越来越疲倦的时候，感觉到眼皮变得像金属，越来越重，变得像金属，越来越重。很快地，你会发现眼皮变得很重，以致你想睁开却很吃力，于是比较舒服地把眼睛闭上，让眼睛轻轻地闭上，深深地放松下来……

(四)手浮诱导

请将你的右手轻轻放在右大腿上，将注意力集中在你的右手上，不要去想其他事情，是不是在不知不觉中，右手的力量加重了。没错！右大腿的压力太重了，越来越沉重，快要被压垮了。但是，别担心！眼睛看着右手，你感觉到右手心流出一股温馨的暖气流。奇怪的事情发生了，你的手指蠢蠢欲动了，好像有一根细线拉着右手食指往上提，每根手指现在彼此分开，手指一根根被细线往上拉起来，整个手都被拉起来，离开右大腿了。你的右手在半空中遨游，上浮，再上浮，已经接近额头了。额头是一块磁铁，强大的引力把手吸向额头，牢牢地黏在一起，再也分不开了。此时您的眼皮变得沉重了，不由自主地合上了。轻轻闭上双眼后，右手变得更沉重了，越来越重，终于从额头掉落到大腿上。您觉得全身轻飘飘的，进入深深的催眠状态。

(五)钥匙诱导

我希望你在椅子上以最舒适的姿态坐好，完全地放松，尝试着把你所有的事情都抛到脑后，只听我所说的话以及我需要你关注的事情。我希望你专注于你身体的那种放松的感觉。尽力去放松，体验那些我刚刚告诉你让你去关注的事情。我希望你看着这些钥匙，我希望你近距离地看着它们。我将从1数到10，当我数数的时候，你继续盯着那些钥匙，你的眼睛感觉越来越疲倦。现在专心地看，并集中于我告诉你关注的那些事情，1，2，你感觉现在越来越放松。你继续看着那些钥匙，3，4，越来越放松，集中于那些我要你关注的事情，感觉现在更加放松，5，越来越放松，感觉你沉浸在那种放松的感觉中。你的双眼变得非常疲倦，马上就要闭上了，6，7，8，随着你放松的感觉不断地增加，你的双眼变得很重很重，当你的双眼准备好闭上的时候，你就让它们闭上吧。现在双眼已经闭上了，眼睛闭上了，越来越放松，进入更深的舒适、愉快和放松的境界。当我数到10，你将完全进入催眠状态，9，10，现在更深更深，体会到完全放松的感觉，你将进入比现在更深的催眠状态。

（六）地毯诱导

请看我的手指，你看着它们并且很专注，持续看它们，看着它们。在你看着它们的时候你的眼睛渐渐地觉得累，眼睛将会很累并且闭住，就像它们很累一样，让放松的感觉遍布你的全身。当我开始数数的时候眼睛变得疲惫；你的眼睛将会疲惫，很累，它们将要闭住。看我的手指，当你感到累的时候请闭上你的眼睛。1，2，越来越疲惫，3，越来越疲惫。所有的疲惫和放松遍布你的全身，让你进入非常放松的状态。4，5，现在很好，很舒服。现在你去想象你在一个地毯上面，向前或向后移动着，这是一个愉快的体验，这是一个享受的体验。你躺在地毯上面，向前或向后移动着。随着我的数数，你将会进入很深的放松状态。继续向前或向后移动着，愉快地、舒适地向前或向后移动着，越来越放松。放松将会蔓延到你的手，你的腿，你的身体，越来越放松，越来越放松。6，向前或向后移动着，越来越放松。7，8，马上你就会被催眠，在数到 10 的时候，你会进入沉沉的催眠状态。9，10，现在你已经进入深深的催眠状态之中。

（七）飞船诱导

请闭上眼睛，想想自己穿着宇航服，紧张地坐在太空船里，指挥员高声下达发射指令：10——9——8——7——6——5——4——3——2——1，发射！飞船在火箭的呼啸声中腾空而起，地球的引力使你的身体遭受极重的压力，你深吸一口气，用力屏住呼吸，绷紧全身肌肉，从头到脚，从躯干到四肢，所有能控制的肌肉，都已绷紧，越来越紧！紧得不能再紧了，气也憋不住了，飞船终于到了太空层，突然失去地心引力，身体飘浮在空中，你长长地吐了一口气，整个身体在失重状态下立刻松软下来。你的面部很放松，颈部很放松，胸部、背部很放松，腹部、腰部很放松，双臂、双手很放松，臀部、大腿很放松，小腿、脚趾很放松，全身疲软无力，嘴巴微张，眼皮想睁也睁不开，你已经进入了深深的催眠状态。

（八）歌曲诱导

很多流行的摇篮曲都是妈妈让宝宝入眠的有效方法。余萍客在《催眠术与催眠疗法》一书中介绍了在他们那个年代的一首催眠歌，词曲作者不详，很可能是余萍客本人或他所领导的催眠团队集体创作。催眠师在施术时一边唱一边按抚受术者的身体，或由助手在隔壁室弹琴演唱。歌词及曲谱整体抄录在下面：

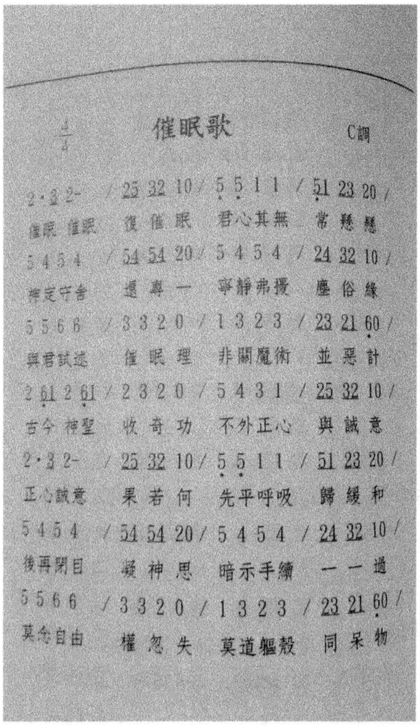

4/4 催眠歌 C調

2·32- / 25 32 10 / 5 5 1 1 / 51 23 20 /
催眠 催眠 復催眠 君心其無 常懸懸
5 4 5 4 / 54 54 20 / 5 4 5 4 / 24 32 10 /
神定守舍 還專一 寧靜弗擾 塵俗緣
5 5 6 6 / 3 3 2 0 / 1 3 2 3 / 23 21 60 /
與君試述 催眠理 非關魔術 並惡計
2 61 2 61 / 2 3 2 0 / 5 4 3 1 / 25 32 10 /
古今神聖 收奇功 不外正心 與誠意
2·32- / 25 32 10 / 5 5 1 1 / 51 23 20 /
正心誠意 果若何 先平呼吸 歸緩和
5 4 5 4 / 54 54 20 / 5 4 5 4 / 24 32 10 /
後再閉目 凝神思 暗示手續 一一通
5 5 6 6 / 3 3 2 0 / 1 3 2 3 / 23 21 60 /
莫令自由 權忽失 莫道軀殼 同呆物

(1)

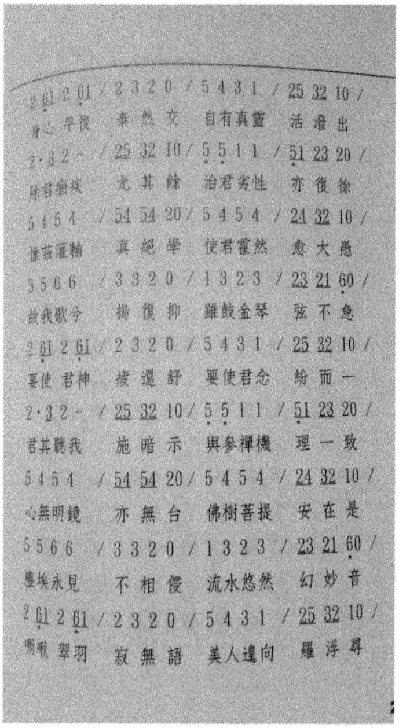

2 61 2 61 / 2 3 2 0 / 5 4 3 1 / 25 32 10 /
身心平復 奈然交 自有真靈 活潑出
2·32- / 25 32 10 / 5 5 1 1 / 51 23 20 /
除君痼疾 尤其餘 治君劣性 亦復徐
5 4 5 4 / 54 54 20 / 5 4 5 4 / 24 32 10 /
催茲灌輸 真絕學 使君霍然 愈大愚
5 5 6 6 / 3 3 2 0 / 1 3 2 3 / 23 21 60 /
故我歌兮 揚復抑 雖鼓金琴 弦不急
2 61 2 61 / 2 3 2 0 / 5 4 3 1 / 25 32 10 /
要使君神 疲還紓 要使君念 紛而一
2·32- / 25 32 10 / 5 5 1 1 / 51 23 20 /
君其聽我 施暗示 與參禪機 理一致
5 4 5 4 / 54 54 20 / 5 4 5 4 / 24 32 10 /
心無明鏡 亦無台 佛樹菩提 安在是
5 5 6 6 / 3 3 2 0 / 1 3 2 3 / 23 21 60 /
塵埃永見 不相侵 流水悠然 幻妙音
2 61 2 61 / 2 3 2 0 / 5 4 3 1 / 25 32 10 /
嘲啾翠羽 寂無語 美人遙向 羅浮尋

(2)

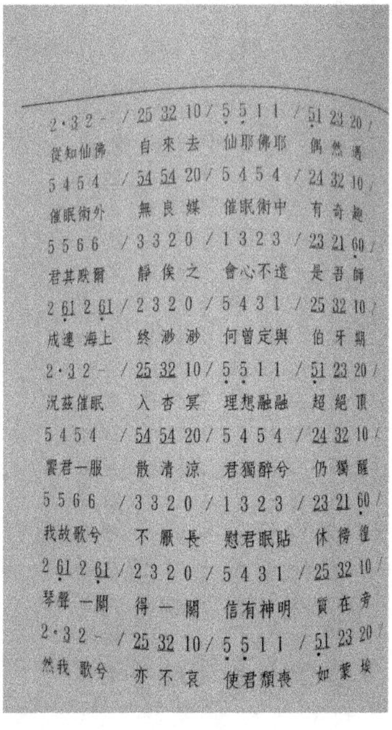

2·32- / 25 32 10 / 5 5 1 1 / 51 23 20 /
從知仙佛 自來去 仙耶佛耶 偶然遇
5 4 5 4 / 54 54 20 / 5 4 5 4 / 24 32 10 /
催眠術外 無良媒 催眠術中 有奇趣
5 5 6 6 / 3 3 2 0 / 1 3 2 3 / 23 21 60 /
君其默爾 靜俟之 會心不遠 是吾師
2 61 2 61 / 2 3 2 0 / 5 4 3 1 / 25 32 10 /
成連海上 終渺渺 何曾定與 伯牙期
2·32- / 25 32 10 / 5 5 1 1 / 51 23 20 /
沉茲催眠 入杳冥 理想融融 超絕頂
5 4 5 4 / 54 54 20 / 5 4 5 4 / 24 32 10 /
嘗君一服 散清涼 君獨醉兮 仍獨醒
5 5 6 6 / 3 3 2 0 / 1 3 2 3 / 23 21 60 /
我故歌兮 不厭長 慰君眠貼 休待醒
2 61 2 61 / 2 3 2 0 / 5 4 3 1 / 25 32 10 /
琴聲一闋 得一闋 信有神明 實在旁
2·32- / 25 32 10 / 5 5 1 1 / 51 23 20 /
然我歌兮 亦不哀 使君頹喪 如蒙埃

(3)

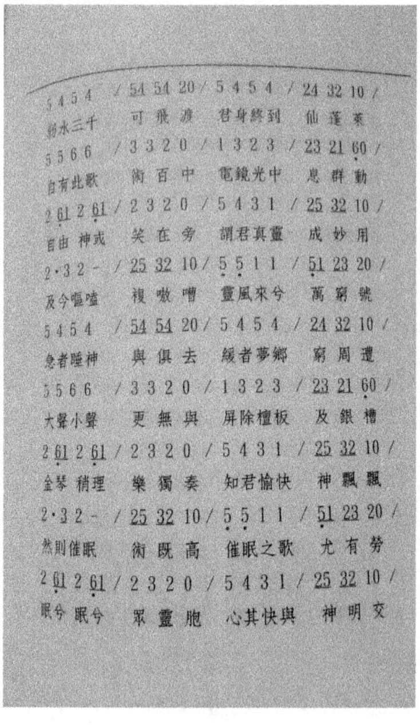

5 4 5 4 / 54 54 20 / 5 4 5 4 / 24 32 10 /
弱水三千 可飛渡 君身終到 仙蓬萊
5 5 6 6 / 3 3 2 0 / 1 3 2 3 / 23 21 60 /
自有此歌 術百中 電鏡光中 息群動
2 61 2 61 / 2 3 2 0 / 5 4 3 1 / 25 32 10 /
自由神戒 笑在旁 謂君真靈 成妙用
2·32- / 25 32 10 / 5 5 1 1 / 51 23 20 /
及今傴嘍 複嗷嘈 靈風來兮 萬竅號
5 4 5 4 / 54 54 20 / 5 4 5 4 / 24 32 10 /
急者睡神 與俱去 緩者夢鄉 窮周遭
5 5 6 6 / 3 3 2 0 / 1 3 2 3 / 23 21 60 /
大聲小聲 更無與 屏除檀板 及銀槽
2 61 2 61 / 2 3 2 0 / 5 4 3 1 / 25 32 10 /
金琴精理 樂獨奏 知君愉快 神飄飄
2·32- / 25 32 10 / 5 5 1 1 / 51 23 20 /
然則催眠 術既高 催眠之歌 尤有勞
2 61 2 61 / 2 3 2 0 / 5 4 3 1 / 25 32 10 /
眠兮眠兮 眾靈胞 心其快與 神明交

(4)

六、 标准催眠诱导语

下面是译自美国心理学会组织当代国际上最著名的催眠专家共同编写的《临床催眠手册》(*Handbook of Clinical Hypnosis*)中的标准催眠诱导语：

请让你自己感到放松。闭上眼睛，放松。做几次深呼吸，注意呼气的时候，你可以感到自己更加放松。我和你说话的时候，你可以继续放松……每一次呼吸，你都可以感觉到自己越来越放松。你很快就会体验到催眠状态。你可能会对什么是催眠状态感到疑惑，我向你保证，不论进入多么深的催眠状态，你仍然能够完全控制自己。即使进入很深的催眠状态，你仍然能够控制自己。我将会给你一些暗示指令，你自己决定是否遵从这些指令。如果你不喜欢我的指令，你可以忽视不做。如果你想按我的指令去做，你会发现做起来要比你想得容易。因此是由你自己来选择做还是不做。让自己放松，现在可以安全进入催眠状态了。

我说话的时候，你会感到自己越来越放松。但是不论多么放松，你仍会听到我的声音，你将会对我的暗示指令做出反应。如果你觉得很不舒服，你可以调整一下你的身体，让自己重新感到舒适，而且这样做不会影响你进入催眠状态。如果你要和我说话，你可以轻易做到，而且不会影响你的催眠体验。

现在，你可能想进一步放松。你放松的时候，可能会觉得你的手指有一点点紧张……或者是你的脚趾……如果你这样做，就会感到十分舒适，因为你会体验到这是一种放松的感觉，有些人在开始进入催眠状态时就有这种体验。让你的身体放松，开始感到一种镇定……让平静的感觉扩散……抛开你所有的忧虑和烦恼，让它们渐渐远去，就像风中的云……消散……消散……放松……感到越来越平静……越来越平静……越来越舒适安全……没有烦恼……没有干扰……当你进入催眠状态时，感到越来越放松……进入深深的催眠状态，你能够体验到你想体验的一切感觉，深深地感受你想要体验的感觉……但这仅仅是你想要的……你自己的体验。

把注意力集中到你的脚趾……你的右脚趾……越来越放松的左脚趾。放松你的右脚趾……完会放松……放松你的左脚趾……放松你的脚趾……越来越放松……越来越放松。让这种放松的感觉从脚趾延伸到你的双脚，放松你的脚……越来越放松……你可以感到非常平静安逸。现在注意你的脚踝和小腿。我不知道你是否能够继续……放松……你可能会感到你的脚踝和小腿有一种温暖和舒适的感觉。放松你的腿……越来越放松……完全放松。

　　放松的感觉扩展到你的大腿，你的大腿越来越放松……继续放松，骨盆放松……越来越放松……放松腹部，完全放松。放松……放松，注意体验这种放松的感觉。你能感到腹部完全放松吗？你现在能感觉到吗，还是过一会儿才能感受到？让放松的感觉上升到你的胸部……让胸部所有的神经和肌肉完全地放松……放松……放松……平静放松的感觉慢慢扩展……感觉十分安定……你的身体和精神都非常放松安逸。现在放松你的后背、双肩……越来越放松……放松……完全放松。

　　放松的感觉扩展到你的胳膊、双手和手指。注意你的胳膊和双手的感觉。你的手指是感到更沉重还是更轻松？注意你的右上臂……右小臂……你的右手……和手指……它们完全放松……越来越放松。现在注意你的左臂完全放松……放松……完全放松。我不知道你是否还能进一步放松。越来越放松……就像你希望的那样……像你希望的那样放松、那样舒适。

　　放松你颈部的肌肉是不是会感觉更好呢？让我们来放松……放松……完全放松。放松你下巴的肌肉……放松，下巴所有的神经和肌肉完全放松。放松面部其他所有的肌肉……你的嘴……鼻子……眼睛……眉毛……眼皮……额头……所有的肌肉完全放松……放松……完全放松……平静……平静而放松……完全平静。

　　也许你愿意想象来到一个美丽的地方，放松……我希望你能想象躺在静静的沙滩上，阳光温暖而灿烂，蓝蓝的天空飘浮着几朵白云……你可以想象感到一阵和风……带着海边空气的咸味……你也可以想象来到任何一个你喜欢的地方。可能是一个你曾经去过的地方……或者是一个你想去的地方……或者仅仅是一个你想象中的地方……哪里都无所谓，重要的是你感到舒适……平静。不论是在什么地方，那里都是如此的美丽平静……在那里你就是你自己……在那里你可以感觉到完全的放松和满足。你可以想象你自己真的在那里……看，用你自己心灵的眼睛去看，看那些你可能看到的东西(就像你真的在那里)……感受你可能感受到的一切……倾听你可能听到的声音……闻到你可能会闻到的气味。

　　当你沉浸在你那个完美世界里的时候，我将从 1 数到 10，每数一下，你都会进入越来越深的催眠状态……越来越能体验到你想要体验的感觉。1，进入催眠状态……越来越深，2，越来越接近中心并保持平静，3，4，越来越深，5，已经进入一半了，6，7，比以前更深……深到你能够体验到你想体验的一切，8，9，10，现在已经进入很深的催眠状态了……很深……完全只体验到你自己的存在……完全进入催眠状态。

现在我想让你进入更深的催眠状态……比以前更深。你每呼吸一次，就会进入更深的催眠状态……深到你能够做你在今天的催眠里需要做的一切……越来越深……深到你能够体验到你想体验的一切。

下面我将从5倒数到0，每数一下，你将会感到越来越清醒和有活力，数到1的时候，你能够睁开眼睛，数到0，你将完全清醒，感觉比我们开始前更好。5，4，3，2，1，睁开眼睛，0，完全清醒。

此标准催眠诱导语由我的研究生李彤翻译并经我本人审校修订。据李彤说，她在用计算机打上述诱导语的字句时，眼皮越来越沉重，几乎睡着了。

七、 国外催眠大师诱导技术

（一）乌伊泰斯托利的催眠诱导法

乌伊泰斯托利认为，催眠不成功多数不是由于技术上的原因，而是由于受术者的怀疑、恐惧心理使感受性下降，所以问题的关键是打消顾虑和怀疑。他把催眠室分为两间，先在外面一间给助手进行催眠，让被催眠者看整个催眠过程，打消他们对催眠的顾虑，然后进入里面房间接受催眠。让接受催眠的人全神贯注地凝视催眠师的眼珠，室内光线昏暗，寂静无声，当发现受术者眼睛疲劳之后，催眠师则将两手放在他的前额上，轻轻地合上受术者的双眼，由两额及两肩顺序实施按抚法十多次，按抚由轻而重，由重而轻，受术者便逐渐进入催眠状态。

（二）伊司托罗的催眠诱导法

伊司托罗的催眠不用语言，始终是悄寂无声，即所谓无声的催眠。在带领受术者进入催眠室之前就告诉受术者，进入催眠室后，你的任务就是闭目安睡。催眠室光线黑暗，受术者进入催眠室以后，无须催眠师的语言诱导，就安静地躺在床上。催眠师便俯下身来，对受术者的额部频频吹气，然后再转移到眼部，通常一小时左右便可进入催眠状态。催眠室内既无日光，又无灯光，这要依靠催眠师的听觉作用，静静地倾听受术者的呼吸声，若缓而长，整齐而无忽快忽慢的差别，说明受术者进入催眠状态；假如出现鼾声，便是进入了普通睡眠；倘若呼吸忽长忽短，并且伴有其他局促不安的现象，便表示没有进入催眠状态。然后将两手放在受术者的肩部，从肩部到指尖实施按抚法，再将其双手置于两肩之上，一边摇动，一边抚下去，受术者不久就可以进入比较深的催眠状态。（此法应限于同性受术者，对异性受术者应有亲人在场。）

（三）近藤加山的催眠诱导法

近藤加山是日本催眠界的泰斗，他的催眠术属于无师自通，自己看书，边学边做，最后成为催眠大师。他的催眠在实施时，先让受术者将手掌摊开，然后在他的手掌上写一个字，并规定受术者不得偷看。其目的在于诱发起被催眠者的兴趣，帮助其排除杂念。然后催眠师与受术者对坐，要求受术者集中注意力凝视催眠师的眼睛，3～4分钟后，催眠师伸出右手，向受术者实施离抚法。所谓离抚法，是指催眠师的手指不接触受术者的皮肤，从额部到脸部再到胸部，进行不接触的抚摸，实施6～7次以后，受术者的眼神就会逐渐疲劳，这时催眠师就用手指按其眼睑使之闭合。此后进行言语暗示："你的眼睛已经不想睁开，你无论如何也没法睁开眼睛，你已经进入催眠状态。"

（四）魏斯的放松与回溯诱导技术

以下的文字，取材自美国催眠大师布莱恩·魏斯制作的放松与回溯的录音带。他将录音带提供给病患，或是参与工作坊的人士，让他们在家继续练习。当然，录音带也可以由患者自己制作。在他的《生命轮回——超越时空的前世疗法》一书中，某些病患的故事同听这卷录音带有关。许多案例表明，听录音也会带来不错的治疗效果。

录音带的制作方法：

你可以利用这种录音带，获得回溯经验或者让自己放松，使心境变得更加平静，以接触自己的深层智慧。

听录音带时，你可能立刻浮现栩栩如生的前世经验，或是经历关键类型的前世，或者，你开始时，只经历前世或中介生命里的某些片断影像。你可能发现自己置身于花园、寺庙或某种治疗的灵异空间，或者，你只是很放松，感觉愉悦、平静而已。不论有哪种体验，千万不可操之过急，让它自然发生，一次只体验一个经验。不论发生什么事，把它当成是一种意外的惊喜。务必记住，练习得越勤快，你的收获越大。

录音带并不是对每个人都有效。有些人必须多听几次，才能获得想要的体验。如果听不出结果，也不意味着他无法回溯前世。"没有反应的人"可能需要更加专心，精神更加集中，或需治疗师指点。

制作录音带的目的是要引导你，因此，只有在你觉得很舒服，心理准备好探索前世时，才能听录音带。如果你认为，某些回忆可能让你不舒服，或是担心过去的创伤太过震撼，导致自己可能无法承受，那么，最好不要制作这盘录音带，或者，只制作前面指导放松身心的部分即可。

我在《生命轮回——超越时空的前世疗法》一书中不断强调，自行回溯的危险性非常低。许多人可以毫无困难地处理或整合自己的回忆。事后，他们觉得状况更佳。录音带的效果很大，听它的时候，所谓的危险性顶多只是轻微的焦虑与内疚。若有这种现象，建议你去找治疗师解决问题。

制作录音带时，请用平静、和缓的声音念出以下的文字，当你见到……的记号时，请轻轻停顿。如果你看到括号内的说明，请停顿久一点（注意，只看括号内的说明就好，不必念出来）。

在制作录音带之前，请你先依照文字，诵读几次，体会其中节奏，找出让自己感到最舒服的读法。事先的练习可让你有更多的时间，从容制作录音带。

制作的时候不要太急、太匆促。整个练习的时间，依个人需要可长可短。

如果你找到安静、没有人打扰的地方，而且能让你放松心情，这时就可播放录音带了。

千万不可在车子里播放录音带。

播放录音带之前，你可以把衣服较紧的地方放松，然后躺在床上或舒服地坐在椅子上，但不可以有使人分心或干扰人的外界刺激。脱掉鞋袜，摘下眼镜（或取出隐形眼镜），全身上下彻底放松，腿部不可交叠。如果你觉得有音乐配合更好，不妨小声播放轻音乐。

你也可以尝试别的方法，不必听录音带，请朋友在旁边把以下的文字慢慢念给你听。

放松与回溯录音：

请闭上眼睛。

现在，注意你的呼吸。深呼吸，有规律地呼吸。慢慢把气吸进来，再慢慢把气吐出去。

做 5 次深呼吸，放松地深呼吸。从鼻子慢慢吸进来，再从嘴巴慢慢吐出去……放松。（长长的停顿，可以做 5 次深呼吸）

现在，每次呼气的时候，把身体内的紧张、疼痛、痛苦，全部送出来。

每次吸气的时候，顺便把平静的力量，吸进去。

你越来越放松。

现在，想象你全身的肌肉全部放松，感觉你全身的肌肉全部放松。

放松前额的肌肉，放松脸部的肌肉……

放松下巴的肌肉……

放松你的颈部，放松肩膀。放松颈部与肩膀的紧张压力。

放松你的手臂……

放松腿部……

放松背部的肌肉……

让你腹部的肌肉彻底放松，然后你的呼吸会更加顺畅，更加深沉。

每次呼吸的时候，你会越来越放松，越来越放松。

想象头的上方有一道亮光，感觉头部的上方有一道亮光。亮光进入了你的头部。运用你的心灵，选择最喜欢的颜色，把颜色加进光里。（停顿）

光接触到的每一样东西，都变得很美丽。然后，光在你的身体里慢慢扩散，每一个组织，每一个器官，每一块肌肉，身体里面的每一个细胞都完完全全放松。所有的痛苦、疼痛、疾病，完全消失。

光越来越亮，你也越来越放松。你深刻感受到平静、宁静。

现在你看到整个光洒落下来，用心去感觉，或是想象整个光洒落下来，光从你的头部笼罩下来……笼罩着你的前额……笼罩着你的眼睛……你更加放松。

你看到整个光笼罩着你的下巴……光从上而下笼罩着你……你进入深沉的放松状态。

光慢慢往下移动，笼罩着你的颈部。颈部的肌肉、喉咙附近的肌肉，完全放松。

你越来越放松。（停顿）

想象这道光，感觉这道光，放松，放松你的每一块肌肉，每一条神经，放松你身上的每一个细胞。然后光笼罩你的肩膀……

光往下移动，笼罩你的手臂，笼罩你的手，笼罩你的每一根手指。（停顿）

想象整个光笼罩你的胸部，背部上方……然后进入心脏。光随着血液，流向身体的每一个部位……

光进入你的肺，散发着美丽的光辉……

你背部上方的肌肉，完全放松。

现在，整个光笼罩你的脊髓，从脑部流向脊髓末梢，光流向整个神经系统，流向身体里的每一块肌肉，每一个细胞。

你越来越平静，越来越放松。

你觉得特别宁静，很美妙，很宁静。（停顿）

想象整个光笼罩你的腹部，……笼罩背部下方，肌肉与神经完全放松……

现在，你看到光流向你的臀部……

流向你的腿部……流向双腿，流向脚趾头……现在，你的整个身体完全笼罩在光里……你沐浴在美妙、明亮的光里。

你觉得非常、非常平静。

现在，想象你整个身体，完全被光笼罩、包围，你身在光环里。整片光会保护你，整片光会让你的皮肤完全放松……

你觉得更平静，更放松了。

现在，我要从5数到1。每数一次，你会觉得更加宁静，更加放松。数到1的时候，你将处于非常深沉的放松状态，你的心灵自由自在，没有空间与时间的限制。

你能够回想起任何事情。

5，

4，你觉得更平静，更放松了……

3，越来越深沉，越来越深沉……

2，就快达到了……

1。

你已经处于深沉的放松状态，现在或等一下如果你觉得有任何不舒服，请放心，一切都会控制得很好。

现在，如果你不想进行前世回溯，那么可以结束放松练习了。你只要睁开眼睛就可以了，你将立刻恢复到正常状态，心理功能与生理功能完全恢复正常，你会觉得很舒服，很轻松，焕然一新。

如果你决定进一步回溯前世，请继续闭着眼睛，想象自己正从一道美丽的楼梯走下去。（停顿）

在楼梯的最底端，你看到一道打开的门，门外有光。

你觉得非常放松，非常平静。

你向门走去。你的心灵非常自由，没有空间与时间的限制。你会想起自己发生过的一切事情。

当你穿过门，走进光里，你就进入另一个时空。

让你的潜意识自行决定，让它选择进入今生或是进入另一个时空。

你可能回溯到过去，那个时代是你目前病症的根源，是你目前感情冲突的根源。（长长的停顿）

你从光里穿出来。首先，请看看你的脚，你有没有穿鞋子，穿着什么鞋子……

接着再看看自己的身体……

看看你穿的衣服……

看看你的手……

看看你是什么样子……

现在是白天还是晚上……

你在室内还是室外……

努力找找看，你知不知道当时的年代。（停顿）

现在，请看看四周，观察附近的地形、建筑、植物，附近有没有人。如果附近有人，你可以和他们交谈，也许他们会回答你的问题。

找出你今生内心困扰的答案，找出你病症的根源。（长长的停顿）

多花一点儿时间探索这个前世。

如果你觉得有必要，你可以往前推进，或往后回溯……

如果你觉得焦虑，你可以漂浮在身体上面，只是观察就好，不必主动去感觉，或参与任何事情。

或者，如果你认为这样做，对你更好，你可以睁开眼睛，结束整个练习。

探索任何重大的事件。了解一切，用你的超越观点去探索，为什么发生这种事，有没有什么意义？

你现在了解了整个来龙去脉。（长长地停顿）

看看这一世的某些人，是不是和今生有关？（长长地停顿）

如果你愿意，走到这一世的尽头。经验死亡。（长长地停顿）
飘浮在身体上面，回顾这一世。你学习到什么教训？（长长地停顿）

现在，是回来的时候了。

等一下，我会从 1 数到 5。数到 5 的时候，睁开眼睛，然后你会完全清醒，感觉非常舒服，非常清醒，整个人焕然一新。你的心理功能、生理功能，完全恢复正常。你会记得所有的事情。每一次你做这个练习的时候你会越来越放松，越来越深沉。

1，身体的每一块肌肉，每一条神经完全放松。

2，慢慢醒来，觉得非常舒服。

3，越来越清醒。

4，就要清醒了，感觉非常舒服。

5，睁开眼睛，完全清醒，全身非常舒服。

笔者之所以对布莱恩·魏斯的催眠磁带全文抄录，主要是希望有更多催眠专家和催眠爱好者尝试这种回溯技术，以检验其是否真的有效。即使无法回溯到前世，甚至认为其十分荒唐可笑，仅仅将其作为一种自我放松方法来使用也是有价值的。

八、 特殊催眠诱导方法

除上述诱导方法外，余萍客在《催眠术与催眠疗法》一书中还介绍了下面几种特殊催眠诱导方法。

（一）对阻抗者的诱导方法

催眠术成功的重要条件是受术者对施术者的充分信任与密切配合。倘若受术者对催眠抱怀疑态度或不情愿被催眠，便会抵触反抗催眠，甚至故意来挑战催眠师，从而增加催眠诱导的难度。

对于怀疑或惧怕催眠术的人，可先让他观看别人接受催眠，以消除其疑虑和恐惧。

对催眠术的抵触有明反抗和暗反抗两种。所谓明反抗就是公开和催眠师作对，让他坐偏不坐，让闭眼就不闭眼。所谓暗反抗就是表面顺从催眠师，装模作样照指令去做，心里暗暗批判催眠师的各种指令。

碰到有逆反心理或抵触情绪的受术者，催眠师可严肃地问："你相信我的话吗？相信，我就帮你催眠；不相信就请便吧，不要在这里浪费我的时间。"

对明反抗者可用力将他推坐在椅子上，用强势的语气说："不要反抗，越反抗越易被催眠！"受术者如有挣扎，可用力压住其身体，坚定地说："不要挣动，反抗于你毫无益处！"接着用手指抚压他的眼皮，并低声说："闭目安静一会儿，你会很舒服，闭目！闭目！停止思考！全身松软，马上入眠！"待受术者停止反抗，再采用正常诱导语催其入眠。

对于想要离开催眠室的人，可在他起身向外走时，乘其不备，突然大喝一声："不许出去！你现在不能动了！"在受术者惊愕之际，将其扶坐在椅子上。接着说："你的眼睛闭上了，无论如何睁不开了。"如果他仍然睁着眼，可用两个食指轻轻闭合其上眼皮。

对专门和催眠师对着干的顽强反抗者，也可将计就计，告诉他："我将对你施行一种逆反催眠法。现在就闭上眼睛，我要对你进行催眠。请你开始反抗，你越反抗，越能证明我的功底深。"此时对方反而不反抗，而是平心静气地坐着，实际上逆反心理已经消除了。还可以反其道而行，用相反暗示令其就范。例如，对不肯入座的人说："你只能站立，不许坐在椅子上！"对不肯闭眼的，可令其大睁双眼。对于不肯抬起手的人，可说"你的手已经不能动了"。让受术者左手握拳，右手张开，或高举左手，垂下右手，他故意右手握拳，左手张开，或高举右手，垂下左手，可立刻改喊："右手握拳，左手张开!""高举右手，垂下左手!"反复更替几次，受术者会手足无措，不得不放弃反抗。

对暗反抗者可说："对催眠的反抗徒劳无益，请放心入眠，不要胡思乱想，抵触和反抗会妨碍身心健康。""你是个又聪明又诚实的人，越是不聪明不诚实的人越不易入眠。""你现在很安静，脑中已无任何杂念。"

对于有杂念的受术者，也可让其十指交叉，两手相握，顺时针旋转十次，再逆时针旋转十次，杂念会自然消除。

一位无法控制自己行为，无论做什么都与别人的要求背道而驰的年轻人，请催眠大师莱斯利·勒克龙来为其治疗。勒克龙说：

"我怎样才能使你处于催眠状态呢？那简直是不可能的——你是无法接受催眠术的。我想让你感到你的眼皮渐渐沉重起来，请你立刻闭上双眼，不过，我注意到你的双眼睁得大大的，一点儿也没变重，毫无疑问，你的眼皮越来越轻，双眼睁得越来越大。进入催眠状态要放松，可是你坐在那儿，变得越来越紧张，身子挺得直直的，我看得出，你有多么紧张。你这样紧张，是无法接受催眠术的。你毫无倦意，精神十足，你在变得越来越清醒。"不多一会儿，起作用了——年轻人进入了深度催眠状态。

（莱斯利·勒克龙．自我催眠术．北京：新华出版社，1989．）

一般说来，只要催眠师专业修养足够，并采用适当诱导技术，无论多不合作的受术者都可不同程度被催眠。后面第十七、第十八章会讲到当代最有影响的催眠大师艾瑞克森如何巧妙地采用间接技术将挑战者诱导进入催眠状态。

（二）快速催眠诱导法

快速催眠又称瞬间催眠，短则一两秒，长则一两分钟，便让受术者进入催眠状态。

对于多次被催眠且感受性良好的受术者，只要说："我拍一下手或打个响指，你就会立刻被催眠。"拍手或打响指后低声说："你的眼睛睁不开了，开始入眠了。"

对于未受过催眠训练，但对催眠原理和效果略微知晓的受术者，可对他说："催眠对你有益无害，越快入眠受益越多。"用一手托其头，另一手按压其双眼，稍停顿后说："我一放手你便入眠。"

对于那些对催眠一无所知的受术者，可先讲解催眠的状态和好处，在安静的房间中，让他目光凝视前方或倾听钟表的声音，催眠师高举右手，运用丹田腹力，突然大喊一声："闭上眼睛！"并立即垂下右手，或用手电直射他的双眼，或用手抚一下他眼皮，接着说："眼不能睁开，勿想其他，专心入眠！"

除了余萍客介绍的方法，有时也可采用眼睛紧闭法（eye catalepsy）进行快速诱导。催眠师将右手拇指放在受术者的两眉中央，施加轻微的压力，然后说：

"我就要由 5 往回数到 1，当我数数的时候，你的眼睛将会闭得紧紧的，以至于你越是试着想要睁开它们，它们就闭得越紧。5，你的眼睛紧紧地闭起来了；4，闭起来，上眼皮紧紧粘着下眼皮；3，就像是强力胶粘在一起了；2，它们紧紧地粘在一起了，你越是试着睁开它们，它们就粘得越紧；1，张不开了。好，现在试着睁开眼皮，但是你发现它们紧紧地粘在一起。"（暂停一会儿，待眼睛闭上，若尚未闭上，继续重复以上的话。）

还可以采用大喊一声"睡觉！""入眠！"，突然按催眠对象头或在握手时突然向前拉等震撼法（shock）来做快速诱导。下面是催眠大师大卫·爱尔曼（Dave Elman）发明的快速催眠法：

"我握住你的手（同时上下摇动），你的眼睛看着我，越来越疲倦；我第二次握你的手，你的眼睛好累，闭上你的眼睛；我第三次握你的手，你的眼皮粘在一起了，你越想睁开，眼皮粘得越紧。"（然后突然往前拉，使受术者身体前倾，同时高声喊："睡觉！深沉入眠！"）

这种三次握手法，通常可在两三分钟内将受术者带入深度催眠的入神状态。

快速催眠诱导成功的前提是，施术者具有极高权威性或极大影响力，受术者对催眠深信不疑或具有极强感受性，否则很难成功。

（三）下抚催眠诱导法

江波在《实用催眠术》中列举了十多种催眠诱导技术，这里仅介绍其中的下抚催眠法（文字有所删改）。

第一，让受术者闭上眼睛，静坐在软椅中，双手放在两腿上；或睡在床上，两臂伸直平放在身体两侧。

第二，催眠师站在受术者的前面，双臂向前平举，弯肘，十指双对，左右手相距约2厘米，集中精神，集中心力在自己的十个手指上。

第三，用两手的指头按住受术者前额的中央，左手拇指轻轻按在受术者右眉头，小指轻轻按在右眉尾，食指、中指、无名指按在额头；右手拇指轻轻按在受术者左眉头，小指轻轻按在左眉尾，食指、中指、无名指按在额头，双手指尖微微颤动。

第四，两手左右分开，抚向太阳穴至耳尖上端头部，再经耳后慢慢向下抚，从两耳到两肩，经过两臂到手腕，直至手指尖。

第五，如此反复进行，每往下抚一次，心里记住次数。当抚到第三十次时，边抚边轻轻说："脑里的血已渐渐向下流，心里很平静，手脚感到轻松，想睡觉了，已经睡着了。"反复说，两手仍然不停地往下抚。到五十次左右时，受术者定能进入催眠状态。

八九岁以下的儿童，采用下抚法催眠有时比语言诱导更为有效。

在为异性催眠时可采用下抚法的变式离抚法，即催眠师不接触受术者的身体，从头到脚慢慢向下抚，边抚边说："我将你头上的血往下引，你头上的血随着我手的动作，慢慢地往下流。"边抚边向前移动，渐渐与受术者身体接近，并发出指令："闭上眼睛。你心神安静了，想睡了。"

（四）远隔催眠诱导法

若催眠师不能当面为受术者施术，可采用远隔催眠诱导法。

如果受术者接受过当面催眠，可在其觉醒前给予下面暗示："你在某日某时坐在椅子或躺在床上，想象我在为你催眠。我用特别方法远距离为你实施催眠，结束后你会自动醒过来。"这种催眠后暗示，会使受术者在指定时间自己进入催眠状态。

对多次接受过普通催眠的受术者，也可通过书信或电报、电话约定一个时间进行远距离催眠，可收到同样的效果。

对于未曾受过普通催眠训练的受术者，又无条件接受当面催眠，可约定时间，用电话或视频实施远隔催眠诱导。让受术者先解去大小便，准时坐好或卧床，摒除杂念，进行深呼吸，并从 1 到 100 反复数鼻息，入静后，催眠师开始远隔催眠。

这种远隔催眠虽然不如当面催眠的效果好，但在特殊情况下也不失为一种可行的替代办法。

远隔催眠更需要受术者对催眠的高度信仰和对催眠师的高度信任，催眠师也更需要具有很强的自信心。催眠师必须集中精神，凝聚心力，仿佛受术者就在眼前。自信是成功的保证，疑虑会前功尽弃。

(五)睡眠中的诱导法

人在深睡时是不能感受催眠暗示的。为了将受术者由睡眠转移进催眠状态，催眠师可用两手从头到肩，实施离抚催眠法，多次之后若受术者毫无反应，可用口轻吹他的额头，或用手轻抚他的肩膀，见他稍有醒动，即温柔地说："不要深睡了，也不要醒来，你在睡眠中也能听我说话。"反复几次后再低声说，"握着手掌"或"将手抬起"。他若照做或有轻微反应，便说明进入了催眠状态，可继续说："现在你心神安静，不要睁眼，专心听我说话。"

此种方法看似简单，实则不易。实施时最重要的是掌握时机和火候，受术者仍在深睡中或已完全清醒，均不能进入催眠状态。

这种睡眠中的催眠诱导方法，对于催眠感受性低或对催眠有疑虑或抵触的人，常常能收到意想不到的效果。

第十章

催眠深化技术

催眠诱导是为了让受术者进入催眠状态，进入的深度体现了诱导的程度。一个人在特定时间催眠的深度取决于一个人对催眠的感受性和动机强弱，也取决于催眠的时间和使用的诱导技术，还取决于催眠师的经验和技能水平以及同受术者的融洽程度。

催眠深化就是让催眠的状态更深沉的过程，深化的目标就是创造出更有助于接受暗示的心理状态。

一、 加深催眠状态的方法

所有上面提到的催眠诱导方法反复使用都可以使催眠状态不断加深。例如，

①让受术者反复做深呼吸；

②连续听柔和的轻音乐或听单调的钟表声、滴水声等；

③从 1 到 10 再到 1，反复顺数、倒数；

④反复运用肌肉松弛法特别是渐进式放松来加深入神状态；

⑤用言语诱导步行或乘电梯下楼，加深催眠状态；

⑥反复轻抚或按压受术者身体（对异性要有第三者在场以避免"性骚扰"指控）；

⑦通过催眠—唤醒—催眠—唤醒—催眠，反复交替进行，达到加深催眠状态的目的；

⑧通过一次又一次的反复暗示，每次都比上一次进入更深的状态，最后催眠深度会越来越深。

⑨偶尔使用不合逻辑的诱导语，如数数时有意跳过某个数字或语句前后矛盾，可以打乱受术者脑中杂念，将其注意力吸引到诱导语上，有助于加深催眠状态。

⑩在诱导过程中偶尔停顿，适当留下一段空白，此时无声胜有声，也会起到加深催眠的效果。

二、催眠加深法示例

（一）倒数数法

现在，我从 10 倒数到 1，我每数一个数字，都会让你的身心都放松下来，感觉到平静与舒服放松的感觉。10，开始放松了。9，放松，更加的松弛。8，放松的感觉，深深地进入你的肩膀，深深地进入你的手臂，深深地进入你的手肘。7，放松，更加的松弛。6，马上就要进入中度放松了。5，放松的感觉，深深地进入你的身体。放松，更加的松弛。4，放松，整个人都松开来。3，松开来，就快要完全地放松开来。2，已经完全地放松下来。1，放松的感觉深深地进入你的内心，深深地进入你的潜意识。

（二）下楼梯法

想象你在一个楼梯上，正一步一步地往下走，直到你走到最下面，你的脚步将越来越低，进入这种深深的放松和催眠的状态。1，现在继续往下走，越走越深。2，现在越下越深，越来越放松，越来越放松，你继续往下走。你一边听着我说的，一边注意我要你关注的事情。3，4，现在继续往下走。5，现在你已经到达了最底部，感到深深的放松，深深地被催眠。你打开眼前一扇门，来到一个你生命中很特别的地方，一个你感觉很舒适、很快乐的地方，在那里，你很快乐，很放松，很平静。

若使用电梯法或手扶梯法，要先确定受术者不会害怕电梯或手扶梯。

（三）举手指法

下面的手指举起进阶测试，不但能使受术者的催眠状态不断加深，而且可以用来检测其催眠深度。

手指举起进阶测试

请将你的左（右）手平放在桌面上，全神贯注于左（右）手的食指，当你专注于食指时，它变得越来越轻，食指越来越轻，你入眠越深，食指越来越轻。你的食指越来越轻，好像小鸟随风飞翔，又像有个灌了氢气的气球绑在你的食指上，轻轻地牵引你的食指上抬，越抬越高，越来越轻，越来越轻，越轻越高，越高越轻，随着手指高抬，你入眠越深。

（重复这个方法，直到食指高抬为止，当食指抬到最高时，进入下个步骤。)

食指的轻盈感慢慢扩散到其他手指，你的左（右）手的所有指头都变得越来越轻，所有的指头都慢慢抬起来了，越来越轻，高举了起来，你也越睡越沉，感觉越来越轻松，所有的指头好像绑上气球，慢慢地被牵引了起来，越来越轻，越轻越高，越高越轻……

（继续，直到所有的指头都抬起……）

现在，你的整只手，一直到腕部，开始慢慢地举起，轻盈感包围了整只手，你的左（右）手慢慢地举起，越来越轻，你入眠越来越深，入眠越深，手就越轻，手越轻，入眠越深，越轻，越深，越深，越轻，手已经完全离开桌面。

（继续，直到手举起……）

你手臂的轻盈感往上扩散，一直到你的手肘，你的前臂完全地举起，就像火箭往太空发射一样，你的前臂完全感觉不到任何重量，直直地举起，你也入眠越来越深，手臂越来越轻，举得越来越高，入眠越深，越深越高……

（继续，直到手臂举起……）

你的手被你的脸吸引，你的手指慢慢向脸部移动，就像铁碰到磁石一样，你的手无法抗拒地向脸靠近，越来越近。当你的手碰到脸时，你将手放下，深深地入眠。现在手与脸越来越近，越靠越近，你准备放下手，进入深眠了，越靠越近，越靠越近……当手指接触脸后，放下手。

（四）手臂掉落法

请举起你的右手臂（催眠师抬起受术者的右手臂，直到其手臂伸直就像是梦游的人一样），你会发现这只手臂将会自己停留在这个位置一阵子（继续支撑着受术者的手臂，减少支撑直到手臂自己停留在那个位置）。很好，现在，当你的手臂开始感觉到沉重，并且在开始想要掉落到你腿上的时候，你会更深地放松。让你的手臂自然地放下，把这当作一个信号，表示你正处在更深、更完全的放松状态。很好，让你的手臂放下的速度和你更深更完全放松的速度一致。很好，当你的手臂碰触到你大腿的时候，你变得加倍的放松，（手接触腿）……很好……

三、 催眠深度分级

催眠深度即进入催眠状态的程度，指的是受术者意识和无意识起作用的相对程度。人的心理大体上可分为以下三种状态。

意识状态：亦称觉醒状态，以理性和现实定向的意识活动为主，尚未进入催眠状态。

混合状态：在轻度和中度催眠状态下，受术者会体验到意识和无意识的交互作用，即处于意识和无意识的混合状态。此时，受术者虽然能意识到外部刺激的存在，但不会积极主动地注意它们；内部对话可能会有，但是指令性和主宰性变少变弱了。

解离状态：在深度催眠状态下的受术者，完全沉浸在无意识过程中，会体验到各种我们在第五章中提到的催眠现象。

实际上，催眠深度是个连续体，只有程度的不同，而不是全或无的现象。即使觉醒中的人，有时也会进入不同程度的催眠状态。有人用轮船、汽车、火车和飞机之间的区别来打比方，认为催眠深度更像是这几种交通工具每小时行驶的里程，而不是这几种运输模式本身。这就是说，催眠深度不是几种截然不同的状态。

（一）根据意识的参与程度，可将催眠深度粗略划分为轻度、中度、深度三种水平

1. 轻度催眠

全身肌肉无力，眼皮难以睁开，身心放松，感觉舒服，四肢慵懒，不愿动弹。此时受术者仍有较高认识和记忆能力，常常会以为自己并没有被催眠，但意识清晰度有所下降，注意力集中在催眠师的指令上，心理防卫渐渐减少，能说出平常不愿意表达的话，心情也比较平稳。此深度适合进行一般的心理咨询，但暗示不当会引起警觉和抵抗。

2. 中度催眠

感知觉发生变化，记忆有所缺失，身体部分麻木，痛觉丧失；对于催眠指令反应良好，意识虽然清醒，但意识范围大为缩小，认识和批判能力显著降低，在暗示下可能出现错觉和幻觉。一些催眠术表演大多是在这种状态下进行的。在朦胧中意识与潜意识搭起了一道桥梁，催眠师可以直接对潜意识下指令，潜意识可以直接把特定的信息送到意识层面。心理治疗

常常着重在当事人对于过往经验的重新诠释和人生经验的统整，需要清醒的意识状态来参与，所以中度催眠状态是最合适的。

3. 深度催眠

全身完全麻木，处于强直状态，躯体功能受到抑制，注意力高度集中，意识范围极度缩小，几乎绝对服从催眠师的指令，但意识不是很清醒，甚至不知道当时四周的状况，沉浸在非常主观的个人世界里，可出现幻觉以及年龄和人格转换，能忠实执行催眠后暗示。当结束催眠时，经催眠后暗示，可完全忘记催眠中发生过的事情；也可以通过暗示使记忆力大为增强，记得更快更牢，甚至能回忆起早已忘记的往事。所谓前世回溯就是在深度催眠下产生的。只有少数的人格障碍患者需要在这种深度催眠状态下进行治疗。在西方国家发生的一些利用催眠术进行的犯罪活动，大多是在这种状态下进行的。

（二）日本心理学家美童春彦对催眠状态的分类

1. 诱导阶段

眼皮颤动，睡眼惺忪，感到困倦，表情呆板。脑子里浮想联翩，但不知不觉加深催眠。

2. 症候阶段

全身松弛或发僵，对催眠师的指令唯命是从。但如果给予违反道德或会产生不利结果的暗示，则会抵抗。

3. 深眠阶段

在暗示下可出现错觉、幻觉和年龄回溯等效果。但仍有一定的自我意识，不会服从违反道德或对己不利的暗示。

在临床心理治疗中，上述分级显得过于粗糙，有时根据专业需要，也可以对催眠状态做更细化的分级，下面是南锡学派通常采用的分级方法。

（三）南锡派的分级方法

1. 第一级：浅催眠状态

受术者不感觉被催眠，觉得完全清醒，只是感觉到简单的肌肉放松和眼皮沉重。在此阶段可做减肥、戒烟等治疗。

2. 第二级：深催眠状态

更加放松，浅睡，一般不会出现反抗暗示指令的情况，可操控受术者的较大肌肉。大多数心理咨询都可以在此阶段进行。

3. 第三级：强直状态

充分服从暗示指令，可以完全控制所有的肌肉系统。例如，无法从椅子上站起来，无法走路，无法说出一个数字，但并不是忘了那个数字。此状态可用于局部止痛。舞台催眠师选择催眠对象至少要达三级以上。临床催眠治疗师的工作范围，大都在这前三级内。

4. 第四级：神游状态

开始有失忆现象，受术者确实忘记数字、名字、地址等；手掌不觉得疼痛，只感到触摸。此阶段可做牙科小手术。

5. 第五级：浅梦游状态

身体完全麻木，不感觉疼痛，也不觉得被触摸，在暗示下会产生错觉和正向幻觉，可以看到不存在的东西。

6. 第六级：完全催眠状态

类似于深度梦游状态，有负向幻觉，看不见、听不见确实存在的事物或声音。觉醒后，对自己的动作记不起来。

上述催眠深度的分级主要是从以下四个方面确定的。

①肌肉僵直(Catalepsy)：前三级各有不同程度的表现。

②暂时失忆(Amnesia)：第三级只是无法说出数字，第四级则是完全忘记数字。

③麻木(Anesthesia)：第四级是止痛，仍有触摸的感觉；第五级是麻醉，没有触摸的感觉。

④幻觉(Hallucination)：第五级是正向幻觉，看到不存在的东西；第六级是负向幻觉，看不到存在的东西。

四、 催眠深度检测

人对催眠暗示的感受性，随进入催眠状态的深浅不同而改变。辨别不清催眠程度的深浅，盲目进行暗示，难以达到目的。为了选择恰当时机给予暗示指令，提高催眠干预效果，必须判断受术者是否进入催眠状态以及进入催眠的深度。

(一)催眠深度的临床判断

催眠师通常根据受术者在暗示下出现以下几种状态的程度来判断催眠

深度。

1. 眼皮胶粘

暗示眼皮沉重好像被胶水粘住，再尝试睁开。若不知不觉便睁开，说明基本处于清醒状态；若经过努力才可以睁开或无法睁开，说明进入轻度催眠状态。

2. 手臂僵沉

暗示手臂沉重，肌肉僵直，再尝试高举或屈伸。若伸举自由，说明处于清醒状态；若经努力才可以高举或屈伸，甚至无法高举和屈伸，表明进入轻度催眠状态。

3. 年龄遗忘

暗示忘记自己的年龄或姓名，受术者需要努力回忆甚至完全回忆不起来，说明已进入中度或深度催眠状态。

4. 痛觉丧失

对疼痛不敏感甚至完全丧失，表明受术者已进入中度或深度催眠状态。

5. 正性幻觉

受术者无论在表情上还是口头报告中都明显表现出幻视、幻听、幻嗅、幻味、幻触，说明已进入中度或深度催眠状态。

6. 负性幻觉

对客观存在的事物视而不见或听而不闻，表明进入中度或深度催眠状态。

这种催眠深度检测不仅可以了解受术者入眠的深度，同时，运用这些测试做练习也可以让受术者进入更深的催眠状态。

前面介绍的手指举起进阶测试，根据手指举起的程度可以有效判断受术者的入眠深度。

有经验的催眠师还可以根据受术者的面部表情以及语言和运动抑制的程度来判断催眠的深度。一般说来，进入深度催眠状态后，面色较为浅淡，全身特别是额头和眉头肌肉明显放松，眼球快速转动，嘴巴微微张开，呼吸节律减缓，语速变慢，音量变小，脉搏整齐而缓慢。

受术者动作的增多，通常是催眠深度转浅的信号。例如，在椅子里变换坐姿的受术者，其催眠状态往往变轻了，这可能是正常的漂浮现象，也可能是受术者遇到了某种困难。此时，治疗师必须重新转入诱导性交流，通常可以采用先跟后带的方法。比如，可以这样说："催眠状态有时深有时浅，你可以在较浅的催眠状态里待一会儿，稍事休息，思考点什么，然后再回到较深的催眠状态。"

（二）催眠深度的量表

测试催眠深度的量表主要有以下几种。

1. 伯恩黑姆深度量表（Bernheim's Depth Scale）

伯恩黑姆深度量表将催眠的深度分为 7 个等级，重点关注与深度催眠相关的健忘症。

2. 利比奥特深度量表（Liebeault's Depth Scale）

利比奥特深度量表将催眠深度分为 6 个等级：1～4 代表轻度催眠，5～6 代表深度催眠或者梦游症。

3. 费尔德催眠深度调查量表（Field's Inventory Scale of Hypnotic depth）

费尔德催眠深度调查量表是包括 38 个项目的自我报告问卷，是对催眠深度的客观描述。

一种检测催眠深度的简单方法是手指探测法：先让受术者任意指定十个手指中哪个代表轻度，哪个代表中度，哪个代表深度，然后向他的潜意识提问："现在催眠进入了哪个层次？"受术者通过潜意识支配手指翘起的动作，回答现在处在哪个层次。

个别善于表演的受术者有时会做出假象，来欺骗或讨好催眠师，对此一定要注意辨别。如有条件，可像黄大一博士那样采用脑波仪来测量，根据各种脑波的强度判断受术者是否进入催眠状态及进入的深度。采用生物反馈技术测量心脏跳动和皮肤电阻，也有助于了解受术者是否真的放松下来。

有的受术者在进入催眠状态后，可能会混杂睡眠或完全转为睡眠，从而失去对暗示的感应性和谈话能力，这通常是由于身心过度疲劳或睡眠不足造成的。催眠师要设法避免这种情况的发生，必要时可让受术者小睡一会儿，待觉醒后再实施催眠。

五、 催眠状态的漂浮

上述对催眠深度的划分都是相对的，受术者的催眠状态或意识清晰度经常是有起伏的，有时深一点儿，有时浅一点儿。例如，一个进入催眠状态的人，可能由深度催眠转入中度或轻度，甚至回到觉醒状态，又可能再次进入中度或深度催眠状态。这种催眠深度的变化称作漂浮现象。

催眠干预时必须关注催眠状态的漂浮现象，因为不同深度的催眠状态适用不同的诱导方法和干预策略。开头的放松性诱导使受术者由意识状态转入混合或解离状态，许多治疗程序只有在这种状态下才能介入，此时催眠师应该对一切有可能减轻催眠程度的因素保持敏感，因为一旦这种情况发生就会影响治疗程序的效力。但这并不意味着催眠程度越深越有利于治疗，许多催眠治疗程序只要求受术者进入混合状态，只要受术者的意识过程不主动干扰催眠治疗即可。

此外，催眠师采用什么样的交流方法也要由受术者的催眠深度来决定。例如，对于意识状态下或混合状态下的受术者，最好用隐喻或故事等间接性暗示，以避免或减少来自受术者意识过程的干扰；而对于解离状态的受术者就可大大减少间接性交流，因为此时受术者的意识过程并不十分活跃，对治疗程序的干扰很少，采用直接指示可以取得立竿见影的效果。

有时受术者可能因身体不舒服，出现意外干扰，听错、理解错指令或产生阻抗，而出现催眠程度变浅或中途自醒，这时催眠师则要重新诱导加深催眠，以达到治疗或干预的要求。

一、 设计暗示指令的原则

前面已提到，催眠术即暗示术，催眠治疗或催眠干预之所以能起作用，主要靠心理暗示。

当催眠状态进入适合治疗的深度后，催眠师可结合分析疗法、行为疗法、认知疗法等治疗技术发出暗示指令。后面我们会讲到，催眠的功能不只是心理治疗，为达到其他干预目的，也可以给予不同主题的暗示指令。

暗示指令是催眠治疗或干预成功的关键，一定要字斟句酌，精心设计，不能漫不经心，随口而出。指令得当，就能催无不应，术到功成。

设计暗示指令必须遵循以下原则。

第一，指令是正面的，积极向上的。

第二，指令词语简单浅显，易懂易行。

第三，指令目标明确，不含糊其词。

第四，指令可验证，能观察到执行结果。

第五，指令符合经验法则，能使人信服。

第六，指令不超出受术者的能力范围。

第七，指令逻辑一致，不可自相矛盾。

第八，指令要给潜意识留出反应时间。

第九，指令最好是动态的，不是静态的。

第十，指令最好每次一个，最多两个。

催眠指令必须具有积极的指导意义，要尊重受术者的人格，不能用有刺激性的或贬义的词语，以免造成受术者的心理压力、反感和抵触情绪。例如，"你像狗一样汪汪叫（或在地上爬、啃骨头）"的指令，即使在舞台催眠秀上，也不宜采用。

一般说来，肯定的指令比否定的指令更有影响力，因此要尽量避免使用"不""不用""不会""不能""不可"等否定词。"明天我不会头痛"是否定暗示；"明天我的头脑很清醒"则是肯定的；"我不会再欠债"是负面词语，"我会收支平衡"则是正面的。

指令要尽可能具体化，不要太空泛，如"努力争取成功"，不具有可操作性，应具体说明在哪方面取得成功，达到什么程度，以及如何努力。

暗示指令必须针对受术者本人，并为其能力所及。例如，"我相信别人喜欢我"，针对的是他人；而"我是一个令人喜欢的人"，则是一种自我信念。"我要她喜欢我"，不在受术者能力控制范围内；"我要增加对她的吸引力"，则是通过自身努力可以做到的。靠双臂飞上天不可能，乘坐汽艇和飞机则符合经验法则。

暗示指令要坚定果断，不能含糊其词。例如，"今晚我大概能睡着"，或"我要尽量使自己睡着"，效果都不好，往往越努力越睡不着。若改成"今晚我一定能睡着"，则能很快入睡。

指令必须用最近将来时，而不是眼下这一刻。说"现在头痛消失了"不符合事实，因为头痛不可能在刹那间消失；说"我的头脑就要开始清新了，过一会儿疼痛会完全消失，我就会感觉很好"，这就留出了时间，让潜意识接受并实施暗示。

指令最好是动态的。静态的指令可能不真实，如"我学习很好"未必可信；"我的学习变得越来越好"则是动态的，易于为潜意识接受，并化为实际行为。

指令最好有时间限制。例如，"我要在一周内看完这本书"比"我想尽快看完这本书"更好，更可行。

要根据受术者进入催眠状态的深浅程度采用难易不同的暗示指令，浅度催眠状态用较易完成的暗示指令，在深度催眠状态下方可使用较难实现的暗示指令。

要让暗示指令起作用，重复是必要的。重要的话语讲三遍，才能深刻影响潜意识。但不能唠叨个没完，每个暗示指令可重复 3～4 遍，每隔 3～4 分钟重复一次，但不要机械重复，每次语句要略有变化，这样既能加深受术者的记忆和理解，又不会使受术者感到厌烦。

二、 直接暗示与间接暗示

催眠指令可以是直接的，也可以是间接的。表 11-1 列出了直接暗示与间接暗示的例子。

表 11-1　直接暗示与间接暗示举例

直接暗示	间接暗示
1. 当你放松的时候，你是这么想睡，你只希望去享受，你的心思飘荡，然而，你的潜意识会注意聆听我说的每一句话。	1. 你可以睡着、放松，你能够享受你的每一个念头，然而，你不需要注意听我说的每一句话，让你的意识飘游着。
2. 做一次深呼吸，从嘴巴释放掉，放松，放掉了，然后，进入更深。每一次的呼吸，都让你进入更加深沉的放松状态。吸进平静，吐出紧张，感觉到更多的内在平静。	2. 一位旅客走在森林里，深深地呼吸着新鲜的空气，感觉到大自然是那么宁静和安详……踏出的每一步，每一次呼吸，都给了他一种内在的平静与自在。
3. 想象着好多彩虹般美丽的气球绑在你的左手臂，你想象着看到和感觉到气球越多，你的手臂就变得越轻；而你的另一只手臂，感觉就像是铅块一样沉重，以至于根本无力举起来；当你想象着沉重和轻飘的时候，你注意到了在你的两只手臂之间的感觉是多么得不同。	3. 在你的一只手臂上，某些有趣的事情发生了，或许是某一只手臂可能感觉到轻飘，就像是被许多的气球往上拉一样……或某一只手臂，可能觉得如此沉重，而无法抬起，我不知道哪一种感觉对你的潜意识而言，比较容易让你察觉到、注意到。你已完全感到两手的不同了。
4. 现在闭上你的眼睛，注意你的眼睛是多么想要就这么舒服地闭着，当你的意识心灵飘浮时，你的潜意识会聆听，并且对于我说的每一句话产生反应。	4. 对你的眼睛而言，继续保持睁开已经越来越不重要了，不论你的意识听还是不听我说的话，你的潜意识将会听见每一件我说的事情，并且能够让你产生反应。

三、 积极暗示指令举例

下面是张志华老师《催眠入门实务研习》讲义中列出的一些常用积极暗示指令（个别文字略有改动）。

（一）舒缓压力的暗示

不管外在环境如何紧张，我感觉到内在的平静。
我越感觉到平静、放松，我的成就感就越多。
我可以很轻易地化解任何外来的压力。
现在，对于任何的状况，我都会很平静、放松。
吸气时，吸进平静的力量。
吐气时，呼出紧绷的压力。

(二)增强自尊的暗示

现在，我爱自己、肯定自己。

我经常用温暖的关爱来善待我自己。

在任何的情况下，我很容易地就维持着我对自己的正向感觉。

我完完全全地接受自己，我是宇宙独一无二的生命个体……

(三)减重塑身的暗示

我可以轻易地维持我的正常体重。_____千克，那就是我的体重。

我毫不费力地改变我对于饮食的观念与所订下的规则。

我总是选择吃有营养、低热量、高纤维的食物。

食物对我而言是一些赏心悦目的东西。

我总是慢慢地吃，并且品尝着嘴里的每一口食物。

我爱惜自己的身体，我喜欢自己。

我接纳自己的全部，包括家庭，还有我的长相、身材、体型。

所有囤积在我体内的垃圾情绪都会一天天排出我的体外。

(四)有助睡眠的暗示

我总是一觉睡到天亮，而且感觉到平静。

每当我想要睡觉时，就能很轻易地进入睡梦中。

每晚我都带着微笑入睡，而且总是可以很容易地整夜熟睡。

当我睡觉时，任何进入我脑海里的杂念，都像白云一样一朵朵飘过，很容易就消散了。

(五)增进财富的暗示

任何有关致富的机会，都会为我而生。

君子爱财取之有道，我非常喜欢并善于赚钱。

从现在开始，我会一天比一天富有，我存折的数字会以加倍的数字成长。

我所做有关财富方面的投资都会得到最好的报酬及收获。

我像一块充满磁力的磁铁，不断地吸引大量的财富。

我的潜意识引导我过着幸福的人生及富裕的生活，我过着无忧无虑的生活。

我永远珍惜我的财富，我衷心感谢我所获得的财富。

第十二章
催眠探测与唤醒技术

••

一、催眠探测技术

在催眠过程中，催眠师常常需要与受术者的潜意识沟通。与深层心灵沟通的方法很多，弗洛伊德主要采用自由联想和释梦等方法探察病人的潜意识。催眠师除了同受术者进行语言沟通外，有时还可利用意念性运动反应来从潜意识中获取信息。莱斯利·勒克龙的《自我催眠术》以及江波的《实用催眠术》介绍了西方催眠师采用最多的两种探测方法。

（一）摆锤运动法

将一个又小又轻的物件，如戒指、纽扣、曲别针或带孔的小珠子，拴在一条20～30厘米的线或细链子上，做成一个理想的摆锤。用拇指和食指捏住线或链子一头，手肘支放在桌子或椅子扶手上，让摆锤向下，悬空自由摆动。

摆锤可能有顺时针、逆时针、前后和左右四种摆动，其含义可由催眠师指定。比如，顺时针圆周转动表示"是"，逆时针转动表示"否"，前后来回摆动表示"我不知道"，左右摆动表示"我不想回答这个问题"。

但确定潜意识摆动含义的更好方法是，通过几次练习，由受术者潜意识决定。具体做法是：

静下心来，摒除杂念，做深呼吸1～2分钟。任意让摆锤向各个方向自由摆动。随便提出一个简单的问题，心中默想："回答'是'，往哪个方向摆动？现在就开始摆动。"于是摆锤就会慢慢摆动，这个摆动的方向就代表"是"。然后用同样的方法选择"否""我不知道""我不想回答"对应的摆动方式。催眠师将结果记在纸上或牢记在心。

催眠师在提问时让受术者的手处于静止状态，不要故意摆动，提问后由潜意识选择运动方向。摆锤起动快慢和摆动幅度因人而异，因问题而异。有的可能只几秒就开始摆动，有的则需要更长时间；有的摆动幅度很大，很明显，有的则很细微，需要仔细观察。

对于某些原因不明或涉及隐私、羞于启齿的问题，特别适合用摆锤法来回答。一位高大健壮又无阳痿的小伙子，却同美丽性感的妻子性生活感到困难，勒克龙为了弄清原因，让他在催眠状态中用摆锤法来回答问题：

问：是否有什么恐惧心理阻止你过性生活？
答：没有（是摆锤的答复，下同）。
问：那么，是不是你觉得性生活是肮脏、邪恶的？
答：是。
问：有没有其他原因？
答：有。
问：与你以往的经历有关吗？
答：没有。
问：你是否想象过把妻子放在母亲的位置上？她是一个母亲的形象吗？
答：是。
这时，年轻人解释道：他幼小时，母亲就去世了，是姨妈将他抚养大的。他的妻子在很多方面很像这位姨妈。
问：把妻子当作母亲的替身，性生活看上去邪恶吗？
答：是的。

（二）手指动作法

同深层心理沟通的另一种方法是，受术者在不有意控制的情况下，通过不同手指的下意识动作来回答问题。

让受术者坐好，身体放松，双手平放在大腿上或座椅的扶手上或低矮的桌面上，手心朝上，手指伸直、放松。

和摆锤法一样，先由催眠师或由受术者潜意识（后者效果更好）确定手指动作含义。比如，右手拇指跷起代表"是"，左手拇指跷起代表"否"，右手食指翘起代表"我不知道"，左手食指翘起代表"我不想回答这个问题"。也可以用其他手指或一只手的不同手指来表示不同意思。

潜意识确定手指动作含义的方法是：心中默想"哪个手指代表'是'，就翘起哪个手指。"接着心中逐个提问：哪个手指代表"否"？哪个手指代表"不知道"？哪个手指代表"不想回答"？潜意识就会支配它所指定的手指逐个翘起。

手指的应答，有的迅速，有的缓慢；有时可能翘得很高很直，有时可能只微微有一点颤动。

无论是摆锤法还是手指法，都可以在催眠状态下自问自答。

一位未婚女士因经期延迟、担心怀孕，求助江波先生。江波教她用手指探测法，询问自己的潜意识。

问：是不是怀孕了？

答：不是（手指回答，下同）。

问：为什么经期过了半个月还没来月经？

答：难以回答。

（刚才的提问方法有误。手指只能回答"是""不是""我不知道"或"不愿回答"。对于复杂问题手指就难以回答了，于是改变提问方式。）

问：是我有病才引起月经不来吗？

答：不是。

问：是我心情不好吗？

答：是的。

问：难道我心里痛苦？

答：不是。

问：是我心里紧张引起的吗？

答：是的。

（事后得知，该女士未婚先行房，心情紧张，造成内分泌紊乱，月经不能按期来。潜意识回答很正确。）

问：什么时候月经会来？

答：难以回答。

（提问又不恰当，潜意识难以回答，于是又改变提问方式。）

问：明天会来月经吗？

答：不是。

问：五天之内会来吗？

答：是的。

问：大后天会来吗？

答：不是。

问：后天会来吗？

答：是的。

（事后证实，女士的月经果然在探测后的第二天来临。）

大脑的潜意识活动就像计算机一样，是用二进制（binary）来运作的。所以，无论采用哪种方法，向潜意识提出的问题，必须只有"是"和"否"两个可能的答案，不能模棱两可。最好事先将要提的问题写出来，以使措辞得当。当摆锤在做对角线晃动，或者约定之外的手指在动时，可能指出你的问题不够明确，或者无法恰当地做出答复，这时就要改变提问的方式。另外，不能在一个动作没有还原之前就提出下一个问题，否则会打乱潜意识的活动。

利用意念性运动（念动）反应来同潜意识沟通，最重要的是动作必须出自下意识，是不由自主的肌肉动作。若发现受术者是有意做出某种动作，则要提醒他，必须听任动作自己做主。

研究表明，用上述方法从潜意识中获得的信息，通常是可靠的，但对一个说谎已成习惯的人，探测常常会有误差。因为平时的谎言已深深地储存在潜意识中，在回答中提供的材料，当然是他平时储存的谎言了。

二、 催眠唤醒技术

当受术者进入催眠状态已较长时间，达到足够的催眠深度并取得一定的干预效果，如感到躯体轻松、精神愉悦等，即可采用唤醒技术，让受术者恢复到未催眠时的心理状态。

深度催眠后，若不加以解除或解除不彻底，受术者就会长期处于眠游状态，即使会渐渐自醒，醒后也大多精神恍惚，头昏脑涨，身体乏力，记忆和思维迟钝，不能正常生活和工作，甚至会产生其他严重后果。

在学会各种催眠诱导方法后，一定要学习催眠唤醒技术，未掌握解除催眠的方法，便贸然为人做催眠，会带来难以预料的后果，初学者对此务必牢记，切不可掉以轻心，草率从事。

需要强调的是，无论受术者达到何种深度的催眠状态，即使看上去几乎没有进入催眠状态，唤醒这一步骤都是必不可少的。

一个人来找催眠师，是为寻求改变，是要自己的改变能展现于外部世界，而不只是在催眠椅上，这就要求催眠师在唤醒受术者之前给予催眠后暗示。

所谓催眠后暗示，指的是任何在催眠状态下对受术者提出的要求在催眠之后能够持续起作用的暗示。催眠后暗示分为非治疗(干预)性与治疗(干预)性两种。

非治疗(干预)性的催眠后暗示主要用于舞台表演以增加娱乐性。例如，"当我将你由催眠状态之下唤醒之后，每当我弹手指，你会有强烈的渴望，想要摸一次下巴，如果你试着抗拒，你就会自动地微笑或是大笑出来。"这里必须提醒舞台催眠师注意的是，在催眠秀结束之前，必须将任何对受术者没有实质利益的催眠暗示解除，即使是受术者拒绝的暗示，也要正式地解除，以免产生不必要的后遗症。

治疗(干预)性的催眠后暗示通常是催眠治疗的必要环节。例如，对一位希望减肥瘦身的求助者可以给予下面的暗示："每当你选择用喝茶或嚼口香糖来代替吃点心或巧克力，你会发现自己在身体上非常舒坦，心理上感觉非常满意和愉悦。每当你看到冰激凌、炸鸡腿或闻到油炸的味道，就很反感，它们再也引不起你的食欲。"

在正式唤醒前，要再次使受术者产生高峰体验，间隔 5 分钟左右，就可以实施唤醒。

诱导受术者进入催眠状态的方法不同，唤醒方法也应随之不同。总的原则是：开始用什么方法诱导，结束时也用什么方法唤醒。

例如，诱导和加深催眠时采用正向数数的方法，唤醒时便可采用倒退数数的办法，通常是由 10 数到 1，或从 5 数到 0。

"等一下，我会从 5 数到 0，当我数到 0 时，你将会完全清醒。好，5，你开始从催眠中清醒过来；4，你觉得很舒服；3，你的头脑非常灵活，精力充沛；2，你的眼睛开始睁开了；1，眼睛完全睁开，完全清醒；0，你觉得全身舒畅，精神抖擞，容光焕发。"

又如，开始采用下抚法催眠，便可采用上抚法唤醒：从受术者手指开始，向上逆行按抚，经手臂到肩膀，再向上至两耳，再经额头至头顶。反复几次，边按抚边说：

"你的血液从下向上运行，达到你的大脑里。大脑里血液充盈，你就可以觉醒了。睁开眼睛，醒来吧!"

也可以采用更为简单的方法唤醒受术者，如"你在心里从 1 数到 10，在每两个数间，做一次深呼吸，数到 10 时，完全清醒，觉得非常舒服，神清气爽。"或说："我们已经做完这次催眠，请做 5 次深呼吸，然后完全清醒。"或说："我喊 1，2，3，你听到 3 的时候，就睁开眼睛。"喊 1 和 2 时声音拖长，喊 3 的时候，声音短促而响亮，使受术者有震动的感觉，他们就能立刻睁开眼睛。

除采用数字信号唤醒外，还可以采用操作信号（如拍手、打响指、点穴、拍肩膀、拍头顶等）或定时信号（生物钟）来唤醒。

"我拍手帮助你觉醒。一拍手振作你的精神，二拍手你张开眼睛，三拍手你完全清醒。"

无论采用何种方法唤醒，都要注意以下几点：

其一，先给受术者觉醒的观念，再由深到浅慢慢实施觉醒法。

其二，一定要先解除催眠状态中各项活动的暗示（用于治疗或干预的催眠后暗示除外），否则会造成不良后果。

其三，觉醒前必须给受术者再醒后精神愉快、身体舒适的正性催眠后暗示。

其四，如果是多次连续催眠治疗，在唤醒前可给予下面的催眠后暗示："以后你将会一次比一次更容易被催眠，也会一次比一次进入更深的催眠状态。"

其五，若醒后出现头晕目眩等不舒服感觉或其他不良反应，再次催眠时予以相应催眠后暗示，即可将其消除。

其六，如果是夜晚做催眠，请勿向受术者说："你的头脑非常灵活，精力充沛。"因为这样有可能导致受术者失眠。

下面是另一段催眠唤醒语的示例：

现在我将要唤醒你，带你重新回到梯子，当你向上爬到梯子的最顶端，你将会醒来，感觉焕然一新。但是在我要你醒来之前，我想让你看一下这把钥匙。你看到它了吗？每当你看到这把钥匙的时候，你将会很快很容易地回到你现在所处的这种催眠状态。现在醒来吧，顺着梯子一步一步地往上爬。1，醒来吧；2，3，马上就要到最顶端了；4，5，现在睁开眼睛吧，感觉焕然一新。现在睁开眼睛。你的感觉如何？

在这段唤醒语中提到一把钥匙，就是催眠后暗示，目的是让受术者以后进入催眠状态更容易。

如果不希望受术者记得整个催眠过程，可在叫醒之前下达一个"不记得整个过程"的催眠后暗示。

一般说来，应该使用温柔体贴的方式，让受术者慢慢觉醒，不能简单粗暴，急于求成。

有个别受术者可能陶醉于催眠状态不愿醒过来，也可让他多享受片刻，或干脆让他睡上一两小时。对这种延期觉醒可做如下暗示：

"你想睡觉就安稳地睡吧，睡足之后自然会觉醒。醒来后你一定精力充沛，头脑清醒，心情舒畅。"

若必须醒过来，这时不妨说：

"无论你在催眠状态中感觉多么美好，必须适可而止，切勿流连忘返。"
"你是要按时间付费的，你可以想待多久就待多久。"
"你觉得膀胱越来越胀，想上厕所的感觉变得非常强烈。"

若以上方法不管用，可用两手拇指微微启开受术者的上眼睑，或采用耳旁吹风、刺激鼻孔、摇晃身体、十指颤动双肩等较为强烈的方法唤醒催眠对象。但有些使用这种方法唤醒的受术者会感到疲倦乏力，精神不振或头晕目眩。若出现上述不良反应，可以再度进行催眠，然后给予积极暗示："你觉醒后头脑清醒，精神振奋，感觉很好。"

唤醒后，可让受术者活动一下头颈、腰部和四肢，或喝杯清茶，休息一会儿。

第十三章
催眠的基本技术

··

催眠的基本技术是放松，放松常用方法有以下三种：自律式放松、渐进式放松、冥想式放松。

一、 自律式放松

自律训练发端于德国和加拿大，主要目的是改善自主神经系统（自主神经系统）的机能，获得身心的松弛，从而消除疲劳，增进健康。

对于生活在现代社会，生理上、心理上过度紧张的人，特别是对于患有神经症或心身疾病的人，通过自律训练可松弛身心的紧张，使身心状态静如止水。

目前世界上广为流行的自律式放松训练，都是将自己与外部世界隔绝，将注意力内聚，在深呼吸的同时，将意念专注于躯体各部分的紧、松、冷、热、酸、麻、胀、沉等感觉。这实际上就是催眠常用的操作手法，能增加受术者的卷入程度，很好地诱导其进入催眠状态。德国精神医学专家约翰·派利西·休鲁兹的研究表明，意念专注的肢体或器官产生沉重感和温暖感，是自律训练成功的先决条件（柴田森，1997）。

下面呈现的是自律式放松的一种标准练习方法。

首先找一个安静的房间，摘下眼镜、手表、皮带等物件，以放松的姿势坐好或躺下。然后，闭上眼睛，平心静气，轻松、自然、缓慢、均匀地呼吸。你唯一所使用的是呼吸的肌肉。尽可能地想象，你能感觉到每次空气的流进、流出。让每次的呼吸都一样。你呼吸的方式越轻松，你整个人也就越轻松。随着每次的吐气，你越来越轻松。当你比较放松之后，随着一吸、一呼的韵律，在心中默念表 13-1 中的话各五遍。默念的时候，集中意念，想象你已经拥有了所默念的体验。

表 13-1　自律式放松范例

吸气时念	吐气时念
我的手和脚	越来越沉重
我的手和脚	越来越温暖
我的心跳	平稳又规律
我的呼吸	轻松又自在
我的腹腔	放松又温暖
我的额头	越来越清凉
我的内心	平静又安定

原则上，每天练习三次（早、中、晚各一次），每次连续做三遍。做完睁开双眼，转动转动眼球，做几次深呼吸并伸展双臂，或打打哈欠，伸伸懒腰。

初学者若体验不到沉重感和温暖感，也可将每句重复默念几遍，左右手、左右脚也可单独进行。找到感觉后，再整合起来练习。坚持练习几个月，熟练后便可以在任何场所随心所欲地进行。

除上述标准练习法，还可以针对某种疾病，将意念集中在特定器官上，做特殊练习，但这需要在医师指导下进行，不可盲目从事。

二、渐进式放松

1929 年，美国芝加哥医师雅各布逊（Edmund Jacobson）发展出这套渐进式放松法（Progre-ssive Relaxation），通过全身肌肉循序渐进地紧绷与放松的对比，增进气血循环，让心跳规律，呼吸缓慢，平衡身体系统，提供细胞更多的营养，让身体与心灵得到舒缓与休息。此法既可用于催眠诱导，也可用于催眠深化。常用指导语如下：

（轻音乐响起）

请你慢慢地闭上眼睛，并且调整为最舒服的姿势，让自己放松下来。现在让你自己跟着我的声音和音乐一起进入深层的放松状态里。

深呼吸，吸气，吐气，你可以通过这样的呼吸，让身体更加放松下来。再吸气，吐气，越来越放松了。随着每一次的呼吸，想象放松的感觉，由胸腔扩散到全身各处。放松你的头部，放松你脸部所有的肌肉，放松你的额头、眼部四周的肌肉，放松你的鼻子、脸颊，放松你唇部的肌肉，放松你的舌头，让上下牙齿自然地分开，放松你的下颚，整个下颚放松着，让放松的感觉来到后脑，让头皮完全地放松，放松你的耳朵，让放松的感觉往下，到肩膀。让所有的紧张、不舒服从肩膀消失，让它消失。现在让放松的感觉，从肩膀扩散到你的胸部、手臂、腹部，一直到你的背部。背部放松，臀部放松，大腿、小腿、每一根脚趾头都放松。让你全身的肌肉，完全地放松下来。如果还有一丝没放松的感觉，就让自己再一次地放松下来。感觉你的呼吸，感觉呼吸的脉动与频率，你发现自己的呼吸变得很深、很慢。让你的身体和心理合而为一，现在我会从 10 数到 1，我每往下数一个数字，你就会更加放松，更加舒服、安详。10，9，越来越放松了。8，7，6，进入了更深的放松状态。5，4，3，更加地放松。2，1，完全地放松下来。你已经进入深层的潜能状态，也知道完全放松的美好。只要你还需要，你随时可以回来和我们一起探索潜能状态，体验它的美好。等一下，我会从 1 数到 5。当我数到 5 时，你会完全清醒，精神抖擞，全身舒畅。1，你开始从催眠中清醒过来。2，3，眼睛完全睁开了。4，5，完全清醒，觉得全身舒畅。现在你可以伸个懒腰，让自己清醒过来，轻松地迎接未来的每一天。

三、 冥想式放松

冥想式放松是通过回忆快乐往事或想象美好景色，在脑中浮现出相应的画面，达到放松身心的目的，从而消除疲劳，增进健康。

下面是笔者在针对党政军官员、公务员、企业老板、白领、教师、学生等举办压力应对与情绪管理工作坊时，经常采用的冥想放松指导语。

（轻音乐响起）

请你舒适地坐好，背靠椅子，两手放在膝盖上，闭上眼睛，集中注意听我说，并在脑子里浮现出相应的画面，就能体会到一种美好的感觉。

好，请先做几个深呼吸，用力地深深地吸一口气，吸满，下沉，把腹部膨胀起来，憋住气……再慢慢地吐气，吐长气，要慢、要匀……再用力地深深地吸气，吸进氧气，吸进能量，让氧气和能量随着血液慢慢地渗透到你的全身，你的身体充满了力量……再慢慢地吐气，吐长气，吐出你的烦恼和不快乐。吸气，吸进氧气……吐气，吐出烦恼……吸气——，吐气——，吸气——，吐气——。

下边想象你来到一块大草坪，绿草如茵，草坪厚厚的，软软的。现在你躺在了草坪上，微风拂面，你闻到了泥土和青草的气息，你的周围开满了鲜花，五颜六色，红的，黄的，蓝的，紫的，你闻到了花的香味……花的周围有几只蜜蜂和蝴蝶在轻轻地飞舞，你听到了蜜蜂的嗡嗡声。

你的左侧是一湖秋水，水平如镜，水面非常平静，一点儿波浪都没有，只有几只鸭子和鹅在轻轻地游动，白毛浮绿水，红掌拨清波。……你的右边是一片树林，树木密密的，林间有条小路，曲曲弯弯，非常幽静，非常幽静，你听到了鸟和昆虫的鸣叫声。

你的前方是一条小河，小河流水哗啦啦响，河面上有座小桥，河边有几棵柳树，柳枝下垂，随风摇曳。……你的头上是一片蓝天，蓝蓝的天上白云飘，一大团白云，厚厚的，白白的，像一大团棉花一样。白云在下落，下落，下落，落到你身边。白云缭绕，紧紧地包裹着你，你躺在了白云上面。……你的身体随着白云轻轻向上飘，越飘越高，越飘越高，身体越来越轻，越来越轻。飘啊飘，有一种飘飘欲仙的感觉，高空非常凉爽，非常舒服。

你的身体随着白云飘向远方，越飘越远，越飘越远，飘到了大海边。蓝色的大海，金色的沙滩，阳光，海浪，沙滩。……白云载着你的身体下落，下落，下落，你的身体在下沉，下沉，越来越沉，越来越沉，落到地面。

现在你躺在了沙滩上，沙子细细的，热热的，软软的。太阳照在你身上暖暖的，你感到全身温暖，从头到脚，全身温暖。

海浪呼啸着，高高的浪头，白白的浪花，声音由远而近，啪——，拍到你身上，海水好凉，好咸。海浪没过你的身体，又慢慢退下去，退下去，浪头、浪花消失了，声音越来越远，你再次感到全身温暖，越来越暖。……又一个浪头拍过来，好凉，好咸，海浪又慢慢退下去，退下去，你再次感到全身温暖。

就这样，海浪在一下又一下轻轻地拍打着你，啪——，拍过来，哗——，退下去，拍过来，退下去，你的身体一凉，一暖，一凉，一暖……海浪在一下又一下轻轻地拍打着你，海水冲掉了你所有的烦恼和疲劳，你所有的烦恼和疲劳都被海浪冲刷得干干净净。（停顿几秒）

白云又落在你身边，你的身体又随着白云向上飘，越飘越高，越飘越高，身体越来越轻，越来越轻，飘啊飘，又飘回了我们这里。白云在下落，下落，你的身体在下沉，下沉，越来越沉，落到地面。

现在你重新坐在椅子上，感到非常舒服，非常放松。放松——，全身放松——，头皮放松——，额头放松——，前额放松——，前额放松——，面部、颈部放松——，躯干、四肢放松——，头皮放松——，额头放松——，眉头放松——，前额放松——，眉头放松——，全身放松——，继续放松——，越来越松——，放松——，放松——。现在你感到非常舒服，非常放松。（停顿几秒）

下边我从5倒数到0，随着我的数数，你会越来越清醒。当我数到1的时候，请你睁开眼睛，数到0的时候，你会彻底清醒。醒来后你感到精力旺盛，心情愉快，你的身体越来越好，工作、学习效率越来越高，人际关系越来越和谐，你的睡眠很安稳，很香甜，你对未来充满了信心，你的前途一片光明！好，5，4，3，2，1，0！

第十四章

年龄回溯技术

∙∙∙

年龄回溯是一种典型的催眠体验活动，受术者根据催眠师的指导回到过去某个年代或时间。它要求受术者是那种催眠感受性较高的人。催眠师常常会创设一种适宜的情境，让受术者通过想象回到自己的小时候，讲述某一段童年的故事和经历。回想起早期记忆或者被压抑的记忆，通常能帮助人摆脱情绪障碍，甚至能改变性格，战胜心身疾病。

一、 年龄回溯的操作方法

年龄回溯的方法很多，在受术者进入深度催眠后，可以直接通过语言指令让受术者回到某个年龄，也可以设计一种情境（如假想回看自己的传记、影集或看自己生平的录像带），诱导受术者回到某个年龄或时期，还可以通过隐喻、时光隧道或借助所谓魔法让受术者回到过去。年龄回溯通常是回到某些重大事件，或对受术者有较大影响而难以忘怀的事情上，并不要求回到某个确切日期，也就是先从事件切入，然后再引导到具体时间和细节上去，努力让眼耳鼻舌身五种官能都起作用，栩栩如生地重新体验某个经历，达到预期目标后，返回现在时刻。

若受术者不愿或无法回溯到某个不愉快的创伤事件，可让他以旁观者的身份去观察当时的场景及发生的事情，并做出描述。若受术者在回溯中烦恼不安或产生过分强烈的负面情绪，可让其回到现实中来。

为了帮助读者更好地了解催眠过程中年龄回溯的操作方法，这里引用澳大利亚新南威尔士大学心理学院院长凯文·麦坎基教授提供的几个催眠案例，对其中某些内容（如人名、地点等）做了适当修改，以方便中国读者阅读。

案例 1：一名有些自卑的女大学生

此案例中的受术者很容易受别人影响，催眠感受性很高，能够通过催眠感受性标准化测试中的所有项目。

在受术者闭上眼睛后，催眠师将其引入深度催眠的状态，接下来进行年龄回溯并对她的返童现象做相应的测试。

返童催眠的指导语如下：

催眠师：现在我将带你穿越时空。我想把你带到过去，回到许多年前，你6岁刚上学的时候，还是一个坐在学校教室的小女孩。我一数数，你就在想象中让时间回到过去，回到你是个坐在学校教室的6岁小女孩的时候。我从1数到5，当我数到5的时候，你就刚好回到了那个时候，刚好回到坐在教室的时候，身边有老师和同学。1，不再是现在的1995年，1994年了，2，回到过去，过去两年，三年，3，你越来越年轻，快到那个时候了，还是个小女孩的时候，坐在教室里的6岁小女孩，4，越来越远，几乎快到你6岁的时候了，5，你到了6岁的时候了，坐在教室里，旁边有同学，老师也在教师里，你6岁。

我想要你告诉我周围什么样，我是说你能描述一下那里的场景吗？接下来会发生什么呢？你能告诉我吗？告诉我正在发生什么事情。

受术者：老师不喜欢我。

催眠师：谁是你的老师？

受术者：王老师。

催眠师：你喜欢你的老师吗？

受术者：不喜欢。

催眠师：为什么不喜欢？

受术者：她不喜欢我。

催眠师：你在学校有朋友吗？

受术者：有，就在我旁边。

催眠师：谁坐在你旁边？

受术者：小芳。

催眠师：你喜欢她吗？

受术者：喜欢。

催眠师：你们在做什么？

受术者：在唱歌。我唱得不好，老师说我笨，她不喜欢我，我也不喜欢她。小芳嗓音好，她唱歌非常好听。

催眠师：好的，就坐在那里并且放松，现在放轻松，我将从1数到5，你将穿越时间，你不再是一个6岁的小女孩儿，只要在深度催眠中穿越时间，坐在咨询室的椅子上。

受术者：好。

催眠师：只要放松就好。你为什么不自己数数穿越时间呢？只要举起你的手，1，跟我一起数，2，当你回到现在的时候就举起你的手，放轻松，3，现在从时间里穿越回来，回到1994年，4，当你回到1995年，你来寻求帮助的心理咨询中心的时候，就举起你的手。只要举手示意让我知道你回来了，5，回到这里就好，好了，回到心理咨询中心了。坐在椅子上，深度被催眠，现在回到正常状态。

然后，催眠师按唤醒程序叫醒受术者，并且确认一切都恢复到正常状态。

评论：在这个案例中，催眠师采用的回溯方法是在受术者进入深度催眠后，用直接指令使其回到某个年龄的某个场景。通过此次催眠年龄回溯体验，找到了该大学生自卑的部分原因，为进一步的心理咨询指明了方向。

案例2：一名有攻击性的男大学生

第二个案例是关于一名男大学生的，他在催眠感受性测试中通过了12个项目中的9个。在被深度催眠后，催眠师让受术者回溯到7岁。

回溯的指导语如下：

催眠师：你现在7岁。放学后你和朋友在邻居家玩，每个人都带了玩具，和大家一起玩游戏很有趣。在一个游戏中，你的一个朋友拿了你最喜欢的玩具，你让他还给你，他就是不给你。他拿了你的玩具并且不还给你。于是你就走向他，用力地打了他一下，你打得如此重，以至于他的鼻子都出血了。你故意打他，因为他不把玩具还给你。你向他要，但是他却把玩具抓得更紧了，坚持不还给你。你回家的时候听到有人在跟你妈妈打电话，那是你朋友的妈妈，她好像很生气。你妈妈很纳闷为什么邻居打电话过来，是不是你做了什么坏事儿。你知道邻居是因为你打了她儿子才打电话来的，你很想否认这个事实，尽管确实是你主动打他的，并且把他的鼻子打出血了。但是你选择什么都不说。

通过上述指导，催眠师发现了受术者在冲突情景中的感觉和行为反应。以下逐字逐句地记录了这部分的提问及反馈：

催眠师：你朋友拿走了你的什么玩具？

受术者：一个球。

催眠师：你朋友叫什么名字？

受术者：小刚。

催眠师：他为什么不还给你？

受术者：他想要捉弄我。

催眠师：你妈妈跟你说了什么？

受术者：妈妈说不可以打朋友。

催眠师：你感觉如何？

受术者：谁让他不把球还给我。

催眠师：你爸爸发现这个事情的时候说了什么？

受术者：他没说什么。

催眠师：你觉得在这种情况下你爸爸会怎么做呢？

受术者：我不知道。

催眠师：如果明天你朋友又拿了你的玩具，你会怎样做？

受术者：我会打他。

催眠师：你妈妈会怎么做？

受术者：她可能会扇我一巴掌。

催眠师：好了，请回到现在。

评论： 在这个案例中，催眠师采用的回溯方法是根据受术者的问题设计一种情境诱导其回到童年。通过这次催眠回溯，催眠师发现该大学生的攻击倾向可能与童年时家长特别是母亲的教养方式不当有关。

案例3：一名学习心理咨询的研究生

这个案例的主人公是一名学习心理咨询的29岁研究生，他对催眠的感受性很高。催眠师将他引入了一个相对放松的情境中，通过手臂抬举和暗示（告诉他他正坐在一张魔毯上面，这个魔毯能够让他进入很深很深的催眠状态），加深了他恍惚的状态。在对他进行返童指导之前，催眠师暗示他的手臂和手都承受越来越多的重量。在返童时，受术者回到了5岁的时候。返童之后，催眠师给出指示，让受术者对返童后的感受做出评论。然后受术者被叫醒。

下面是催眠师的返童指导语及受术者的反应：

催眠师：这是一张非常神奇的魔毯，它开始带你穿越时空回到过去。

它正在带你穿越时间，回到高中时代，越来越深入，越来越深入，回到了你上幼儿园的时候，回到了你5岁的时候。你正坐在幼儿园的教室里听老师讲课。回到5岁，坐在教室里听老师讲课。你的老师是谁？

受术者：李老师。

催眠师：很好，那天是星期几？

受术者：一周的最后一天。

催眠师：几月份？

受术者：一月。

催眠师：谁是你的朋友，你在班上最好的朋友？

受术者：小强。

催眠师：你能给我描述一下他吗？告诉我关于他的一些事情，为什么他是你的朋友？

受术者：他很高大，人很好，我们经常一起玩。

催眠师：你喜欢他吗？

受术者：是的。

催眠师：你还想告诉我其他什么事情吗？

受术者：不想。

催眠师：好的。等一会儿我会让你睁开眼睛，纸上有个问题，我想要你尽可能地写下问题的答案。当你睁开眼睛的时候，你像现在一样保持着深度的放松和深度的催眠。我将把画板放到你的腿上，把笔放到你的手上，这样你很舒服。睁开你的眼睛，看看纸上都写了什么。你能为我大声读出上面的问题吗？

受术者：你能写出那个时候你所在的幼儿园的名字吗？

催眠师：你能回答这个问题吗？

受术者：可以。

催眠师：你能写下来吗？

受术者：我能说出来。

催眠师：什么？

受术者：蓝天幼儿园。

催眠师：好的，谢谢。当我拿走画板和笔的时候，请闭上眼睛。现在请保持眼睛是闭着的。好的。你5岁，坐在教室里，你刚刚回答了我的一些问题。这很好，我想让你保持深度催眠的状态，深度放松。你5岁，坐在教室里，非常放松，非常沉醉，就刚刚在你5岁的时候。

催眠师：通常对于那些被催眠的人来说，他们可能基于自己的经验在某方面给出评论，知道他们那个时候的感觉是什么，他们被催眠时的各种感觉和经历是什么。现在你回到了那个教室，还是5岁的时候，并且你被深度催眠了。一会儿我会轻轻敲你的肩膀，当我敲你肩膀的时候，我想让你另外那个能做出评论的部分，告诉我你那个时候的感觉，只要简单地告诉我发生了什么就好。当我再次敲你肩膀的时候，你另外的部分将会走开，你将回到你5岁的时候。因此，当我第一下敲你的时候，你的那部分会告诉我你的感觉和想法，当我再次敲你的时候，你会回到5岁。我接下来要第一次敲你了，向我描述当时的感觉和想法。

受术者：很像我在那个班上，我真的能想起来，回想起我和我朋友王强在一起的感觉。

催眠师：能告诉我更多一点信息吗？感觉怎么样？

受术者：看起来很形象，我或许应该回到那里，那里比较好。

催眠师：你想这样做吗？

受术者：是的。

催眠师：你想让我再次敲你肩膀吗？

受术者：是的。

催眠师：你现在能描述发生了什么吗？

受术者：我们在用纸和胶水造房子。

催眠师：好的。现在待在那里，完全放松，深度催眠。在魔毯上来回地飘荡，回到魔毯上，来回飘荡。魔毯开始把你带回来。你经历了一次非常轻松愉快的旅程。你想象过去一段时间，一段和朋友相处的快乐时光，和你最好的朋友在一起。现在魔毯把你带回现在，长大了，回到你的学校，坐在椅子上，被深度催眠。现在回来吧，就现在回来。不再是5岁了，坐在椅子上被深度催眠。现在是哪一年？

受术者：1995年。

催眠师：好的，现在一切都回归正常了。

评论：在这个案例中，催眠师通过魔毯将受术者带回童年。本案例表明，在年龄回溯过程中，受术者可以从旁观者的立场对返童的感受做出评论。这种催眠意识的复杂性揭示了现实和指导语之间的一种微妙的难以捉摸的融合。

二、 年龄回溯的真实性

（一）年龄回溯真实性的争论

目前，学术界对于受术者在催眠中所回忆的这些故事和经历到底有多少是真实的，有多少是歪曲的，尚存在许多争议。有许多研究文献关注过去的经历和想法是否被准确地回忆了，或者年龄回溯下的表现是否与真实情况相符合。

一个人的记忆究竟是从什么时候开始的？这是个有争议的问题。通常，除了学会的动作和语言之外，人们对四五岁以前发生的事情多半不记得。但某些精通催眠术的医生深信，在潜意识中有出生时的真实记忆，甚至有人认为会有胎儿期的记忆。南多尔·福多尔博士写过一本书，题为《寻找所爱的人》，力图从梦的解释和分析中证实有出生时和胎儿期记忆的存在。人在催眠状态下，有时也能记起出生时的体验，并能说出发生过的细节（如产钳夹头的感觉），但这很难被科学地加以证明。被催眠的人可能仅仅在幻想，也可能记起的是某些成人告诉过他而自己早已经遗忘的事。

莱斯利·勒克龙在《自我催眠术》一书中介绍了他用年龄回溯法治疗的两个病例：

一位是患哮喘病的精神科大夫，进入催眠状态后，催眠师通过手指应答法，了解到其病症与出生时的经历有关，进一步让其回溯到出生时刻，这位精神科大夫开始流露出痛苦的表情，脸涨得通红，窒息、咳嗽、喘气，都快呼吸不上来了。过了一会儿，他深深地呼吸一下，说："医生抓住我的脚跟，把我倒提起来，在我屁股上狠狠打了几下。现在我能呼吸了！"他好像大大轻松了，脸上的红晕开始消退。醒来后，他认为这是真实的记忆，不是幻想，因为任何幻想不可能产生那种情绪反应。

另一位患者是名 40 岁的女医生，常年慢性腹泻，药物治疗无济于事。通过催眠回溯，催眠师发现主要病因是她 18 个月时的一段看病经历。那时她身患严重消化道疾病，大夫说她"再也不会好了"。从那以后她就经常拉肚子。

这里的问题是 18 个月大的孩子如何理解语言，是否能保留记忆？莱斯利·勒克龙的解释是："幼年时潜意识把听到的话仅仅作为声音记录下来，学会语言后就能理解话里的意思，并且执行句中涉及的观点或者暗示。"

勒克龙把上述两位患者在催眠状态下"重新放映"的过去经历，看作潜意识自发揭露出来。但笔者认为，所有这些都可能是父母或其他成人后来讲述给他们的，从而保存在记忆中。

要把年龄回溯和回忆区分开来，我们对于年龄回溯中受术者的经历和故事的真实性是不做严格要求的。在催眠治疗时，我们常常会让来访者去经历一系列的回溯体验。莱克冉(Lecron)指出，在年龄回溯过程中，可能存在对现状的记忆缺失、对过去事件的记忆增强，或者可能是一些心理上的变化。派瑞(Perry)和彻斯霍姆(Chisholm)对极易受人影响、会受人影响和不太会受人影响的三类人进行了相同的年龄回溯测试，发现在反应清晰度上有明显差异。

对年龄回溯通常存在两种误解：有人认为年龄回溯的反应是真实的，也有人认为年龄回溯只不过是一种角色扮演。当研究者对年龄回溯进行检验的时候，发现它既不是完全真实的，因为有时回溯的行为与受术者所回忆的那个年龄阶段，在某些方面是不相符的；另外，它也不是角色扮演，因为扮演这个词本身就意味着作假和欺骗的行为。

在一项研究中，有位学者邀请了一名 19 岁的被试者来做催眠，这个被试者曾经被别人羞辱和欺凌过，而且长达 24 小时都没有意识。当回到过去被欺凌和羞辱的那一天，这位被试者失去了知觉。有人认为这位被试者其实是正在重现过去经历的那件事情，就像它真的又发生了一样。研究者巴波(Barber)认为，人们可能会在很多情况下昏厥，但是从这个案例中可以看出，情感的确在这个过程中起了很大的作用，至少在某种情况下，我们很难去说这种真实的回溯是扮演的。

当一个外行问道："这个人真的是在做年龄回溯吗?"其实他真正想问的是"这个人所思所想真的与他小时候，如 6 岁时所经历的一样吗?"

年龄回溯体验虽然是一种自然而然的现象，但它也有些不符合逻辑的地方。当人们回到过去的某一个时刻时，也许他们想象或描述的事件或故事并未发生。例如，当受术者回到过去的某一个时间点的时候，有可能会拼出一些复杂的单词或说出现在流行的术语，而这在那个年龄阶段是根本不可能办到的事情。又如，催眠师让一位中年男子回溯到 6 岁，并让他唱一首歌，结果他唱了一首自己女儿经常唱的歌，而这首歌在他童年时期是没有的。

　　这种矛盾在学术界被称为逻辑混乱，它被认为是催眠过程中的一个重要特征。这种现象来源于受术者根据催眠师的建议和指导，对觉察到的现实事件的整合，因此我们不必考虑受术者想象或者描述的情节准确不准确的问题。

　　研究发现，催眠师告诉受术者回到过去的时候，受术者觉得用他们小时候所熟悉的语言进行交流更让人愉快。但如果催眠师听不懂受术者的母语，受术者也会用后来学习的外语同催眠师交流。

　　研究者使用智力测验、投射测验、记忆测验（如回忆自己的生日、某件事情发生的地点），以及某些特定的认知测验来研究催眠中的年龄回溯。结果表明年龄回溯不是一种对过去经验和认知过程的加强，他们回忆的行为也是非常与众不同的。例如，他们回忆的行为或经验与他们当时所处的那个年龄阶段是不相符合的，往往超过当年的水平。

　　这种夸大现象似乎已经成了催眠中年龄回溯的一个特征了。例如，萨宾(Sarbin，1950)发现，有一些成年人在他们八九岁的时候曾经做过斯坦福—比内智力测验，当他们回到测试的那一天时，我们可以看到他们的表现与真实的测验分数有差别。证据表明，被试所回忆的分数比实际分数偏高。同样，另外一位学者让被试回到测试的那一天(18个月以前)，发现他们回忆的分数也比原来的分数高。费罗斯(Fellows)和柯瑞默(Creamer)也发现，当让被试回忆他们过去某段时间的绘画测验分数时，他们回忆的分数也都偏高。使用投射性测验的研究揭示了同样一种趋势。例如，欧恩(Orne)1951年发现，在催眠年龄回溯的情况下让被试者做绘画测验，他们的成绩比正常情况下的成绩要高。柯拉斯内科(Crasilneck)和麦克尔(Michael)1957年也得出同样结论：在催眠回溯情境下，被试的表现要优于正常的表现。

　　年龄回溯研究中最富有说服力的一个研究是由考奈尔(Connell)所主持的。他在实验中，让被试者接受一系列的任务测试。这些被试者被分为3个完全不同的年龄水平，并用真实的儿童(4～7岁)作为对照组。结果证实了瑞夫(Reiff)和斯彻尔(Scheerer)的大部分研究，他们认为年龄回溯是对过去经验的一种加强。这个研究发现被试者在艺术测验上比真实的孩子更加孩子气，在另外一些方面他们的得分却比正常的孩子高。例如，他们在拼写单词测验时分数就更高。

(二)年龄回溯中逻辑混乱问题

　　为了更好地理解在年龄回溯过程中受术者反应的真实性及逻辑混乱问

题，下面列举澳大利亚心理学家皮特·W. 史汉（Peter W. Sheehan）所做的一个真实的催眠案例来加以说明。

在受术者进入深度催眠状态后，催眠师开始对受术者进行年龄回溯诱导。下面是催眠师和受术者在催眠返童现象中的会话记录。

催眠师：现在你将要回到过去，回到更小的时候，变成一个孩子，回到 4 岁的时候，比这个更加小一点，回到 2 岁，然后变得更加小一点，回到 1 岁，正好回到 1 岁，现在感觉自己是一个 1 岁的孩子，你叫什么名字？

受术者：（没有反应）

催眠师：你知道你的名字吗？

受术者：嗯。

催眠师：你多大了？

受术者：嗯，1 岁。

催眠师：现在我们开始下一部分，你可以告诉我你在这一时期的经历，如果你有记忆的话，当我把手放在你的肩膀上时，你可以告诉我，如果没有的话，你就不要做任何反应。（催眠师把手放在受术者的肩膀上）

受术者：我和妈妈一起，坐在沙发上。

催眠师：你和你妈妈在一起？

受术者：坐着。

催眠师：只是坐着？在哪个地方呢？

受术者：在卧室。

催眠师：在卧室，那是在哪个城市？

受术者：布里斯班。

催眠师：你们在说什么吗？

受术者：不知道。

催眠师：不知道？你会说英语吗？

受术者：不会。

催眠师：你能听懂英语吗？

受术者：不能。

催眠师：你妈妈会说英语吗？

受术者：不会。

催眠师：你会说什么语言？

受术者：芬兰语。

催眠师：你妈妈也是说芬兰语吗？

受术者：是的。

催眠师：你有什么想对妈妈说的吗？

受术者：没有。

催眠师：那她对你说什么了吗？

受术者：不知道。

催眠师：不知道？好，现在你快快长大回到现在。

评论：观察到这里，有趣的一点是，这个受术者在她的返童现象经历中没有说芬兰语，尽管她强调在幼年时她只能说这种语言，她在行为上出现了明显的逻辑矛盾。在这些逻辑混乱的例子中，我们需要认真考虑那些可能影响逻辑不协调的反应因素。例如，受术者在年龄回溯中的情感参与程度会对其反应有影响，或许显示这个受术者并没有全身心投入她返童现象的经历中。因此，她不说芬兰语而用英语交流，似乎是以一个观察者的视角去面对她返童现象的经历。

在后来催眠师与受术者讨论这个经历时，受术者解释道，在返童现象的经历中，她感觉到"好像她应该说芬兰语"，但是却说了英语，因为她知道催眠师不会说芬兰语，并且她有意识地翻译了她的回复，以便"可以继续和催眠师交流"。也就是说，从受术者的角度考虑，为了保持与催眠师的和谐，她只能说英语，她在催眠过程中那个不合逻辑的行为表现，是为了让她和催眠师都可以保持各自的角色和参与水平。

三、 年龄回溯的理论解释

人们提出了很多关于催眠中的年龄回溯过程的理论解释。有学者认为它是一个恢复早期思维和认知模式的过程，还有学者认为它是过去经验的一种再生，或者是想象力的一种活动形式，或者是让受术者相信催眠师所创设的那个环境的过程。无论我们采用哪一种理论，有一点是很明显的，那就是年龄回溯包括一系列的对觉察到的事实的整合。

概括来说，对年龄回溯有两种主要解释：一种观点认为年龄回溯是过去经验的复活和再现；另一种观点认为年龄回溯是受术者在催眠情况下，被催眠师欺骗了，而不知道真实的事实是怎样的。

（一）复活再现论

复活再现论是指年龄回溯中的受术者根据催眠师的指令，用一种活灵活现的方式重新体验过去的事件或者经历。显然，这种说法认为在年龄回溯中的这些记忆与真实经历是不能分离的，是回到了过去的认知模式中，是儿童时的心理发展过程和经历的总和。例如，第二个案例中的受术者，在催眠后讨论返回到 7 岁时的身体攻击行为时，谈到催眠师给出的指令与他曾经经历过的一次真实的攻击行为是非常相似的。但是这种观点并没有更多证据支持。纳施（Nash）的研究表明，年龄回溯中复活或再现的主要是情感的而不是认知的记忆部分。

（二）欺骗幻觉论

考奈尔（Connell）认为，年龄回溯中的受术者是暂时被欺骗了，因为催眠中的个体实际上非常相信催眠师的指令，这种主观的相信导致短暂性的幻觉，这是催眠的一个主要特征。这种观点得到了一些研究的支持，这些研究指出年龄回溯资料在逻辑上的矛盾，受术者表现出逻辑混乱的错误，足以让人怀疑年龄回溯中行为表现的真实性。但也不能仅仅因这种混乱的逻辑矛盾，就武断地认为所有年龄回溯的经历和故事都是受术者的幻觉和欺骗行为。这种不谐调不一致的结论很可能是观察者的一种推断，而不是受术者的故意欺骗。

从大量年龄回溯的研究中可以归纳出以下几点共识：

①催眠中受术者在返童时的表现和实际情况不一定是一致的。

②受术者在返童中的表现常常比特定的年龄或者是小时候的表现要更优秀。

③受术者在对指导语进行认知加工的过程中是非常个性化的，他们理解指导语的方式在决定对年龄回溯做出什么反应时是一个重要的因素。

④年龄回溯更像是一个主动建构的过程，而不仅仅是被试按照催眠师的要求来做。

再现论和幻觉论这两种关于催眠回溯的理论解释，都没有充分认识到上述事实，因此都存在一定的片面性。

理论界对年龄回溯的争议也和前世回溯一样永远不会停止。一些持批评态度的学者认为，这两种回溯都是催眠师"创造出来的记忆"（created memory）。笔者认为，前世回溯和年龄回溯的真实性问题及其理论解释并不重要，重要的是这些方法是否有效。只要对治疗有帮助，我们何必拘泥于其真实性和理论解释的合理性呢？

第十五章
团体催眠技术

催眠治疗通常都是一对一的个体行为，但有时为提高效率，也可以实施团体催眠，这既是客观需要的，又是切实可行的。

一、 团体催眠的作用与局限

(一)团体催眠的作用

团体催眠亦称集体催眠，由梅斯迈在采用动物磁气疗法时首创。现代的团体催眠主要用于两种情况。

一是将团体催眠作为演示方法训练培养催眠师，可使受训者通过亲身体验更好地掌握催眠技术。由于催眠后每个人的反应和所报告的感受多种多样，各不相同，因而不但可以让学习者更好地了解催眠是如何进行以及如何被有效利用的，还能让学习者了解催眠中可能出现的情况和问题。

二是对背景(如年龄、性别、学历、职业等)相近并具有同类问题(如婚姻问题、职业倦怠、考试焦虑问题等)的来访者，采用团体催眠治疗可提高效率，不但节省时间和金钱，而且可通过术后交流彼此感受，相互影响，相互促进。交流体验是团体催眠的重要环节，也是其发挥治疗功能的因素之一。

(二)团体催眠的局限

团体催眠的主要缺点是针对性不够强。

由于团体催眠在团体诱导中只能照顾大多数，忽略了受术者反应的个别差异，对某些人而言，可能催眠的深度和质量都不及个体催眠。

团体催眠中的心理干预更不能做到有的放矢，一把钥匙开一把锁，团体催眠的干预效果通常会低于个体催眠。

二、 团体催眠的方法

催眠的团体诱导和个体诱导的基本程序、原则和策略（如合作、联想、分离等）是相同的，但在具体操作过程中要适当有所调整。

（一）团体催眠的程序

通常可先用十几分钟与受术群体交谈催眠的本质，澄清误解，打消顾虑，让大家认识到催眠只不过是一种舒适的体验，是对自我的一种安全探索；在催眠过程中，不会让任何人产生不愉快的感受或经历痛苦的体验，也不会做任何可能让人泄露隐私或感到窘迫的事情。还要让受术者知道，每个人在催眠中的反应和发展速率可能各不相同，因此不要去注意和比较别人的表现，在催眠过程中，只要专注于个人自然发生的一切就够了，而无须努力寻求奇特的体验和戏剧化的表现。

余萍客在做团体催眠时，将感受性相近的一组人分两排背向而坐，两边桌子中央安放一个有光的物件，如电灯、电镜或水晶球，同时播放单调音乐，让受术者专心注视和倾听，如感到眼倦，便可闭目。然后说："各位都入眠了，心中很安静，专心听我说话。"不久各个受术者便闭目垂头，弯靠在椅子上。如果有个别受术者没有入眠，可用手电筒照射他的眼睛，强迫其闭眼。

目前，较为简单而又常用的团体催眠方法是：让受术者坐成一排或两排，保持安静，催眠师站在前面讲一两个催眠成功的故事。稍停片刻，从1数到10，让大家立刻闭上眼睛，不要想任何事情，接着暗示说："大家的眼睛都睁不开了，都进入催眠状态了。"

根据艾瑞克森学派的经验，团体催眠诱导一般都比较简短，通常可按以下程序进行：

①做5分钟的放松和内在专注训练。

②通过5分钟的一般陈述或隐喻故事来激发内在探索过程。

③用5分钟重现愉快记忆。

④给予5分钟的自我欣赏暗示。

⑤可再用5~10分钟的时间交流催眠感受和体验。

一次团体催眠大约需要1小时。

(二)团体催眠诱导举例

团体催眠诱导通常采用包容性较强的语言。下面是斯蒂芬·吉利根（Stephen Gilligan）所著《艾瑞克森催眠治疗理论》一书中对年龄退行（回溯）团体诱导语的示例：

> 了解到你在童年时期拥有那么多不同的体验是多么美妙啊……从你还是一个婴儿，到成为小男孩或小姑娘，再一路长大成为青少年……催眠是非常安全的，你可以让无意识与你共享那些快乐的、久已忘却的记忆……所以我想知道，而你也会想知道，因为我们都不知道是哪些久已忘却的记忆会被唤醒，也许是一段在家的体验，也许是在操场上，也许是在教室里……我不知道，你也不知道，但你的无意识会为你带来惊喜……也许刚开始是一段体验，也许是两段体验，也可能一段也没有……也许你会先看到它，或感受到它，或听到它，或者甚至是先闻到它，在体验的所有其他方面都重现之前……你可以让无意识以适合你的节律和步调，来一步步走下去。

(三)如何克服团体催眠的局限性

为了弥补团体催眠的不足，通常采用以下几种策略。

首先，先做催眠感受性测试，然后根据感受性高低分组，对感受性低的组加大诱导力度。

其次，尽可能使用更具概括性和包容性的话语，确保在预示的催眠反应中尽量包括所有的可能性。在上面一段团体催眠诱导语中就试图包括尽可能多的场景（家庭、操场、教室等），并调动多种感官（视觉、听觉、动觉、嗅觉等）的参与，以适应受术者的个别差异。

再次，在诱导过程中观察全体受术者的反应，先对多数人的反应进行跟随和引导，对进入催眠状态中的受术者给予愉快体验的概括性暗示；再对少数难以进入催眠状态的受术者采用分离技术（具体方法见第十八章）。

最后，对在团体催眠中效果不好的受术者，采用特殊诱导技术进行个别催眠治疗。

这里需要特别指出的是，正如不同的个体有不同的催眠反应一样，不同的团体也会对催眠有不同的反应。每个团体都有自己的"个性"特点，有自身的特别关注，有特定的交流方式和交流速率。催眠师的主要任务和职责就是对特定团体的进程保持敏感，并做出相应的诱导和适当的回应。

第十六章
自我催眠技术

所有催眠术起作用，说穿了都是受术者接受了催眠师给予的暗示，并将其变成了自我催眠。甚至可以说，催眠在本质上都是自我催眠。

由他人诱导进入催眠状态时，显意识沉落比较深，只留存一部分专门聆听催眠师发布指令。自我催眠时，显意识需要保留更多觉醒，除发布指令外，还得检验潜意识的执行情况，并根据其反应施行下一步，因此较难进入深度催眠状态。

尽管有上述局限，但为了巩固催眠干预的效果，也为了节省金钱和时间，受术者还是有必要学习自我催眠的方法和技术的。

一、 自我催眠的程序

自我催眠的通用程序大致如下：

①设定目标：确定自我催眠要解决的问题。

②安适入静：或坐或卧，通过深呼吸使身体舒适，大脑入静。

③集中注意：注视某一物体或倾听单调声音，然后轻闭双眼，默数呼吸或意守丹田。

④积极暗示：重复激励自己或解决问题、消除症状的话，重要的事情讲三遍。

⑤唤醒自己：到了事先规定的时间唤醒自己，或过渡到正常睡眠。

为了增强自我催眠的效果，应选一不受干扰且隔音的私密房间，拉上窗帘或关上灯，将一根蜡烛点燃放在一张较高的桌子上。事前排空大小便，不过饥过饱，勿抽烟喝酒，勿喝咖啡和茶，忌穿紧身衣裤，摘下领带、腰带、手表、眼镜等物件，舒服地坐在桌前椅子上或躺在床上。

最常用而又简单的做法是：

全身放松，嘴巴微张，集中注意力凝视闪烁的蜡烛火焰或墙上一个黑点，眼睛不要张得太大，眼球不要转动。内心独白："我的眼皮越来越重，越来越重，很快就合上了，我会马上进入催眠状态。"直到双眼疲惫朦胧，视线模糊闭上眼睛。然后采用连续深呼吸、逐步放松肌肉或想象自动电梯下楼等方法排除杂念、自我催眠。倘若伴有轻柔的催眠音乐，则效果会更好。

进入催眠状态后，再针对要解决的问题或疾病反复给予积极心理暗示，重要的话可多讲几遍。

到了预定时间，可以默默告诉自己："现在我要醒了。1，开始醒过来；2，差不多醒了；3，清醒了，完全醒来了。"倘若在催眠状态中发生任何紧急事件或意外情况，会自然觉醒过来。

对于有失眠症的人可暗示自己从催眠状态进入自然睡眠："我觉得越来越困，越来越困。过不了一会儿我就睡着了，整个夜晚我都睡得很熟、很香，醒来后会神清气爽，精力旺盛。"

自我催眠的方法很多，对于初学者也可采用录音诱导。例如，每隔5秒重复一次"我全身放松了"，播放3~4分钟；再每隔5秒重复一次"我的心情非常宁静"，播放3~4分钟；再每隔5秒重复一次"我进入催眠状态了"，播放3~4分钟。稍停片刻后，再倾听根据要解决的问题录制的暗示语句，每隔5秒一次，反复重复。最后唤醒自己。

自我催眠的方法也需要反复练习，才会有熟能生巧的效果，从而真正掌握。通常以每天练习2~3次，每次10~15分钟为宜。

台湾催眠师张芝华女士在编写的《催眠入门实务研习》讲义中，列出了自我催眠的几个步骤，全文摘抄在下面（文字略有改动）。

(一)自我催眠第一步骤（睡前法）

先将自我催眠的目标（暗示语）想好，在睡觉前（躺着）做自我引导。自我暗示语要做完10次后才能睡觉，为避免睡着，以屈手指头来计算自己做了几次。此方法每天练习，持续一个星期。

引导词：

深呼吸3次……吸气……吐气……吸气……吐气……吸气……吐气……
注意吸气数4……闭气数4……吐气数8……
我会一天比一天更有自信（屈起一根手指头）……
再循环第二次。
注意吸气数4……闭气数4……吐气数8……（进入α波）
我会一天比一天更有自信（再屈起一根手指）……

再循环第二次。

注意吸气数 4……闭气数 4……吐气数 8……（进入 α 波）

（自我暗示完 10 次后，即可放松睡觉……）

(二)自我催眠第二步骤（自我引导练习）

接续之前所学的睡前法，再加上以下自我引导步骤练习。

此步骤是要让自己熟悉催眠状态，练习到让自己可以很快就进入催眠状态。

每天练习两次，一次上午或下午，一次晚上。自我催眠引导 2～3 分钟，之后唤醒自己。引导方式如下：

坐在舒适有靠背的椅子上。

集中注意力在前方比眼睛位置略高的一点上。

缓慢地做三次深呼吸，当你第三次吸入时，闭气 3 秒钟，同时数 3……2……1。

闭上眼睛，吐气，放松，给自己一个意念进入很深的放松状态。

让自己持续在此状态中 2～3 分钟，同时慢慢地从 20 倒数到 1。

（当你在数数字的时候，想象在你脑中看见数字在白板上或计算机屏幕上逐一显示。）

要唤醒自己时，只要从 1 数到 3，睁开眼睛完全清醒，让自己感觉神清气爽、头脑清晰，而且精力充沛地继续你的作息。

做这练习一天两次，连续 7 天之后，你便可以开始加进对自己有益的暗示。

(三)自我催眠第三步骤（卡片法）

当你完成了自我催眠的第一步及第二步练习后，开始练习自我催眠第三步骤。

此步骤必须准备一小张空白卡片，这张卡片要方便随身携带。将你要给自己的暗示（建议）写在这张卡片上。你的暗示必须是正面的、简单的、可信的、可测量的，而且是要让你有获益的，且必须用现在式的语气述说你的暗示内容。

接着，找个舒服的姿势坐下。将焦点注视在你前方比眼睛略高的一个点上。把卡片拿到你的视线高度，看着卡片念三次你自己所写的暗示语。之后，将卡片放下。做一次深呼吸。再做第二次吸气，呼气。再做第三次吸气，呼气。闭上眼睛，从 3 数到 1，吐气，将全身完全放松，进入催眠状态。

将所写的暗示语在潜意识中不断地重复，同时可视化想象你已完全实现暗示语的内容。当你在内心不断重复你的暗示语时，会发现暗示语句变得支离破碎，这表示你已进入较深的催眠状态，是很好的现象，你的暗示语还是会有效地进入你的潜意识里。

过了 2～3 分钟，你会觉得应该停止了（此生理时间控制，是在自我催眠第二步骤时养成的习惯）。这时在内心数 1，2，3，当数到 3 时睁开眼睛，你觉得放松且精力充沛。

二、艾瑞克森自我催眠法

在实施贝蒂·艾瑞克森（Betty Erickson）自我催眠法之前，首先制订一个简单的自我催眠计划，包括采用何种姿势，需要多长时间，达到何种目标，醒后处于何种状态以及具体催眠步骤等几个方面，然后选择适当的时间、地点按步骤执行。

（一）姿　势

找个位子坐着或躺着，先深呼吸几次，放松全身。

（二）时　间

告诉自己"我要花_____分钟来做这次自我催眠。"

（三）目　标

告诉自己"我这次自我催眠的目的是要让自己_____。在自我催眠中，我的潜意识会很自然地且不费力地就接受这些指令。"

（四）唤醒时的状态

告诉自己"当我完成了整个程序时，我会感觉到_____。"
执行步骤：

首先，（睁着眼睛）将注意依序放在三种物体、三种声音、三种身体的感觉上面。接着，注意看两种物体、听两种声音、体会两种感觉。再接着，注意一种物体、一种声音、一种感觉。

其次，（闭上眼睛）依序注意三种内在想象的物体、三种内在的声音、三种内在的身体感觉。接着，注意两种内在物体、两种内在声音、两种内在感觉。再接着，注意一种内在物体、一种内在声音、一种内在感觉。

再次，从目标开始重复，任由你的潜意识做主，直到觉得够了时，就睁开眼睛。

最后，观察一下时间，是否与你预期的一样；睁开眼睛后的感觉，是否和预期的状态一样。

三、 "成功树"自我催眠法

在国外流行一种被称作"成功树"的自我催眠法，对于经常因为担心失败而精神紧张焦虑的人提升自信、稳定情绪、唤醒内在潜能、增强生命活力非常有效。

大树是情绪稳定的象征，想象自己是棵大树之后，就很容易进入潜意识阶段，开放心胸，接受外界信息，这时一个心锚（正向引导的指令），就能产生安定情绪的作用。如果是催眠师带领做此练习，可先在受术者清醒状态时安装一个自信的心锚，让其在潜意识状态时启动。

关于"心锚"的概念在第十八章将做进一步介绍。心锚的设定方法有很多。例如，指令为"只要用力按大拇指，我就不会觉得紧张焦虑"，将这个心锚烙印留在潜意识里，每当自己觉得情绪焦躁不安，无法静下心来工作或学习时，就用力往大拇指一捏，潜意识的指令便马上被唤起，达到消除焦虑、稳定情绪的效果。

"成功树"自我催眠法的具体做法如下：

想象自己站在天地之间，是一棵小树苗……双脚变成树根，稳稳地扎根于大地的土壤中……身体变成树干，手臂变成树枝迎风摇摆……头顶变成树叶……让自己深深地扎根在大地的土壤中……注意自己的呼吸……通过鼻子深深地吸气……并且从嘴里缓缓地呼气。继续这样的吸气与呼气几次……继续观想及深呼吸，想象在自己内在种下了成功的种子，在小树苗成长的过程中，每天都接受阳光、空气和雨露的滋养。观想自己如何从一棵小树苗长成一棵强壮的大树，一棵任谁都推不倒的参天大树。感觉阳光照在大树的枝叶上，非常温暖，树根吸收来自大地的养分，有一股自信的力量，源源不绝从树根到树干，再一路到树枝、树叶。继续看着大树茁壮成长，长出成功的果实，看着自己这棵大树任凭再大的狂风暴雨都击不倒，看着它慢慢枝叶繁茂，开花结果。在心中跟自己说："再大的风吹雨打都击不倒我！我一定能顺利过关！我一定能成功！"连续三遍。同时手按在自己设立的一个心锚上。反复说"我是一棵大树，一棵任谁都推不倒的大树！一棵天地间最坚强茁壮的大树！我是一棵大树，一棵任谁都推不倒的大树！一棵天地间最坚强茁壮的大树！我是一棵大树，一棵任谁都推不倒的大树！一棵天地间最坚强茁壮的大树！"然后深呼吸 …… 伸直手臂往上，吸气……弯下腰呼气……感觉神清气爽，精力充沛！成功的种子就从你的内在播种开始，好好培养它！

"成功树"自我催眠做一遍只需用大约 10 分钟，每天至少做一次，便可收到意想不到的效果。

四、 瑜伽深呼吸自我催眠法

在印度瑜伽术中有多种腹式呼吸法的变式，用于放松或自我催眠，这里介绍其中两种。

(一)四八四呼吸法

在莱斯利·勒克龙《自我催眠术》中对此方法有简要介绍，具体做法如下(笔者对文字有少许改动)：

坐好，放松，身体笔直，抬头挺胸，双肩后收，左臂置于身边或放在大腿上，平时惯用左手者，就让右臂这样做。另一只手抬到脸部的高度，四指并拢，大拇指伸开，按住右鼻孔，让左鼻孔吸气，尽量吸足，大约需要 4 秒。可以慢慢地从 1001 数到 1004。然后屏住呼吸，从 1004 数到 1008。这样做的同时把按住鼻子右侧的拇指移开，用食指按紧左鼻孔，从右鼻孔慢慢呼气，用同样方法数到 1004 以后，保证肺部的气全部呼出。继续按紧左鼻孔，让右鼻孔吸气，从 1001 数到 1004，再按紧右鼻孔，放松左鼻孔，屏住呼吸从 1004 数到 1008，再左鼻孔呼气，从 1001 数到 1004。这样，一遍就完成了。

这套呼吸操最初每次必须做 4 遍，早上起床 1 次，晚上睡前 1 次。熟练以后，每次可以增加到 6 遍，再进一步可试着做 8 遍。不过，觉得有些头晕眼花的话，应把次数减下来。

(二)六三六三呼吸法

在黄大一先生的《催眠大师 150 招》中对此方法有简要介绍，具体做法如下：

在从 1 数到 6 的过程中，深深地吸气，由胸腔到腹腔，让腹部膨胀起来，再憋着气由 1 数到 3，然后在从 6 数到 1 的过程中，把气慢慢吐出去，接着从 1 数到 3。休息片刻，再开始一轮六三六三呼吸。开始的时候，可用两个鼻孔吸气和吐气，随后可练习一个鼻孔吸气，另一鼻孔吐气，再进一步练习左右两个鼻孔交替吸气和吐气。

在呼吸时，数数的频率要以自己的脉搏为准。开始可用手指按另一手臂的脉搏，依脉搏速率数数，待熟悉其速率后，便不必按脉搏了。

每次从 6 数到 1，吐气的时候，告诉自己完全放松下来。通常做完几次六三六三深呼吸之后，就会进入催眠状态。

自我催眠完毕，继续做深呼吸，吐出体内浊气。心中默念："我要觉醒了，醒来之后，我会精神舒畅，精力充沛。"吸气时不必暗示，呼气时先默念"觉醒"，后默念"睁开眼睛"。睁开双眼后，继续暗示："我很舒服，精神舒畅，精力充沛。"

五、 增强自我暗示效能的原则

自我催眠的主要手段是自我暗示。在做自我催眠前，要根据需要拟定暗示指令，反复推敲并读熟记牢。

暗示指令有两种：一种是催眠暗示，即诱导自己进入催眠状态的语句；另一种是主题暗示，即用于解决问题或改善症状的语句。

为了提高自我暗示的效能，使用暗示指令必须遵循以下原则。

（一）欲望强烈

所希望达成的结果背后存在强烈的动机，即有明确的暗示目的。

（二）正面积极

积极良性暗示起促进、加强的作用；消极恶性暗示起破坏、减弱的作用。

应尽量专注于你想要的，避免提出不想要的。例如，"我睡得很好"。避免使用"我不要失眠。"

（三）现在时态

例如，"我睡得很好。"避免使用"我将会睡得很好。"

（四）设定时限

例如，设定结果在一周内出现。

（五）要求行动

例如，"我睡得很好。"避免使用"我可以睡得很好。"

（六）清楚具体

例如，"我熟睡八小时。"避免使用"我熟睡很长时间。"

（七）简单精准

尽可能使用简单词语和精准的语言。

（八）中心明确

每次围绕一个中心，不要做多方面的与中心无关的暗示。

（九）由易到难

先从容易解决的问题开始，一个问题解决了，再进行下一个。

（十）饱含激情

要充满自信，并富强烈感情色彩。因为是说给自己听的，纵然夸大其词也无妨。

(十一)不断重复

就像广告一样重复，再重复，重复多了就会相信，就会进入潜意识。

自我暗示可用来增强自信，消除不良情绪。据媒体报道，苏联宇航员将自我暗示作为克服太空飞行焦虑的手段；巴西足球运动员利用自我暗示消除紧张、清醒头脑。

自我催眠不但有助于克服失眠，还可用于开发潜能、戒除恶习和许多躯体疾病的治疗。例如，对于头痛，可在催眠状态中把心念集中在疼痛部位，反复给予头部轻松不再疼痛的暗示；对于消化不良，可将意念集中在肠胃部，给予肠胃舒适、消化力增强的暗示。

自我催眠治疗的前提是掌握自我催眠的方法，对催眠效果深信不疑。受术者通常可先经医生催眠治疗并初见成效，再实施自我催眠巩固疗效。

不会自我催眠的人，可在每晚临入睡和清晨醒来时，自己针对病症给予痊愈的暗示，长期坚持亦可见效。因为将睡和刚醒那一刻与催眠状态十分相似，此时给予暗示也会收到一定的效果。

第十七章
艾瑞克森的催眠治疗理论

••

　　艾瑞克森被公认为是现代催眠治疗之父，他的催眠治疗理论和方法广为流传，影响深远，有必要分列两章，详加介绍。本章首先介绍艾瑞克森的催眠治疗理论。

一、 艾瑞克森催眠学派的产生

（一）独裁派的没落

　　早期的催眠师，如梅斯迈、伯恩黑姆、夏柯、弗洛伊德等都是独裁派的代表，他们都认为催眠发生在不对称的关系中，催眠是具有强大心理能量和特殊心理能力的催眠师摆布一个被动的受术者的过程，即能力超凡、威力无比的催眠师可通过暗示对受术者实施意念控制，"强迫"受术者做出各种在清醒状态不愿意或无法做到的行为。

　　独裁派夸大催眠师的作用，而不考虑每个受术者对催眠的知识经验、动机信念和感受能力等特点，似乎催眠主要靠催眠师的法力，只要其神通足够大，就可以摆平任何受术者，在其头脑中植入任何意念和暗示，从而使其心理和行为发生改变。

　　独裁派的理论很受舞台催眠大师和影视作家的青睐，经过他们的大肆渲染和广泛传播，催眠术越来越神秘化，这加深了人们对催眠的误解。

　　大量临床案例表明，催眠师的权威性是催眠成功的重要因素，但催眠师过于强势，不利于将催眠中取得的效果迁移到普通的日常生活中。何况催眠师的威力是有限的，同一位催眠师不是在所有受术者身上都能取得同样的催眠效果。有个别到处走穴的舞台催眠大师，在表演时被故意搅局的受术者捉弄，当众出丑的场面时有发生，这又使人们对催眠的科学性产生了极大怀疑，最终使独裁派走向了穷途末路。

　　也有人将独裁派的催眠法称作"权威式催眠"（authoritative hypnosis），后来的代表人物是乔治·艾斯塔布鲁克斯（George Estabrukes），他依然强调催眠师的权威作用。

彻底丢弃独裁派理论的是以实验心理学家为主的标准派，他们通过实验室的标准化研究，发现了受术者对催眠感受性的重要作用，从而促进了催眠在科学化、标准化道路上的飞速发展。

（二）标准派的局限

标准派的代表人物主要是一些实验心理学家，如希尔加德和霍尔等。为了使催眠术能跻身于科学之林从而合法化，他们将催眠置于实验室的严格检验之下，采用实验心理学的标准化程序研究催眠。他们不强调催眠师的作用，而强调受术者的易感性对催眠成功和失败的影响。

大量实验研究表明，对催眠的感受性是个体的稳定特质，即一些人容易被催眠，另一些人很难被催眠，催眠效果与催眠师法力关系不大。

标准派将催眠的研究重点放在了受术者的行为上，为此努力在实验方法上控制所有其他因素。他们将主要精力投放在开发标准化催眠感受性量表和编制标准化催眠诱导语上，甚至将诱导语录制在唱片和磁带上，以便降低对催眠施术者的要求，从而控制了催眠师变量的影响。

研究发现，只有大约 15％的受术者对催眠的标准化诱导语表现出了很高的感受性，65％的受术者属于中等感受性，另外 20％的受术者对催眠感受性很低或根本不具备感受性。

标准派使催眠研究可以被重复，可以被验证，可以对催眠感受性和催眠深度加以测量，从而使催眠研究的科学性大大加强。但标准派的理论和方法也有其局限，从而影响了催眠术在科学化道路上的进一步发展。

首先，标准派认为催眠术的成败主要取决于受术者的感受性，否定催眠师的重要作用，显然有失偏颇。无论如何，催眠师的能力水平和人格魅力也是影响催眠效果的重要因素。

其次，标准化的催眠感受性测试经过长期临床和实验室检验，虽然表现出一定的可信性和有效性，但在某种程度上还是存在内容取样的代表性问题，所测试的项目未必能涵盖催眠感受性涉及的所有方面。

再次，催眠感受性并不是完全不变的，人们对催眠的态度、动机、预期以及催眠训练、环境、药物等都可能影响受术者对催眠的感受性。大多数催眠的阻抗者或不易感者，通过动机激发和特殊训练是可以进入催眠状态的。当然，进入催眠状态的快慢和深度还是会受催眠感受性的影响。

最后，标准化的催眠诱导语未必适用于所有受术者，因为每个人对不同感觉通道（如视觉、听觉、体觉等）刺激的感受性是不同的，每个人对催眠的体验都是独特的，进入催眠的速度和深度也不可能相同。催眠师的任务就是为每位受术者提供最有效的诱导方法，而严格遵循标准化的程序，恰恰会妨碍催眠师灵活采取适合每位受术者特点的诱导和干预方法。

（三）合作派的崛起

针对独裁派的弊端和标准派的局限，合作派应运而生。合作派又称和谐（rapport）派，强调催眠师与受术者相互信任的和谐关系的重要性。

艾瑞克森既是合作理论的主要创立者，又是合作派的领军者，他经过近60年的潜心研究和临床实践，发展出一套独特的合作治疗的理论和方法。

在艾瑞克森学派看来，催眠术实际上是通过催眠师与受术者的互动，使受术者在专注体验中出现一种改变的意识状态，从而在没有意识干扰的情况下自发地与催眠师进行沟通。

艾瑞克森认为，治疗师是通过与来访者合作来解决问题的。催眠诱导的主要目的就是取得病人合作，以便进行更有效的沟通。

以艾瑞克森为首的合作派治疗师认为，催眠治疗效果实际上同受术者的内部动机和兴趣、治疗师的灵活性和敏感性，以及治疗师和受术者之间的和谐程度有关。

在合作催眠的治疗模式中，受术者的自我表达是构建治疗性催眠状态的基础。催眠师先是跟随，然后再对受术者正在发生的行为加以引导（先跟后带）。这里需要的是适应性的而不是标准化的指导，进入催眠状态的途径总是独特的，是以催眠师和受术者独特的表达为基础的。也就是说，催眠状态是催眠师和受术者密切合作、相互作用的结果。至于这种相互作用如何进行，稍后将详加讨论。

（四）艾瑞克森学派与传统催眠学派的区别

与传统的强调催眠师威力的独裁派理论和强调受术者对催眠感受性的标准派理论不同，艾瑞克森的催眠理论强调催眠师与受术者间的合作关系和交互作用。

上述三个派别的区别表现在许多方面：

独裁派大多活跃在娱乐场所的舞台上，催眠师采用直接甚至有些专横的指令，只用很短时间便可让受术者表现出不寻常的或者怪异的行为，目的在于娱乐和误导观众。

标准派主要的工作在心理实验室，催眠师通过标准化测试了解受术者的催眠感受性，采用标准化的诱导语引出有关行为，目的在于研究某些具体的催眠现象。

合作派通常从事临床治疗工作，催眠师采用适应每位受术者的灵活诱导模式，通过"随意式催眠"让受术者在安全的人际情境下产生亲密的内心体验，目的在于创造改变的机会。

在面对受术者未能进入催眠状态时，三个派别会做出完全不同的解释。独裁派催眠师会指责受术者"阻抗"；标准派催眠师会认为受术者对催眠缺乏易感性；而合作派催眠师会积极寻找一种更有效的交流策略和诱导方法。

三种派别孰优孰劣，通过以上对比便可一目了然。

二、 艾瑞克森催眠治疗的基本假设

斯蒂芬·吉利根在《艾瑞克森催眠治疗理论》(*Therapeutic Trances——The Cooperation Principle in Ericksonian Hypnotherapy*)一书中，介绍了艾瑞克森合作催眠治疗的理论基础，包含以下八种基本假设(笔者根据自己的理解对原文做了概括和删减)：

(一)每个人都具有独特性

这一理念的产生可能与艾瑞克森自身的独特经历和体验有关，他从小色盲、五音不全、有阅读障碍，并两次因小儿麻痹瘫痪。艾瑞克森把这些缺陷看作自己的独特之处，尝试着去欣赏这些特点，从而学会了接纳自我、享受生命。他将这一理念运用于临床治疗，让受术者将自己的境况作为自我发展的基础。

艾瑞克森在 1952 年曾明确指出：

催眠工作的首要问题是引发满意的催眠状态……如何可靠地获得不同受术者之间可比较的催眠状态，以及同一受术者不同时间点上相似的催眠状态，构成了一个核心问题。

上述困难源于这样一个事实，即催眠依赖于人际关系和个人内心关系。随着催眠的每一步深入，个体的个性化反应也会有不同。与之相一致的是，人际关系和内心关系具有易变性和不稳定性。另外，每个人的个性都是独一无二的，其自发的行为反应模式必然随着时间、情境、目的以及所涉及个性之间关系的不同而变化。

　　从统计意义上来说，可以获得催眠性行为的某个均值，但是这一均值并不能代表任何一个受术者的表现。因此，这些均值不可以用来评估个体表现，也不可以用来评估具体的催眠现象。

　　（转引自：斯蒂芬·吉利根. 艾瑞克森催眠治疗理论. 王峻，谭洪岗，吴薇莉，译. 北京：世界图书出版公司，2007.）

　　鉴于对催眠感受性的标准化测试大多以统计均值作为解释依据，艾瑞克森反复强调，治疗性交流既不应该以理论概括为基础，也不应该以统计概率为基础，而应该以受术者当下自我表达的实际模式为依据（如理念、行为、动机、症状等）。因为受术者的表达是现实的个性化模式，所以治疗应该在接纳并利用这些模式的基础上进行。

（二）催眠是一个交流意念的体验过程

　　每个人都会随时随地产生各种各样的意念（idea）。意念有多种存在形式和多种表现形态，可以是一种感觉、一种知觉、一种意象，也可以是一种认知或一种信念。

　　合作治疗派催眠师的任务，就是识别并利用这些多种多样的意念，并将其作为催眠发展的基础。治疗师的工作就是通过言语和非言语的诱导，即通过有效的催眠暗示或意念，吸引受术者的注意，激活其自我认同的想法或意念，使受术者在体验中学习成长，从而达到治疗目的。

　　在强调催眠就是意念交流时，哈特兰德曾做如下精辟阐述：

　　引发催眠状态及其现象，归根结底就是交流意念并引导出受术者一系列的想法和联想，最终引起行为反应。甚至在催眠师对受术者做些什么，或者告诉他做什么以及如何去做时所产生的催眠状态，仍然是意念、联想、心理过程，以及受术者心中已有的、只是由此被唤醒的内在理解的结果。催眠领域里有太多的治疗师将他们自己的行为、意图和欲望看成是有效的力量，并且不加批判地相信，正是他们，诱导或者引发出受术者的特别反应。他们未能意识到他们的所说或所做只是一种手段，用来刺激和唤醒受术者内在的、过去的知识和理解，这些理解有一部分是处于意识层面的，而有些则是无意识获得的……催眠师所做的每一分努力都应该引导受术者的注意力去触及他的内在身体感觉、记忆、情绪、想法、感受、意念、过去习得的知识和经验。以这种方式组织起来的良好催眠技术即便在看似不利的情形下也能收到显著的效果。

（转引自：斯蒂芬·吉利根. 艾瑞克森催眠治疗理论. 王峻，谭洪岗，吴薇莉，译. 北京：世界图书出版公司，2007.）

（三）每个人都有丰富的资源

艾瑞克森催眠学派认为，每个人所拥有的潜能和资源远远超出他们所能意识到的数量。遗憾的是，人们的潜能并未得到充分开发，自身的资源并未得到有效利用。

合作派的催眠治疗师通常不会给受术者强加任何东西，而是努力帮助受术者学会发现并利用自己所拥有的技能和资源。这些资源的开发利用不是通过催眠师的概念性阐述和受术者的概念性理解实现的，而是通过受术者自己体验性的探索来实现的。

一个人过去习得的知识经验，无论是好的还是坏的，无论它们表现为资源还是缺陷，都应该被作为长远学习和发展的基础而加以利用。吃一堑长一智，就连失败也可以看作个人的重要资源。"没有失败，只有反馈"，是艾瑞克森学派的格言。

（四）催眠状态促进资源挖掘

大量临床事实表明，有心理困扰、心理障碍或心理疾病的人往往固着于某些僵化的认知结构，他们的意识加工过程常常陷入一种自成体系的无休止的循环之中。这种固着限制了针对变化的需要、变化的情境、变化的关系所应做出的灵活调整，使不良的甚至有害的相同结果一再反复出现。

艾瑞克森说："治疗师只不过是指给来访者改变自己的空间而已。"催眠治疗的一个主要益处是它可以去除个体意识中的僵化设置，重构和重组自我系统。催眠状态通过提供自我接纳的新的意识框架，促进那些转变所需资源特别是无意识领域资源的利用，从而开辟新的生活和生存方式。

（五）催眠状态是自然产生的

催眠状态既不怪异，也不是人为的，它与我们日常体验到的某些过程（如阅读一本引人入胜的小说、听一场精彩的演讲、做白日梦等）十分相似。催眠是自然体验，与清醒状态的体验具有相同的基本心理过程。例如，幻觉是很鲜明的想象；年龄回溯是记忆复苏的极端表现；催眠后暗示是无意识的联想学习；催眠梦与我们在睡眠中做的那些梦也很相像。正如艾瑞克森所说：

催眠状态下你将有什么样的行为表现？其实，催眠状态下根本不会出现你在日常清醒状态下所无法做出的行为。催眠的优势在于那些在日常生活中突然出现的行为可以被控制、引导和拉长。或许健忘症就是最佳例子。如果要求你们中任何一个人忘掉某些事项，这在你们平日的清醒状态下很难做到。但是有多少次介绍给你某个人，告诉你这个人的名字，你重复着他的名字与他握手，并决心记住这个名字；而当你刚刚放开他的手的时候却忘掉了他叫什么名字。不论你的意愿如何，在平时的清醒状态中瞬间遗忘就是这么容易发生，在催眠状态下也是如此。因此，利用催眠只是要求人们在一个特定时间并且在一个特定的时段内，行使他们在日常生活中的某些功能。你要求人们以他们之前不知道的方式去运用他们经验中的知识和能力……我们大多数人真的不知道我们到底能做什么。

（转引自：斯蒂芬·吉利根. 艾瑞克森催眠治疗理论. 王峻，谭洪岗，吴薇莉，译. 北京：世界图书出版公司，2007.）

这就是说，催眠状态的操作要与个体本人的常态过程保持一致，只有自然的交流才能更好地引发出有助于治疗的催眠状态。因此，临床派的催眠师并不像实验派催眠师那样试图通过标准化的、听起来不自然的交流来引发受术者实现年龄回溯，而要求受术者重现并描述出儿时的玩伴、宠物或童谣等。

人的自然催眠状态可以是自我肯定的，也可以是自我贬低的。换言之，催眠过程不仅出现在日常恍惚状态中，还出现在症状状态里。这就是说，催眠状态既可以引发问题，也可以提供解决办法。催眠师的职责是利用治疗性的催眠状态，去转变受术者在自我贬低的催眠状态里反复出现的症状性表达。

（六）转变是目标取向而不是错误矫正

艾瑞克森认为，解决问题和成长是首要的，因此，应该更多关注如何实现治疗目标及满足当下自我的需要，而不是纠缠于过去问题的成因。关注未来而非过去，可以为治疗性改变提供更多的机会，这与焦点解决短程治疗的理念完全一致。

艾瑞克森学派催眠师让受术者把注意力放在他们的目标和兴趣上，并为其提供或创造实现这些目标的机会。同时引导受术者欣赏和运用当前的过程，探索它是如何自然地展现并促进自己成长的，而不是将焦点放在纠正错误上。为此，催眠师要让受术者学会以积极正向、富有建设性并指向未来的陈述，来代替消极负面、破坏性的、指向过去的意图描述。

(七)人的独特性可以划分为不同层面

艾瑞克森学派为了达到催眠治疗的目的，将人的独特性由浅至深划分为意识内容、意识心理、无意识心理、深层自我四个层面，认为催眠治疗的任务就是通过催眠探索，使受术者与他们的无意识心理和深层自我发生联系，使无意识过程以治疗性方式表达自己。

(八)催眠能促进意识和无意识心理的相互作用

自从弗洛伊德提出潜意识的概念后，心理学家都同意将意识心理和无意识心理加以区分，而且认为这两个系统在本质上是相互补充的，大多数创造性活动都需要意识和无意识两大系统的参与。无意识心理的作用越来越受到人们的重视，有人甚至形象地说，意识心理很聪明，无意识心理更智慧。

艾瑞克森学派认为，催眠治疗并不是将暗示植入被动接收器的过程，而是受术者的意识心理被暂时搁置起来的过程，以便无意识心理发生有意义的转变。催眠状态有助于意识心理和无意识心理的相互作用，相互补充。

三、 艾瑞克森催眠治疗的原理精要

(一)意念动力论

艾瑞克森倾向于赞同催眠的解离理论，认为催眠状态是在无意识水平上发挥功能，减少或消除来自意识领域的干扰，个体的参考框架和信念被暂时改变，从而更易于接纳有益于问题解决的心理功能模式。

症状现象其实与催眠现象非常类似，主要差异在于它们所发生的情境。艾瑞克森将催眠分为症状性催眠和治疗性催眠。所谓症状性催眠指的是一个人经常自我否定的消极心理暗示，经由意念动力过程导致症状的出现。

个体被僵化的概念性想法所吸引，重复的负面内部对话无法停止，讨厌的意象不断地在记忆中闪回，症状成分就自动表现出来了，从而使人沉浸在痛苦的体验之中。治疗性催眠是通过自我肯定的积极心理暗示，打破僵化框架的固着，在解离状态下，经由新的意念动力过程，产生新的体验。艾瑞克森形象地指出："如果你有幻想的痛苦，你也可以有幻想的快乐。"例如，恐惧症病人会用鲜明的"可怕景象"吓倒自己，也可以用同样生动的想象愉悦自己。

由此不难看出，在催眠致病和催眠治病过程中都是意念动力在起作用。通过催眠的积极暗示，催眠师可以将问题转变为解决方案。治疗师的任务就是将问题过程重新情境化，从而使得它们成为来访者成长过程中有价值的解决契机。简言之，来访者的问题中包含了解决方案，其症状诱导策略是诱导治疗性催眠的基础。

(二)统整性理念

统整性是艾瑞克森催眠治疗理论中最为重要的理念。所谓统整性指的是一个系统的自我一致性及其各个部分之间的相互依赖性。

在催眠治疗系统内的统整性是指催眠师的意图和表达方式与受术者的需要相一致，催眠师愿意并且能够充分支持受术者对转变的要求；催眠师能放下个人偏见，完全接纳(并不是必须同意)受术者的体验和感受，接纳并利用受术者的现实表现；催眠师能克制自己，不把个人信念、价值观以及解决办法强加给受术者，而是指导受术者进入一种治疗性的催眠情境，自己发现解决办法。简言之，统整性是催眠师与受术者生命系统的完整结盟，是对彼此合作的彻底投入。

大多数受术者将很快不信任一个非支持性的催眠师，并由此不再愿意与他合作。催眠状态中的受术者会和清醒状态一样强烈地抵抗暗示。而当一个人完全与另一个人结为同盟时，就不会发生阻抗了。

信奉统整性理念的催眠师可以与受术者建立和谐、安全的人际关系。随着对治疗师越来越信任，受术者也开始更加信任自己，更加愿意去探索自己的缺点，并尝试去发展新的生存方式；也更加乐意跟随催眠指令，无论这些指令听上去是如何奇怪和不切题。这种合作对艾瑞克森催眠学派的治疗师尤为重要，因为他们经常使用一些非传统的甚至高度异端的策略。

失去了统整性，即使是技术娴熟的催眠治疗师也会发现：受术者或许可以产生催眠现象，但不会获得治疗性改变；或许对催眠师的能力有强烈的印象，却不可能看到自己的潜在能力；或许会了解催眠师的信念和生活方式，但却无法发展自己的信念和生活方式。

为了发展和保持统整性，催眠师必须做到以下几点。

1. 识别并处理不可接受的个人体验

催眠师不可接受的体验会严重限制其治疗行为。例如，一个排斥、厌恶暴饮暴食的治疗师在接触此类病人时会产生明显的情绪不适感，很难迫使自己去接纳、帮助一个这样的来访者。因此，催眠师或治疗师应该努力识别并处理好自己那些不可接受的体验，可以通过定期的自我探索、自我催眠或接受督导来克服这种自身的局限。

2. 避免对来访者做出诊断和批判

艾瑞克森学派的治疗师通常不对来访者进行诊断分类，因为这样做不但会使治疗师对每个来访者的独特情况失去自主判断力，还暗示来访者是有缺陷的或有病的，其体验是不好的或不真实的。来访者正是不断地试图改变这种不良状态，才不断地强化了这种体验。通过去除那种用"对"和"错"、"好"和"坏"来评判来访者体验的冲动，治疗师变得能够承认并利用困扰来访者的特别体验，欣赏每一位来访者的独特之处，来访者的转变才有可能发生。

3. 使受术者自己产生催眠体验

人们通常认为催眠师要为受术者的催眠体验负责，这种观点给催眠师带来了许多压力。一些催眠师在来访者面前制造出一种优越的气氛，以权威的姿态对待来访者，认为受术者没有能力，只能被动地遵循专制的催眠程序。另一些催眠师，尤其是新手，又会因为非常没有把握而退缩，不确定到底怎样做才能有效，于是便谦卑地去运用标准化的诱导技术，或只采用那些自己能驾驭而受术者可能并不需要或并不适用的策略。无论属于上述何种情况，试图对受术者催眠体验负责的催眠师都会产生许多失望和挫败感，因为受术者或者会直接拒绝这种信息，或者会间接地抵制。

艾瑞克森学派认为，催眠师并不能通过强加一些程序来导致受术者的催眠体验，而是要尊重和利用受术者的原有模式和潜能。受术者具有必要的智慧和资源来产生催眠状态和治疗性变化，只是因为其习惯性的表达模式限制了他们接近这些资源。催眠师的工作就是帮助受术者摆脱僵化意识和行为习惯的束缚，通过自己独特的、高度智慧的无意识过程产生期望的体验和变化。

下面是艾瑞克森在催眠治疗过程中常常对受术者说的两段话：

你的意识心理非常聪明……但是你的无意识更加智慧……所以我并不要求你学习任何新技能……我只是要求你自愿地运用那些你虽然还不完全了解，但是的确已经拥有的技能。

每个人都拥有自己的风格……自己的选择……自己的无意识需要……因此我感兴趣的是你会找到一种特别的、最适合自己的方式。

（转引自：斯蒂芬·吉利根．艾瑞克森催眠治疗理论．王峻，谭洪岗，吴薇莉，译．北京：世界图书出版公司，2007.）

（三）间接性模式

催眠现象是一种脱离表浅意识状态而潜入深藏意识的精神活动，也是探索并处理潜意识的重要方法。为此，催眠师必须吸引受术者的注意力，将其关注的焦点转向内部世界。传统催眠大多采用直接诱导策略来进入潜意识，常常会遭到受术者意识活动的干扰或阻抗。

艾瑞克森以使用间接催眠（indirective hypnosis）的方法闻名于催眠界，间接催眠是取得来访者合作并促使其改变的最有效方法。

艾瑞克森经常间接地鼓励受术者的无意识过程来自动地表达自己。例如，他经常通过讲述自己或其他人的故事来诱导催眠反应，受术者在专心倾听他讲述的同时，也开始产生类似的意象，并通过意念运动使身体特征发生微小变化，如面部颜色、呼吸节律、瞳孔大小的改变等。艾瑞克森会密切关注这些细微的线索，并在随后的诱导过程中巧妙地利用它们。这种人际的"反馈回路"式沟通，可使受术者不经过直接暗示就进入催眠。

隐喻性加工是艾瑞克森催眠学派的核心概念。隐喻指的是催眠师所提供的易于理解的象征性事物；隐喻性加工是指受术者以自我参考的方式去理解象征性事物，并对其做出反应的倾向。例如，当听到其他人被某个故事深深吸引时，受术者就可能开始进入催眠状态；当听到一个与自己的问题结构相似的故事时，受术者就可能开始探索自己的问题，因为每个人都会对与自己经历相似的事情产生反应。

隐喻可以很简单，如"她像一本打开的书"；也可以很复杂，讲一个完整生动的故事。要产生隐喻，只需要将以语言为基础、负责抽象思维和推理的逻辑左脑的注意力引开一段足够的时间，让与想象和情绪有关的直觉右脑得以发挥所长就可以了。也就是说，隐喻可以越过左脑的抵制，直接触及人心灵深处的潜意识，即无意识思维。

设计隐喻的一个关键因素是迎合听者的兴趣和经历。例如，已婚的人会对有关家庭的隐喻起反应；股民会把"牛"和"熊"联系在一起。

艾瑞克森与其朋友和追随者史德内·罗森（Sidney Rosen）合著的《催眠之声伴随你》（*My Voice Will Go With You*）一书中，收录了一百多个艾瑞克森在实施催眠和平时与学生交流时所讲的故事以及各种隐喻手法，并由罗森做了解释和点评。

例如，艾瑞克森曾用自己年轻时凭借兜售书籍赚取学费的一段亲身经历，说明潜意识在人际交往中的作用：一位脾气很坏的老农对他的书籍毫无兴趣，当老农忙着喂猪时，艾瑞克森不经意地捡起一对木瓦顺手挠刷猪背，老农立刻表达对他的欣赏，并答应购买书籍。

又如，在催眠状态下对一位因性冷淡而婚姻不幸的妇女进行治疗时，艾瑞克森向她详细解说男孩手淫和梦遗的过程及快感，接着说："每个男孩所承继的基因血统一半来自女性，因此凡是男孩可以做到的事，女孩也同样能不落人后。只要你愿意，你可以在任何时间、任何情况下出现性梦反应。当你在大白天里眼见某位英俊男士时，何不让自己有所反应？对方并不会知道你的秘密，但你本人却可充分享受其间的快感。"该女士突然变得异常沉静，整个脸颊泛起红晕，兴奋地说："艾瑞克森博士，你刚才让我经验到这辈子第一次的性高潮。非常谢谢你！"

艾瑞克森的同事和追随者杰夫瑞·西格指出，在催眠治疗中采用奇闻逸事的隐喻有以下几点好处：

①奇闻逸事对受术者没有威胁性；

②奇闻逸事可吸引受术者的注意力；

③奇闻逸事能助长独立性（受术者必须设法理解其含义，自主获取结论或展开行动）；

④奇闻逸事可以引开受术者面对改变的阻抗心理；

⑤奇闻逸事可以用来建立并掌控关系；

⑥奇闻逸事有充分的弹性和灵活性；

⑦奇闻逸事可以营造多种情绪，进而激发更多催眠反应；

⑧奇闻逸事使受术者印象深刻，能增强记忆。

四、 艾瑞克森催眠治疗的实施原则

艾瑞克森学派在催眠治疗实施过程中奉行以下四个原则。

(一)潜意识无须意识化，无意识过程可以在意识察觉之外解决问题

传统的心理治疗，特别是精神分析学派，主张将潜意识上升为意识，通过对潜意识症结的领悟来达到治疗目的。而艾瑞克森认为，潜意识是一个巨大的资源库，是连接涵盖了广泛人类经验的复杂集合。无意识模式时时刻刻对个人的行为进行调节、控制和指导，是催眠治疗中为个体创造不同的知觉、体验和行为的资源。在艾瑞克森学派看来，潜意识中蕴藏着可带来积极治疗变化的潜能。意识—潜意识的分裂为催眠治疗师和受术者之间多层次的沟通提供了可能性。在潜意识水平所做的一切，既可能有害健康，也可能促进健康。在催眠中可利用无意识过程的积极方面，使个体产生更多的健康体验。

(二)无须分析受术者的心理机制和人格特征，它们可用来实现治疗目标

艾瑞克森对催眠治疗和一般治疗的重大贡献之一是，利用受术者正在发生的行为、知觉和态度来促进治疗的变化。治疗师不要求受术者符合自己的互动模式，而是接受他们的行为模式并在治疗过程中使用。在碰到一些行为举止怪异或对催眠有阻抗的受术者时，不必从心理机制和人格特征方面寻找原因，或对其行为加以阻止，而是将其视为积极的回应加以利用，因势利导，将其引向治疗目标。

(三)无须直接暗示，在很多情况下可以使用间接暗示

当催眠治疗师要求一定的明确反应时，采用的是直接暗示。而在间接暗示中，治疗师的要求和受术者的反应之间的关系是不太清楚的。例如，在催眠诱导中使用直接暗示，治疗师可以对受术者说，"闭上你的眼睛，并且变得越来越轻松"。而在使用较为间接的方法时，相同的暗示可能是，"你需要为自己的学习创造一个舒适环境，当你进入催眠状态时，或许你会注意到你的眼睛会闭上、部分闭上或一直保持现在的状态"。在这里，催眠

师会根据每位受术者的情况为进入催眠状态提供多元化的选择。艾瑞克森在他职业生涯的早期，经常使用大量直接暗示。然而，在生涯的后期他更多使用间接暗示。间接暗示通过不直接挑战受术者的意识来表达对他的尊重。间接暗示使用类比、故事、逸事、笑话、寓言、悖论、双关语等隐喻作为治疗的基础，因为它们允许受术者做出有意义的联想，来探索他们的潜力，促进新的反应。

（四）催眠暗示不是一个预先确定好的治疗指导过程，而是受术者创造某种新的意义、态度或信仰，从而可能产生不同行为的过程

催眠术本身不具有治愈的能量。没有几个严肃的催眠师相信催眠术可以超越人的正常功能，并导致戏剧性的变化。艾瑞克森在多年的临床经验中，从来没有发现任何利用催眠的巨大力量产生神奇改变的情况。他只是认为人们有比他们意识到的更多的潜在资源。对艾瑞克森的催眠而言，催眠术的价值在于它有能力唤起和利用受术者的巨大潜力。唤醒和利用受术者的潜在资源的过程对个人而言是独特的，而这似乎不太可能用直接的、僵硬的或程序式的标准化催眠来完成。

第十八章
艾瑞克森的催眠治疗方法

•••

　　强调催眠治疗的隐喻性和间接性，并不意味着这是唯一可以采用的方法。如果你只有一把锤子，就会将所有东西都作为钉子来敲打。艾瑞克森学派认为催眠治疗的有效性要求策略和方法的灵活性、多样性，如果一种技术不奏效，就应该使用另一种技术。艾瑞克森催眠学派的具体方法技术有很多，在《艾瑞克森催眠治疗理论》一书中，将其归纳为三大类策略，下面逐一做扼要介绍。

一、 合作策略

　　艾瑞克森学派的催眠师信奉合作准则，欣赏和利用受术者的"心理现实"作为催眠和治疗性发展的基础。

　　催眠师通过合作策略可以使受术者接纳治疗师的理念，创造有自我价值感的情境；弱化意识框架，提升潜意识层面；以改变的生物节律重新整合身和心的信息模式。

　　为了提高来访者的开放性，必须以来访者为中心组织催眠指导语，以来访者的视角看待和处理事务。催眠治疗师需要不断跟随会谈过程以适应受术者的独特需要，密切观察并利用受术者当下的任何行为（外显的或内在的）反应，不管它们看起来是多么奇怪或不尽如人意。这样才能形成一个同步的节奏，使受术者的内部反馈回路扩展到与催眠师之间的人际回路，从而实现有效的交流。

　　合作策略的常用方法是，先呼应或跟随（pacing）受术者的步调，然后再根据具体情境，选择适当时机，引导（leading）受术者改变，逐步达到目标状态。

　　这种跟随与引导技术，在普通心理咨询与治疗中也同样适用，可以是言语的，也可以是非言语的。可以从用词、语调、语速等方面与来访者同步共鸣，更可以从眼神、手势甚至呼吸等身体语言方面跟随引导。

　　跟随与引导有多种层次，可以是简单的模仿，此时称作映射或镜像反映(mirroring)，即在身体姿势、语速、语调、呼吸频率等方面均与对方相同。更多的应是深层次的，即依据不同来访者的内在信息加工模式（视觉型、听觉型、体觉型），内心感受或情绪体验（类似于罗杰斯的同感或通情）来做跟随与引导。

跟随要掌握好时机，既不应间隔太长，也不要间隔太短，间隔太长会产生暂时的不协调，间隔太短会让对方意识到你在模仿他。

在很多情况下，直接模仿的生硬跟随，不仅达不到目的，还会引起对方的反感，破坏催眠治疗关系。当来访者处于焦虑或激动状态时，其语速很快，动作夸张，此时直接跟随还可能会加重其焦虑和激动情绪，而简单的支持性语言和行为可能效果更好。有时可以部分跟随或变换方式跟随，不要模仿不正确的行为。例如，对方咬指甲，你不妨玩玩手中的笔。

（一）言语跟随和引导

1. 先跟后带技术

艾瑞克森学派在催眠诱导时通常采用先跟后带的言语结构，即将引导置于跟随之后。例如，"你已舒服地坐好，你的身体开始放松。"这里前一句是跟随，后一句是引导。通常跟随要多过引导，尤其在催眠的初始阶段。例如，"你正坐在椅子上，正在看着我，正在顺畅地呼吸，我在跟你说话，你可以开始放松。"这里前四句是简单地描述观察到的受术者的行为，是对现实的跟随，最后一句是对受术者催眠反应的引导。

无论是跟随还是引导，言语的内容都不应该让受术者不舒服或造成冒犯，引导的语句最好是许可式的（你可以这样做），而不是命令式的（你必须这样做）。因为许多受术者不喜欢甚至会自动反抗后一种谈话风格。

这种先跟后带的诱导可以吸引受术者的注意力，通常是先让他集中在催眠师和自己的外部表现上，再逐步引导其将注意力集中在个人的内部体验上，而且，跟随和引导可以交互进行。下面是一段将跟随和引导紧密结合的举例：

好，你正在看着我，你在移动，试图找到一个舒服的姿势好让你开始进入催眠……这样做的时候，你会很容易注意到在你变化的意识中所发生的一切……你可能会觉察到许多不同的东西……（此时传来外界声音）至于那是我的声音、外面的汽车声、录音机的响声，还是房间内的响动，都不重要……重要的是，你开始认识到你可以逐渐专心于你的需求，照顾自己内心的需要。

不论你是坐在椅子上，还是在倾听我的声音，还是感到你自己越来越舒服，都不重要……因为你的无意识会以各种方式体验到催眠的产生……你可以睁着眼睛进入催眠，或闭上眼睛进入深层的催眠，我不知道对你个人来说哪种更好……

因为你的眼睛是睁开的，而后眨眼……睁开……再次眨眼……合上……睁开……然后很容易地一直合上……现在！进入深度催眠……这是多么美妙啊！随着你的每次呼吸，你都进入了更深一层的催眠……每次呼吸，呼吸得那么舒服……每次呼气，放弃那些固着于头脑中并长期困扰你的愿望的想法……

（转引自：斯蒂芬·吉利根. 艾瑞克森催眠治疗理论. 王峻，谭洪岗，吴薇莉，译. 北京：世界图书出版公司，2007.）

在上面的案例中，催眠师还将外界干扰（如录音机声、说话声、汽车声等）整合进催眠体验中，这也是一种巧妙的跟随。

2. 间接跟随和引导

前已提及，艾瑞克森经常用故事或隐喻的方法来实施催眠。下面的案例是在受术者进入浅度催眠后，催眠师用船上旅客的经历来跟随受术者的反应并引导其加深催眠：

……这一天的大部分时间，船上的旅客都在看着水面，听着海浪拍打声，感受那船来回摇摆、来回摇摆的节奏……慢慢进入更深的更深的海域……呼吸的空气是如此清新……环境那么安全宁静……许多旅客，更舒服地坐在桌前，开始释放掉所有的担忧、紧张，只是越来越放松，意识到不用做任何事情，只要专心于一件事：照顾自己的内心需要……

随着夜幕降临……（受术者自发闭眼）很慢但不可避免地来临……海面看不见了，尽管海浪拍打的声音仍可以听到……（受术者皱眉，显示不舒服）不再有阳光的炫目，躺椅上的旅客们开始享受凉爽、愉悦的夜晚……（受术者偶尔睁眼）过一会儿，桌上的一盏灯打开了，但很快又关掉……这样持续一会儿……

不久，船长建议该进船舱了……（受术者低头）旅客们慢慢低下头，被各种内心活动所吸引……（受术者被隔壁房间电话铃声惊动）这种吸引力偶尔会被轮船鸣笛声意外打断……但船长解释说，那汽笛声只是夜晚另一只

船经过所发出的招呼声······于是，对内部活动的注意开始再次产生，并越来越深，越来越深······

（转引自：斯蒂芬·吉利根. 艾瑞克森催眠治疗理论. 王峻，谭洪岗，吴薇莉，译. 北京：世界图书出版公司，2007.）

（二）非言语的跟随和引导

在催眠中，语言内容本身不能充分发挥作用，必须加上适当的声调高低、音量大小、语速快慢等副语言以及表情、手势等体态语言的配合，才能收到更好的效果。艾瑞克森学派的催眠师经常用各种方式对受术者的行为做非言语的跟随和引导，以便与其保持同步，产生和谐氛围。因为言语中所表达的意思与其真实意图并不总是一致的，体态和生理反应等非言语行为却往往是其真实意图的下意识表达。

1. 非言语跟随

非言语跟随主要指体态语言和副语言的跟随，包括相同的身体姿势、动作、面部表情，呼吸节律、说话速度及声音大小、音调高低等。可以全部镜像跟随（好似镜子中的影像），也可以是选择性地部分镜像跟随，有时还可以采用不同通道的交叉行为匹配。例如，每当受术者眨眼时，催眠师便轻微地点头；或每次受术者吸气时，催眠师便轻敲手指。

这种非言语跟随能使催眠师和受术者都更有效地参与到催眠互动中，从而提高治疗效果。因为缺乏和谐的氛围，受术者可能会不愿合作，或不能完全信任催眠师；而没有这种同步跟随，催眠师也很难理解受术者变化中的体验，当然也就很难做出正确的引导。

2. 非言语引导

催眠师可以用先跟后带的方法，在对受术者的非言语行为跟随一段后，逐渐将其带领到治疗所期望的方向上去。例如，催眠师可以先按受术者的节奏眨眼，然后自己慢慢闭上眼睛，以此引导受术者也不自觉地闭上眼睛。这是体态语的跟随和引导。为了让激动的受术者平静下来，催眠师可先以快而不呼吸的说话方式来跟随，而后再用逐渐慢下来的方式带领受术者。这是副语言的跟随和引导。

在引导词前后可稍作停顿，对关键指令可增加音量、变得低沉或将声音拉长。有时也可以用语速快、声音高、无节奏的说话方式，让受术者的意识过程超载；或故意打断受术者的节奏，来干扰他的意识活动。这也是一种引导。但对于易激惹的受术者，不宜使用这种超载技术，此时可能采用间接引导技术更好。

当觉察到受术者不合作或有阻抗的时候，敏锐的催眠师会通过各种感觉通道寻找出不和谐之处，并迅速对自己的言语和非言语行为加以调整。

一般说来，非言语的跟随和引导有助于受术者向催眠状态产生渐近的、有节奏的、非线性的变化。

但需要强调的是，催眠师在使用非言语的跟随和引导技术时，既要专注，又要自然和放松。倘若做得过于明显，会引起受术者的警觉和反感。此时，催眠师既不要烦躁，也不要撒谎，可以适当调整自己的行为，然后这样说：

我为什么这样做呢？因为我想了解你。有时这对我比较困难，因为我不确定你需要什么，我很想发现你的需要。我尝试了解另一个人的心理现实的方式之一，就是找到对我们两个都舒服的连接。

（转引自：斯蒂芬·吉利根. 艾瑞克森催眠治疗理论. 王峻，谭洪岗，吴薇莉，译. 北京：世界图书出版公司，2007.）

在大多数情况下，只要催眠师保持真诚和非防御的态度，这些简单的话就足以使受术者理解并平静下来。简言之，只有在尊重和信任的氛围下，这种引导和跟随的技术才能获得成功。

在临床工作中，上述言语和非言语的沟通常常联合起来使用，即在说话的同时用与其相一致的非言语行为给以补充或加强。比如，催眠师在口头描述放松的渐进历程时，语音要降低，语速要减慢；在描述某种情绪时，要使用与该情绪匹配的语调和表情。这种多通道的沟通，只要不是太做作、太过分、太夸张，将会取得非常好的效果。成功的演说家和外交家都堪称这方面的大师。

总之，催眠师要不断根据受术者的特点和行为变化来调整自己的沟通方式，而不能墨守成规、千篇一律地遵循所谓标准化的催眠诱导程序。

（三）利用细微身体线索推测内部体验

细微身体线索是指不易被觉察到的微小身体变化和非言语行为，如出汗、目光移动、脸色和瞳孔大小的改变、肌肉的紧张和放松，以及音调、音色、音量、语速、节奏的变化等。它们是意念动力过程（ideodynamic process)的结果，是意念动力过程自动将意念转化为外显的动态表达。

人们通常思考问题的时候，会不自觉地将它们反映到行为上来，形成所谓的"意动信号"。早在19世纪，欧洲人就用摆锤的移动来判断被试者所想的方向，并将其称作"肌读术"。在催眠过程中，"意动信号"可提供许多有用的信息，催眠师一定要善加利用。

1. 利用身体线索监测受术者的情绪

艾瑞克森学派的催眠师，非常注意捕捉受术者在催眠进程中不断变化的动态身体线索，以推测其内部意念动力过程。例如，受术者面露微笑，说明他想到了一件高兴的事；呼吸变得急促，可能是有了焦虑体验。

在催眠过程中，监测受术者的情绪状态和强度的变化非常重要，而身体线索可以作为重要参考。例如，愉快情绪体验常常伴随着呼吸越来越放松和平稳、微笑、看上去很惬意、左右脸对称、面部肌肉平缓等表情；而呼吸中断、肌肉紧张、流泪、脸红、面部两边不对称等，常常是不愉快情绪体验的迹象。

这些细微身体线索，通常表明受术者对特定主题的情绪反应。例如，当提到受术者的妻子时他很紧张，这说明他们关系不太好；谈到背包旅行时很满足，显示出对旅游的愉悦感。催眠师可以根据治疗需要，加强或中断这些情绪。

总之，催眠师的每一步沟通，都要基于对受术者细微身体线索的观察，当一个特定的沟通进程引出了所需的情绪反应，便继续下去，否则便尝试不同的沟通。

2. 利用身体线索判断受术者的催眠深度

由于受术者在催眠状态中，不可能说太多话或做各种动作，所以最好通过观察和识别细微身体线索，来判断其催眠深度。因为在催眠过程中，受术者虽然有很大个体差异，但也会展现出细微身体线索的相似模式。例如，没有身体动作；眨眼减少，眼睛凝视，瞳孔扩大，眼皮跳动，自发闭眼；言语减少，语速减慢，声音减弱；肌肉放松，脸颊平滑，面色更亮更红；由胸式呼吸变为腹式呼吸，更慢更有节奏；心跳和脉搏减慢；对声音的定向反应减少或消失；出现手指颤动、抬起等自发的意动行为；对催眠师指令的反应时延长等。这都是进入催眠状态的标志。

通过阅读这些细微身体线索，催眠师不但可以判断受术者是否进入催眠状态，而且可以判断其是否从深度催眠中走出来。例如，吞咽、皱眉、睁眼、身体运动、对声音有反应、自发地讲话等，都是催眠程度减轻或醒来的征兆。

3. 阅读身体线索需要长期练习

一般说来，年轻的催眠师在捕捉细微身体线索方面可能会有困难。因为捕捉身体线索需要高度专注，而在大多数文化里，盯着看陌生人会被家长训斥；专注看一个人还会引起对方紧张甚至敌意。因此，我们从小就学会了避免用强烈、持续的目光看人。

为了提高识人能力，可以从一些简单的观察练习开始。例如，在饭店、咖啡厅、会议室，或自己不是主角的社交场合，随时练习对他人行为特别是身体线索的观察。起初可只观察一两个线索，以后逐渐增加观察内容，扩大观察范围。开始仅仅描述所看到的现象，不做任何评判，随着经验的积累，再慢慢学习对观察到的身体线索做出解释。

这里最重要的是自己的心态要放松，要尽量减少内部对话的意识过程，因为它会使你无法完全注意细微的变化。

需要指出的是，同样的身体线索在不同人身上可能代表不同的意思。例如，在催眠状态中嘴唇胀大、变红，对于一个恋爱的年轻人可能正在回忆一个深情的吻，也可能在回想吃滚烫的麻辣火锅，其真正含义取决于具体背景。因此，在跟受术者确认之前，应该对自己的推测持怀疑态度，千万不可武断，否则就可能做出错误的结论。有意思的是，这种情况更容易发生在富有经验的催眠师而不是新手身上，因为一些催眠大师往往过于自信。

为了弄清某些身体线索的确切含义，可采用以下方法来检验自己的推测：如果催眠师发现受术者在提到某段生活经历时有愉快反应，可以对这个主题做更精细的描述，若他的状态还是很和谐甚至更快乐了，那就支持了此前对其情绪状态的假设；若没有反应或有不安的迹象，那说明之前的直觉不够准确，需要对受术者的反应做模糊跟随，并做出新的假设。

催眠师对催眠过程中所做的推测和假设，可以通过催眠后的体验分析来加以验证。有关体验分析的方法，我们将在本书第二十二、第二十三章做详细介绍。

(四)根据偏好的认知通路来与受术者交流

1. 认知通路偏好的影响

葛瑞德和班德勒认为，大部分人会有一个高度发展或高度偏好的认知通路，当沉浸于任何一项体验时，可能倾向于使用某一种通路。例如，有些人主要用视觉图像来思考，有些人主要用听觉心像（内部对话），还有些人喜欢使用体觉心像（触觉和动觉的身体感受）。

当人聚焦于某一个认知通路时，其他通路会进入无意识状态。个体对某个通路长期不变的偏好会压制创造性反应，因为成功生活需要综合运用所有认知系统。一些有心理障碍的人大多习惯性偏好使用单一的认知系统，这可能是导致他们心理局限的主要原因。

认知系统缺乏灵活性或偏好不同认知通路的人，彼此交流起来会有很大困难，因为双方采用的是不同的符号系统，很难相互理解。如果一个人各个认知系统发展比较均衡，可以随着环境需要，灵活转换主控通路，这样的人善于同各种人打交道，因此人际关系通常会比较好。

2. 催眠师要与受术者的认知通路接轨

催眠师只有使用受术者当前主要应用的认知通路，才能与其意识层面发展和谐的关系。这就要求催眠师必须开发自己所有的认知系统，并要锻炼培养适应他人主要认知通路的能力。

很多标准化的催眠诱导语不关注内部对话，这会影响听觉型受术者的催眠效果；与此类似，主要使用视觉意象的催眠师，会很难打动非视觉型的个体。为此，需要能识别和包容个体认知风格的差异，确保催眠沟通处在适合个体的意象通路中。

葛瑞德和班德勒指出，可以从人们经常使用的词语种类来揭示其偏好的认知通路。一般说来，视觉型个体经常使用与视觉相关的动词（例如，"看起来""注视""闪现""想象""洞察"等）或形容词（通常为描述颜色或形状的词语，如"明亮""绚丽""斑斓""暗淡""大小""长短"等）；听觉型个体更多使用与听觉有关的词语（比如，"听起来""说起来""很好听"或"沙沙声""气泡声""咕咕叫""说法""听说""讨论"等）；体觉型的个体更多使用与动作和身体感受有关的词语（如"我觉得""我感觉"或"沉重""粗糙""热情""温暖""接触""推动""清风拂面""软软的沙发"等）。因此，同样表达满意或赞成，上述三种人会分别用"看起来很好""听起来很好""感觉很好"等不同字眼。

我们在接受外界信息、与人互动或思考问题时，均能反映个人的感觉偏好。有一些人很容易就能够记住别人的长相（视觉型）；而另外的一些人则可以记住姓名（通常是凭他的声音，听觉型）。有些人喜欢在思考问题的时候画图，或运用图表而不是文字；其他人喜欢把问题从头到尾加以讨论，也许把正反面考虑都写下来，却在里面"听到"自己所写出来的文字。有些人善于聆听；而有些人则在运用视觉的时候，有非常强的观察力；还有一些人可以觉察细微的身体感觉，也很会运用肢体语言去"触动"别人。在购物时，有一些人光是听到产品介绍就会很高兴；另外一些人则喜欢看到产品；更有一些人必须在自己触摸过或操弄过产品之后，才会感觉满意。视觉型的人通常讲话快速，头部抬起，语调较高；听觉型的人在呼吸和说话时都比较具有韵律感，发音清晰且声调和谐；体觉型的人则可能以一种比较缓慢低沉的语调来说话，身体放松且头部下垂。事实上我们都会将所有的感官做不同程度的运用，只是通常都会有某种偏好而不自知。如果一个人经常使用不以感官为基础的中性词汇，如"意识""思想""认知""记忆""知道""了解""注意""决定""学习""改变"等，则此人没有明显的偏好认知通路。

观察思考问题时眼球转动的第一个方向，也可用于判断一个人偏好的认知通路。当人在回忆往事时，通常视觉型会先将两个眼球向左上方转动；听觉型会先将眼球向左侧转动。当人在想象未来或记忆中不存在的事物时，眼球转动方向刚好与上述左右相反。无论哪种类型，当努力回忆视觉信息时，眼球都是往左上方转动；回忆听觉信息时都是往左侧转动；内心自言自语时都会向左下方转动；回忆心情与身体感觉时，都是转向右下方。若无论回忆过去还是想象未来，眼球都往右转，此人的性格多属于喜欢向前看的进取型；都转向左侧，属于喜欢往后看的怀旧型；现在取向的人则注视对方或前方。上述眼球转动规律主要适用于右利手的人，而对于左利手的人（大约占总人口的 5%），眼球转动方向可能会有不同。

催眠师应该尽可能采用符合受术者偏好认知通路的方式来加以跟随和引导。例如，对视觉型的受术者，可以更多用草地鲜花、蓝天白云等美景的冥想技术，或用照片、图画等实物来对其加以诱导；对听觉型的受术者，可以更多用鸟叫虫鸣、流水潺潺等声音信息，或主要用语言来对其加以诱导；而对体觉型的受术者，则更适合采用自律式（调整呼吸，感到温暖、沉重）或渐进式（放松肌肉）以及肢体接触的诱导技术；而对于少数嗅觉敏感的受术者，则可以采用挥发性强的香精或描述各种气味的词语来进行诱导。如果是做集体催眠，则应兼顾各种类型的人，不能只用自己偏好的语言模式。

另外，以体觉为主的人会对身体感觉很敏感，喜欢采用腹式呼吸而使语调缓慢低沉并带有节奏感，愿意跟人有近距离的接触，最佳身体距离通常为 60～90 厘米；以视觉为主的人，其催眠体验经常会被身体动作或接触打断，为了减少潜在的干扰，会保持较浅的胸式呼吸，因而音调较脆，其最佳身体距离通常为 90～120 厘米；以听觉为主的人，经常全神贯注于内部对话，沉迷于语言和概念，不太会过多移动，呼吸浅而无规则，语音较为单调，不太喜欢跟人近距离接触，最佳身体距离为120～150厘米。

催眠师与受术者的内在加工模式一致，有助于建立和谐的催眠关系，提高催眠治疗的效果。

二、 联想策略

联想是多数学习理论的核心概念。简单来说，所谓联想是指与刺激相关的反应会在刺激呈现时自动激活。在催眠情境中，触发联想反应是诱导受术者进入催眠状态的主要方法。

具体说来，催眠术的联想策略包括以下几种技巧。

(一)提出问题

向受术者提问，是催眠沟通的常用技巧，特别是在催眠开始阶段，可用的问题类型很多。

吸引注意的问题是开始自然诱导的理想沟通，它使得随意谈话平滑过渡到催眠诱导。例如，在提问一般社交问题("天气怎么样?""路上顺利吗?")之后，转而就无害的外界事物提问("你看这个新书柜怎么样?""你的外套是在哪儿买的?")。

有了和谐氛围并赢得受术者的注意(只需几分钟)之后，可以转向能产生催眠反应的问题。例如，"你真正放松的时候是什么感觉?""你能回想起感觉很安全的时候吗?"

在做年龄回溯的时候，可以用下面的问题提问：

"你小时候有绰号吗?"

"你在哪里长大的? 当时家里有几间卧室?"

要多采用几种问题系列，探索各种催眠的可能性，直到发现受术者对哪种问题有催眠反应。

提问后要留出时间，停顿一两秒，期待地看着受术者并轻微地点头，以促发其催眠反应。当受术者出现进入催眠的迹象时，以更慢更加意味深长的语气提出下一个问题。

当受术者发出明显进入催眠的信号时(如眼动停止、运动减少、语言回应延迟等)，可以转向使用不需回答的佯装问题(rhetorical questions)来占据意识过程，并激发无意识的搜寻过程。例如，"你感觉越来越舒服，越来越放松了吧?"

提问时通常要缓慢、有节奏,以便将受术者的反应扩展到最大。但对于很难放开意识过程的受术者,有时可以用较快的语速让其意识超载或干扰其意识过程。具体做法是:

催眠师用很快的速度连续提出一系列的闭合式问题,这些问题的答案只能是一致的"是"或"否",从而在受术者的下意识层面形成一个"是"或"否"的反应定势,然后催眠师悄悄转换条件,将预定的指导语呈现给受术者,受术者会在不知不觉的情况下,按其思维惯性,接受难以接受的事物或理念。这实际上就是人们在辩论中常常采用的苏格拉底问答法。

(二)嵌入暗示

所谓嵌入(embed)暗示,亦称包埋技术,就是把可能引起阻抗与冲突的指导语巧妙地融入"自然"交流的谈话里,让受术者不知不觉地受到影响并进入催眠状态。

一位禅师讲法,听众云集,其中有一不服者,公然挑衅:"世间万法皆妙,你的禅法有什么好?如果你能让我听你的,我才服你。"禅师很平静,说:"你先到我的左边来,一会儿我跟你说。"然后继续说法,那人站到左边去了;过了一会儿,禅师又说:"站到我的右边来,我跟你说。"那人又站到右边去了;顿了一会儿,禅师说:"还是站到前面更正式。"那人又站到禅师的正前面。现在,禅师不慌不忙地说:"你看,我让站到左边你就站到左边,让你站到右边你就站到右边,让你站到前面你就站到前面了,你还有什么话说?"

战国时著名军事家孙膑,年轻时与好友庞涓一同去云梦山,拜鬼谷子为师。一天,鬼谷子先生对两位弟子说:"我在山洞里,你们谁有办法让我出去?"庞涓回答:"你不出去我就用火烧!"先生肖然不动。孙膑说:"老师!您的问题太难,弟子实在没有办法让您出去,但如果您在洞外面,弟子有办法让您进来。"鬼谷子走出山洞,孙膑深施一礼,说:"老师!我已经请您出来了。"

以上两例,都是嵌入或包埋技术的巧妙运用。

嵌入暗示的具体方法是,先确定所要传达的暗示,而后将其以若干不易觉察的句子分散在一个较大的语境中或故事情节里。

可以将与催眠状态有关的词语直接嵌在简单的句子里，如"你现在可以完全放松"；也可以更加委婉，将受术者的注意引向其他的时间、地点或其他人，如"于是我回家了，感到全身温暖舒适。""你望眼窗外，见到小鸟飞翔是如此自由，孩子嬉戏是如此开心。"

还可以用转换说话的声调高低、音量大小、语速快慢，或改变面部表情、身体姿势等非言语信息，来做间接的嵌入暗示。例如，催眠师开始可以用常规的速度和强度讲话，在传递嵌入暗示时，声音要变得缓慢柔和，还要停顿一下，使受术者有时间对其加以体验，之后再回到常规的语言风格。

这种精微的非言语沟通和间接暗示，既可以绕过意识的监察，又足以影响无意识过程。因为受术者对一种新的语言模式会以不同于其他信息的方式进行加工。

大多数人都对这种嵌入暗示有明显的反应，尤其是在嵌入的信息与受术者的需求和理解一致的时候更是如此。

艾瑞克森曾用上述方法为一位罹患癌症的花匠减轻疼痛，收到了很好的效果。因为这个人对催眠很反感，艾瑞克森便以养花作为谈话主题来吸引病人，通过讲述一株番茄的成长发育历程，嵌入了许多与催眠状态和控制疼痛有关的词语。例如，"雨水带来安宁和舒服""果实带来满足"等，不但使其剧痛大为减轻，还恢复了足够的体力回家。

艾瑞克森在讨论这个案例和其他案例时，强调了以下几点在运用嵌入暗示技术中的重要性：①与来访者建立和谐的关系；②识别和利用病人改变的愿望；③尊重和利用个体的需求和特点；④说话时足够意味深长以吸引和保持受术者的注意力。

当然，这些要点同样适合于任何治疗情境。

在催眠过程中突发的干扰信息也可以嵌入暗示。比如，受术者已经进入深度催眠，墙上挂钟要三点报时了，如不做适当处理无疑会造成莫大干扰。此时催眠师可以说："接下来，你将听到远处传来三声清脆的钟声，伴随着这三声钟响，你将体验到……"从而把不利的突发因素变成可控的有利因素。

（三）故事隐喻

艾瑞克森学派认为，无意识过程比意识过程更能理解隐喻概念，因此经常用隐喻沟通来激发无意识过程。

所谓隐喻(metaphor)，即借助故事或寓言，引发受术者的思考，激起内部的联想反应，促进其感悟，并将感悟变成自我暗示。因为这是一种自我探索的过程，因而不会发生阻抗与冲突，更易达到认知和行为改变的目的。

讲故事是艾瑞克森在催眠时经常采用的一种主要技术。在当事人处于入神(恍惚)状态和正常的意识状态之间时，正是他说故事的时候。故事通常这样开头：我曾经有一位病人……然后他会描述一些适合当时情境的话。故事的含义取决于他想传达什么，一般来说，也会依当事人入神程度而有所不同。虽然在故事中并不涉及受术者，但是故事内容的重要方面，如人物、事件、主题、目标等，都与受术者的经历有关。

举例来说，对害怕催眠的受术者，可以讲其他人成功克服这一困难的逸事；对渴望愉快的回溯体验的受术者，可以讲一些同学聚会或者模糊的孩童经历。

隐喻故事可用于催眠中的多种目标，特别适用于催眠诱导。因为故事没有提到受术者，因而不易遇到意识层面的抵抗。而故事与受术者相关，又自动激起了类似的体验。所以，故事隐喻是绕过意识而接近无意识并间接产生催眠现象的上佳技术。

通过故事来诱导催眠的常规策略是，首先确定讲故事的目的是吸引注意并产生催眠体验，还是引发催眠现象；然后根据受术者的某些方面，如兴趣、期望、关注点、正在发生的行为等，来引用或生成可能的故事。故事内容要根据受术者的体验和行为反应，灵活地加以跟随和调整。

引用或生成故事要遵循以下几个原则：①能吸引受术者的注意；②与受术者的处境有关；③与受术者的具体处境不同(太相似会引发意识干扰)；④不以悲剧结束；⑤不会触发与期望反应无关的情绪。

(四)概括性语言

艾瑞克森在催眠治疗时，经常使用听起来很具体但实际上很概括化的语言，来激发受术者产生最适合他们个体理解和需求的特定意义。这样就使催眠师可以给予有效指导，而无须了解受术者体验的确切内容，并减少了将某种暗示强加于受术者的可能性，从而鼓励其获得对个人有意义的联想体验。

这种概括性语言的运用是尊重个体独特性的最好方式，也是艾瑞克森学派催眠方法的核心技术。

概括化语言可以用一般性事件，也可以用模糊的名词或动词。

例如，"很久以前一次非常快乐的时光""一个非常好的朋友""找到对你个人来说最舒服的姿势"等。

在这些例句中，每一个都使用间接的、概括化的方式暗示受术者在记忆中搜寻特定的人、地点、物体或事件，最终获得个人特定的内部体验。换句话说，这种体验不是催眠师引导的，而是由受术者的无意识引导产生的。

倘若暗示以过于具体、过于直接的方式提出，既不适合受术者的独特需求和理解，又可能因为有压迫感而产生阻抗。

这种普遍性或概括性语言，既可用于诱导受术者获得相关体验，也可用于跟随受术者正在进行的内部体验，还可以用于跟随催眠中的外部刺激。例如，对于隔壁房间的电话铃声、飞机从空中飞过的声音、外面小孩的吵闹声，可以这样跟随它们：……你在催眠中可能意识到许多不同的东西……多好的事儿啊，你可以让这些意识来来去去，它们都可以使你更加深入地进入催眠……

这样的话语跟随了受术者意识中的任意刺激，但并不引向刺激。倘若采用很具体的陈述，就可能会打断本来没有注意外部刺激的受术者的专注。

运用概括性语言要遵循以下几个要点：①为受术者提供各种常规的、普遍的可能性；②观察并确定受术者有情绪反应（如呼吸和脸色变化）的话题；③聚焦并详细讨论受术者有明显情绪反应的主题。

（五）选择性反应

艾瑞克森学派催眠师有时会首先暗中假定催眠反应会真的出现，然后将受术者的注意力集中于催眠反应何时、何地出现，如何出现，让其在几种可能的反应中做出选择。

例如，"你想现在进入催眠还是五分钟以后？""你想坐在这把椅子上进入催眠，还是坐在那把椅子上进入催眠？"

"我不知道你的右手还是左手会先浮起来。"

"我不知道你会回到六年级、五年级，还是四年级。"

通过给受术者提供这种"虚假的自由"来选择某种反应，极大地提升了无意识反应的可能性，抑制了对催眠师的话语做逻辑分析的评判能力。

催眠师提供的选择反应必须与个体的需求和当时的情境相一致，这样受术者就会下意识地选择最适合自己的特定反应，从而进入催眠状态。

（六）使用心锚

1. 什么是心锚

在催眠中，所谓心锚（therapist-developed anchors）是催眠师发现的可以让受术者产生某种联想的线索或标记，通过心锚可以引出需要的联想反应。

在神经语言程式（NLP）中，将心锚定义为会触发某种生理心理状态的刺激。心锚既能够引起积极的、有活力的状态，又能够诱发消极的、萎靡不振的状态，它取决于在你的头脑中所触发的原始体验。譬如，一个人对水的恐惧，可能源于儿时险些被淹死的经历。

因为我们在生活中总会下意识地产生各种联想，所以人人都会有各种心锚。例如，听到一首歌曲，会使你兴奋不已；看到某种场景，会引起你的紧张感；摸到一个水杯，会唤起你被烫伤的痛苦；闻到一股味道，会诱发你对童年的回忆；吃了一道美味，会使你想起母亲。

心锚可以是言语的也可以是非言语的刺激，可经由视觉、听觉和体觉等不同认知通路产生。换言之，心锚既可以是一种图像、声音、感受，也可以是一个词或句子，还可以是一种表情、动作或身体姿势。

心锚引起的反应可以是愉快的，也可以是不愉快的。例如，催眠中谈论马，令一位受术者想起获得赛马冠军的满足感；而另一位受术者却再次体验了从马背上摔下来的剧烈痛苦。

每个人都有独特的与他人不同的心锚。例如，谈到快乐，一个感到安全的女性可能想起了童年喂养的宠物；而一位男士却可能想到心爱的女儿时感到喜悦和满足。

2. 如何发现和设立心锚

为了发现受术者的联想线索，可以在催眠状态下提许多问题吸引其注意，同时仔细观察他的回应，这样就可以识别出有意义的联想线索，并将其作为促发联想反应的心锚。

最好的心锚是能使受术者下意识地产生某种专注体验，而不会触发其他体验的线索。这就是说，心锚要清晰、独特而又能绕开意识的参与，而不应该是人们经常用到的行为。例如，竖起大拇指的动作，虽然在触发正面积极的状态方面非常理想，但是对于你希望回忆起的那些特定的精湛状态来说，就不会是独一无二的了。心锚应该是便携式的，即在任何时间、地点都能触发所需的心理状态。

设立心锚的最佳时机是当受术者全面进入所需内心状态的那一刻，即是感觉最浓的前一刻，并且在那个内心状态消失之前撤出。与积极情绪（如兴奋、冷静、自信等）连接在一起的心锚称作资源心锚（resource anchoring）。要运用这些心锚，首先要受术者去回想和"重新放映"表现这些心理状态的不同时机或情境，同时设立一个心锚，然后就可以借助不同心锚诱发出所需要的特定情绪。

催眠师的某些言行可以成为心锚。例如，让受术者回忆一种舒适和安全的体验，想到时以点头或举起食指示意，然后催眠师轻轻触碰受术者的膝盖，这就成为舒适体验的标记，过后呈现它便可以引发该体验。如果不能引发，重复几次便可以成功。

在临床治疗工作中，催眠师的语调是特别好的心锚。因为受术者通常闭着眼睛，不可能用视觉暗示，身体接触又有可能造成干扰。然而大部分受术者不太会意识到催眠师的语调，但会有无意识的反应。例如，上面例子中的催眠师也可以不触碰受术者的膝盖，改用明显不同的温和语调说"很安全，很舒适"。这种特定的语调也可以成为舒适体验的标记。

艾瑞克森最常采用的心锚有三种：一是口语，特别是隐喻；二是音调和语速的变化；三是身体姿势。

催眠师或受术者的其他信息也可以用来作为心锚。例如，将拇指按在食指或中指上，眼睛看着特定的刺激等。

3. 心锚的功能

利用心锚可以间接和快速地引发催眠状态，提高催眠治疗的时效。

除了诱发催眠状态之外，心锚还可以用于建立安全感。例如，一些有创伤体验的受术者往往不能在催眠中完全放松，催眠师可以用紧握其手这种与安全感有关的联想线索作为安全锚，这有助于产生安全感，克服恐惧体验。

心锚还可以用来区分想进入催眠的渴望和停留在催眠之外的想法。例如，艾瑞克森有时会要求受术者把所有的"抗拒"留在所坐的椅子上，然后让他移到另一把椅子上进行催眠，这样将不同的椅子作为心锚，就可以将不同的心理状态区分开来。

心锚也可以用于整合不同的心理体验而直接用于心理治疗。下面是吉利根在所著的《艾瑞克森催眠治疗理论》一书中所报告的一个案例：

一位求治的来访者抱怨性能力不足。在浅催眠中，他进入了不愉快的体验：高中时与女友在汽车后座上做爱时因紧张而阳痿，对这一体验用碰触左膝盖锚定。当暗示他去接近相反的正面体验时，他回想起买新车时的兴奋感受，对此用碰触右膝盖锚定。之后，暗示他"放下"和"清空"自己，再次进入催眠中，并同时碰触他的左右膝盖以启动之前建立的两个心锚。在强烈的身体感受中（"眩晕""脊骨发麻"），新的体验出现了：受术者发现他看着新车的电池，并且把正负极连在一起，产生了欣快且略带眩晕的"整合冲击"。经过催眠中这种心锚的作用，治好了来访者的性功能障碍。

催眠治疗通常是让心锚伴随积极的情绪体验，在受术者体验某种强烈的积极情绪时设定心锚，将这种情绪与某个动作或暗示语连接起来。在以后的生活中，只要出现这个动作或暗示语，即可诱导该积极情绪及其伴随的行为。

三、 分离策略

艾瑞克森学派的催眠师在临床工作中发现，对于那些主观上想进入催眠却又无法摆脱意识干扰的受术者，仅仅使用联想策略还远远不够。因为至少有一半以上的患者，在催眠治疗过程中可能会不停地进行自我对话（听觉），或常常被导向内部意象（视觉），或频繁被肌肉感觉（体觉）所干扰。为此，催眠师必须采用多种分离策略来排除干扰。

（一）常用的分离策略

艾瑞克森催眠学派的常用分离策略有以下几种。

1. 分心技术

例如，让受术者数数，从 1000 开始，每隔 3 秒数一个数，一直倒数到 1；或让受术者在倒序看字母表的同时，按前后对应关系念字母（如看到 Z 念 A，看到 Y 念 B，依此类推）；或只是在诱导过程中让受术者关注一些能引起注意的刺激（最好是受术者已经被深深吸引的事物）。

2. 沉闷技术

比如，催眠师不停地讲一些乏味的故事，一个接一个，导致受术者因沉闷而疲劳，借此消耗并减少其意识上的抵抗。

3. 意动(ideomotor)技术

通过抬手、举臂、低头、闭眼、晃动身体等各种意念运动，来干扰受术者的意识活动。

4. 混乱(confusion)技术

即发出与受术者预期相违的指令，或呈现一些与情境不合的言语和行为，造成其内心暂时认知失调。这是艾瑞克森学派在催眠中最为常用的方法，主要包括中断技术和超载技术。

所有混乱技术都是通过打破僵化的心理定势来扰乱受术者的意识活动的。例如，对于在催眠过程中一直烦躁不安的受术者，催眠师可以鼓励他做一些夸张的动作，如让他挨个换座位来增加活动频率，直至出现定向知觉丧失(disorientation)，这种丧失正是催眠导入的保障。

对于在催眠时一直看着治疗师、渴望得到指导的受术者，治疗师可以沉默地坐着，不给予任何指导，以此来打破受术者干扰催眠的意识模式。

混乱是弱化意识过程最强烈、最有效的方法。下面对混乱技术的具体操作方法及临床应用加以详细介绍。

大部分混乱技术都是按照以下五个步骤来进行的。

(1)识别模式

人类的行为具有许多共同的一般模式。例如，在社交场合，一个人主动伸出手来，另一个人也会友好地伸手相握；在谈话过程中，倾听者通常不时地点头作为回应等。

在每个人身上也可能有一些与众不同的独特模式，如习惯性地搓手或捋头发，沮丧时垂着头，困惑时东张西望，兴奋时动来动去等。

催眠师既要注意观察并识别受术者行为的一般模式，又要观察并识别其行为的独特模式，并通过跟随开始催眠。

(2)跟随模式

一旦识别出某种模式，就要进行跟随，以便创立和谐关系和适宜应用混乱技术的情境，使受术者意识到催眠师的目的是为了提供支持。

使用混乱技术的主要目的是让受术者脱离意识过程的僵化状态，从而唤起更具自我价值感的存在方式。如果受术者感觉自己被粗鲁地对待或被利用，将对混乱技术的效果产生不利影响。在跟随产生的尊重氛围里进行操作，对于成功应用混乱技术至关重要。

经验表明，暂时使一个人感到混乱很容易，但要以任何有意义的方式来利用这种混乱却相当困难，因为缺乏安全感的个体会从混乱中脱离出来，而感觉到被支持的个体则愿意并能够进入混乱状态。所以，催眠师在采用混乱技术之前、之中和之后的态度与非言语交流，会直接影响受术者对混乱的反应。

（3）引起混乱

在适当的跟随之后，催眠师可采用中断和超载技术来引起受术者的混乱。前者简短快捷，后者则需较长时间的交流。

中断和超载的具体方法，后面会详加介绍。

（4）增强混乱

受术者对混乱技术的直接反应通常表现为困惑不解，这种自然反应平时很多人都会有。比如，你口中回答"是"，头却不停地左右摇晃；你用非常严厉的语调说太太做的菜很好吃。这里提供的就是一种引起对方混乱的矛盾信息。

当一个人忽然对我们说一些完全出乎意料、无法理解的事情时，我们立刻想要弄清到底发生了什么，通常会迷茫地看着对方，希望得到解释。由于此时说话者一般会感到不好意思，随即做出道歉或解释，我们的混乱过程就会被减轻或消除。

然而，艾瑞克森学派的催眠师却采用与一般场合截然不同的策略，不但不做任何解释，反而继续以令受术者困惑的同样方式行动，或向部分混乱的个体提供更多种类的混乱刺激，从而达到增强混乱的效果。

（5）利用混乱

当混乱增强到极点时，受术者通常会愿意接受较简单的事情（如温和的暗示）来减少混乱。此时，催眠师可根据受术者的反应对这些混乱加以充分利用。例如，对催眠中变得愤怒或怨恨的人，催眠师需要根据交流的目的和意图向其做出真诚的解释；对于哈哈大笑的受术者，可称赞他们具有幽默感，并鼓励他们将这种能力作为无意识反应的一种方式加以利用。

总之，催眠师要密切监控并顺应受术者的混乱反应。所有的反应都是可以利用的，未被利用的混乱将会对催眠产生相反的效果。因为不确定的个体会要求一些确定性，否则他们会离开催眠情境。

（二）中断技术

所谓中断技术，是指中断个体对信息的接收、存取和表达的一种自然的交流方式，即通过中断各种线索，打乱受术者业已建立的惯性思维，从而减少催眠冲突。在听觉、视觉、体觉等各种认知通路上都可以实施中断。

艾瑞克森学派在催眠中常用的中断技术有以下几种。

1. 无前提（nonsequitur）话

无前提话，亦可称作非推论的话，是指不合逻辑的或与当前情境完全不相关的陈述。

人们在沟通交流时总是依据所处的情境来理解信息的含义。例如，两个人在交谈时，倾听者通常是根据现场环境、前面谈话的内容来理解对方的言语和非言语表达的含义。如果某句话与当时情境完全无关，倾听者就会对这种无前提的话感到莫名其妙，并试图努力理解说话者的意思，从而中断了原来的思维模式和意识过程。

这种技术产生于艾瑞克森在生活中的偶然发现。下面是艾瑞克森的一段有趣的描述：

1923 年的一天，我去威斯康星大学参加由克拉克·霍尔主持的第一届正式催眠研讨会。……途中，一个男子匆忙地从大楼的转角处跑出来，狠狠地撞上了我。他还没回过神来跟我讲话，我仔细地瞧了一眼手表，好像他问了我时间一样，有礼貌地答道："差十分钟两点。"事实上当时已差不多下午四点了，说完我就走开了。大约走了半个街区之后，我转过身去看到他还愣在那儿看着我，毫无疑问，他对我说的话还是迷惑不解。

（转引自：斯蒂芬·吉利根. 艾瑞克森催眠治疗理论. 王峻，谭洪岗，吴薇莉，译. 北京：世界图书出版公司，2007.）

经验表明，说话者越是权威、越是真诚、越是严肃和意味深长，倾听者就越会继续找寻（尽管是徒劳的）说话者表达的真正含义，就像患者对医生说的话虽然不明白，但仍然会听从一样。

正是这种对不确定性的困惑，导致人们弱化正在陷入的思维运转，从而更容易接受暗示。催眠师常常会在沉默 3～5 秒后，重新回到谈话主题或转移到新的谈话主题，或者温和但却坚定地暗示受术者进入催眠状态。

2. 违背语法

人们在用语言相互沟通交流时，都会遵循一些语法规则。一个没有语言障碍的人可以凭直觉判断一句话是否合乎语法，当听到一句明显不合语法的句子时，我们通常都会中断片刻，并产生混乱的感觉。

若对方精神正常，又不是少数民族或外国人，在此之前的表达都很连贯，不存在任何语法问题，在这种情况下说出一句不合语法的话，倾听者就会更加不确定，更加感到混乱，从而就会更加专注于说话者。此时，催眠师便可以利用受术者的反应潜能，通过提供暗示语，诱导其进入催眠状态。例如，当时，虽然万里无云，而且雨越来越大……忽然间感觉眼睛睁不开，要进入催眠了。

3. 抑制运动

人们在交谈时，经常会频繁做出挥手、点头、转移视线等肌肉运动，而当一个人专注于自己内心体验的时候，此类动作就会明显减少。

自然产生的运动抑制，是催眠前兆的重要证据。所以，限制受术者的运动，如让受术者专注地看着催眠师的眼睛，也可以作为中断意识加工过程，诱导其进入催眠状态的方法。

对于沉浸在意识思考中，很难进入催眠的受术者来说，抑制运动可以同时中断受术者的言语和非言语的表达模式，因而有助于提高催眠治疗的效果。

除了限制受术者的运动表现外，催眠师也可通过抑制自身的动作来中断受术者的意识模式。例如，催眠师可以一动不动地坐着，舒适缓慢地呼吸，意味深长地凝视着受术者的眼睛。如果此前催眠师运用了非言语跟随和镜像技术，此时这种行为通常就会引出受术者的类似反应。

对于那些长时间说个不停的来访者，"抓住"一个对象对其进行唠叨，往往是从痛苦的情感中转移出来的方式。催眠师自身的运动抑制常常能有效地使这样的受术者安静下来，同时还可以接近或产生治疗上可利用的体验。

总之，无论是从催眠诱导方面还是从催眠治疗方面来看，抑制受术者和催眠师的运动表现，都可以作为一种中断技术而加以有效地利用。当然，在此之前必须建立相互信任支持的和谐关系。

4. 反常动作

坐着谈话时突然站起来，站着突然坐下，边走边谈突然不走了，把视线转向别处或闭上双眼，夸张地揉鼻子或捏耳朵，这些异常举动都可作为中断技术来用。

异样握手是艾瑞克森经常采用的混乱技术。

握手是人们在日常生活中最普通的社交模式之一，因为应用非常广泛而变得自动化了。若一个人在握手过程中改变了习惯的握手模式，打破心理定势，就会引起对方的暂时混乱。所以，艾瑞克森把握手中断技术当作最有创新和最有效的诱导方法之一就不足为奇了。

艾瑞克森(1964)描述了他针对美国某内科医师团体的一次讲座，其中一位医生对催眠非常感兴趣，但同时也充满怀疑并表现出敌意和攻击性的行为。在开始讲座前的社交时间里，这位块头比艾瑞克森大几倍，也强壮得多的医生把艾瑞克森的手握得嘎吱作响，还声称他愿意"看看任何试图催眠我的傻子"。当后来艾瑞克森需要一位志愿者来演示催眠的时候，这位医生就大步走上讲台，并高声宣称自己永远不会被催眠。艾瑞克森优雅地伸出手，而当那个好战者准备和艾瑞克森握手时，艾瑞克森却突然弯下腰去系鞋带。这位医生惊讶地愣在那里，他的手僵硬地悬在半空中。艾瑞克森立即温和地、意味深长地让他坐在椅子上，"深呼吸，坐在椅子上，闭上眼睛，然后深深地进入催眠。"在暂时被催眠之后，这位医生震惊地叫道，"哎，我真该死！这是怎么做到的？你再做一遍让我看看，我就知道是怎么回事了。"艾瑞克森继续对他实施了多种诱导技术，当这名医生对手浮技术做出催眠性的回应时，他的催眠状态被用来向他以及其他与会者演示各种催眠现象。虽然这位医生没有立即进入长时催眠，但他的"抵抗"被驱散了，这使得他对更进一步的诱导技术有所回应。

（转引自：斯蒂芬·吉利根. 艾瑞克森催眠治疗理论. 王峻，谭洪岗，吴薇莉，译. 北京：世界图书出版公司，2007.）

这个案例说明，中断技术只是破坏催眠抑制模式，而不能发展出深度催眠。在这种情况下，催眠治疗师的任务就是迅速敏捷地利用一些对催眠发展有利的状态。

握手中断的具体方法可以多种多样。例如，用左手去握对方的右手；看着对方的右手却去握左手；握手时视线聚焦在对方身后；将对方的手抬得很高；注视并指着右手，却喊"你的左手还没有抬起来"；或轻触某个手指却说出另一个手指等。

5. 夸张游戏

对于一些表现出阻抗或催眠抑制的受术者，艾瑞克森学派的催眠师有时会采用某种夸大的或戏剧性的方法来引起受术者的迷惑和混乱，从而弱化或打破其阻抗模式，使其进入催眠状态。

艾瑞克森(1964)对经历过三位医生催眠都失败了的妇女说："我无法将你催眠，只是你的手臂。"并轻轻抬了抬她的左手臂，然后收回自己的手，把她的手臂僵直地留在半空中，然后轻叹着说道，"闭上眼睛，深呼吸，沉沉地睡去吧。你的左手会慢慢地落到大腿上并继续停在那儿，舒服地睡吧，我会叫醒你的。"这位妇女在进入诊室后的 5 分钟之内，就进入了梦游式催眠。

斯蒂芬·吉利根对一位总认为自己很无能而饱受痛苦又无法进入催眠的受术者说："你确实很无能，什么事也做不好。"并夸大他的无能，甚至拿他的缺点开玩笑，导致对方的激怒和辩解，认为自己还是有些能力的。吉利根借机问他能不能"一动不动地坐在椅子上，这简单得连小孩子都能做到。"接着让他"深呼吸，放轻松，自然地放松下来，而不需要我告诉你该怎么做"等。结果受术者 20 分钟就进入了催眠状态。

一位被许多烦恼和焦虑困扰的妇女，在催眠开始前一个接一个地询问有关催眠过程中各种可能的催眠体验以及在每种情形下她应该做什么的问题。吉利根不顾她的反对，快速而温和地与她交换座位，交换角色，以更为夸张的方式问了许多类似的问题，行为荒谬，甚至有点滑稽可笑，从而弱化并中断了她的阻抗行为。

（转引自：斯蒂芬·吉利根. 艾瑞克森催眠治疗理论. 王峻，谭洪岗，吴薇莉，译. 北京：世界图书出版公司，2007.）

（三）超载技术

与中断技术不同，超载（overloading）技术不是去中断某种行为，而是鼓励受术者将当下的行为继续下去，而且要做得更多，直到信息超载，不得不停下来。或者在一定时间内呈现大量信息，信息量和呈现速度超出受术者可以加工处理的能力，从而绕开其意识审查。

超载是日常生活中普遍存在的现象。例如，同时做几件复杂而又不相关的工作；同时听几个人讲话或听一个你知之甚少、讲得又快的讲座。这时我们就会离开这个情境，或不再关注它们。但是当我们因为某件事的困扰，陷入不停地自我内部对话时，也可能故意寻求信息的超载，如听听喧闹的音乐、唱唱歌、跑跑步等，借此摆脱烦恼。

在催眠过程中，治疗师可以用加快语速、插入无前提的话或不合理推论、快速转换话题和方向等超载策略，来削弱和打破受术者的心理定势，随后通过简单的、直接的暗示对其加以诱导。愿意但又无法进入催眠的受术者，只要从超载的信息中退出来，放弃努力的意识过程，就会被这样的超载技术带入全神贯注状态，并最终进入催眠。

艾瑞克森催眠学派采用的代表性超载技术有以下几种。

1. 时间定向迷失

由艾瑞克森创建的年龄回溯法是他所有混乱技术中最著名的一种。年龄回溯实际上就是时间定向迷失，该方法的具体步骤是：①用现在时态谈论一些无伤害的日常活动（如吃饭）来吸引受术者的注意；②利用日常事件将现在与过去、未来（如这周与上周、下周）连接起来；③不断地在过去、现在与未来之间转换（可用日、周、月、年等多种时间单位）；④时间参照是现在，但逐渐把受术者引向过去；⑤让受术者回到过去某个时间点的特定事件中。

在运用这一技术时，首先要营造一个和谐的氛围，使受术者感到催眠师是一个智慧、善良且善于沟通的人；催眠师说话要自信得体、抑扬顿挫有节奏。大部分受术者会努力去理解催眠师的话，而这几乎是不可能的（因为时间转换过多、过于复杂，有时还说得很快），于是就会出现深深的时间定向迷失。

2. 空间定向迷失

与时间定向迷失类似，空间定向迷失是通过空间参照物的快速转换实现的。

第一种常用方法是采用内在的参照物，如这儿、那儿，上、下，前、后，左、右，东、西、南、北，中间、对角等。最有效的方法是编一个引人入胜的故事，在故事中反复穿插各种空间方位的转换。当受术者进入轻度催眠状态后，催眠师以较快的语速、意味深长地讲述这个故事，在受术者混乱到极点的时候，再将语调转为缓慢而轻柔，并嵌入相关的暗示。

第二种方法是利用外在的参照物，这种方法是艾瑞克森在20世纪30年代创立的。艾瑞克森曾经反复地用不同方式描述两把椅子"在这里""在那里"，不但使受术者被深深催眠，而且使在场旁观的一位精神病学家相当迷惑，并在意识上发生了完全的改变。这种方法的一个变式是让受术者的身体在分别代表意识和无意识的两把椅子之间来回转换。

第三种方法是利用著名的"莫比乌斯屋"。在虚无的"莫比乌斯屋"里，方向、维度、色彩等一切都产生相反或互补的体验，既上就是下，左就是右，东就是西，前就是后，白就是黑，如此等等，反之亦然。当受术者按照催眠师的指令进入"莫比乌斯屋"后，就会因空间定向迷失而导致混乱。

3. 概念定向迷失

概念定向迷失是采用一种强制的、快速的、意味深长的言语和非言语交流的方式，来表达一连串自由联想的、关系松散的言论。

概念定向迷失技术的具体做法是：首先吸引来访者注意，可以从任何话题开始，让受术者努力去理解催眠师所说的话；然后顺着意识流或采用尾词接龙（把每句话的最后一个词用作下一句话的开头）的方式迅速地、不断地转移话题，使意识心理超载并使意识作用弱化；当受术者感到困惑迷乱，或放弃理解只是简单跟随这一联想旅程时，就可以运用嵌入暗示和其他诱导技术来促进催眠。

4. 双重诱导

双重诱导是指两个催眠师同时对一个受术者实施催眠诱导。这是最有效、最可行的混乱技术之一。

双重诱导不仅打断了同一时刻只有一个人说话的社交规则，而且一个人根本不可能对同时和他说话的两个人的话语进行有意识的理解。那些沉浸在内部对话中的受术者，会拼命努力跟上催眠师所说的内容；而另一些受术者却乐于放弃理解催眠师的需求，而让自己随波逐流。这样，大部分受术者最后都能够被双重诱导技术所催眠。

双重诱导的具体做法如下。

两位催眠师与受术者面对面，分坐在受术者的两边。最好直接告知受术者，为了达到催眠目的，将由两位催眠师运用双重诱导技术。

对于习惯于理性分析事物的受术者，要求他即使不能完全理解，仍要尽量跟随，仔细听，仔细想；而对于那些更能忽略意识过程的受术者，则要给予更多的自由：可以听两位催眠师讲话，也可只听一位，或者什么也不听，也可以在这三种情况中自由交替转换。

开始两位催眠师可以相继讲话，相互补充，使受术者的注意力来来回回地转移。数分钟后，两位催眠师同时讲话，对受术者当下的反应过程同时实施诱导。

最简单的方式是直接同步（synchronization）诱导，即两位催眠师采用相同的节律、语速、停顿等非言语模式，说不同的言语，就好比两个吉他歌手，弹着同样的曲调，却唱着不同的歌词。这里，非言语表达方式的匹配倾向于吸引无意识的注意，而言语表达的不同则导致意识心理的超载。

另一种补充方式是切分节奏（syncopated rhythm）诱导，即两位催眠师运用同样的节奏，说同样的话，但一个要比另一个慢半拍。好比两台录音机播放同一首歌曲，但其中一台要比另一台慢半秒。最好一位催眠师将语调降下来配合受术者的呼气，而另一位催眠师将语调升上去配合受术者的吸气。

　　还可以将言语过程与非言语过程联合起来运用，描述受术者的不同部分而达到催眠目的。例如，一位催眠师可以使用快速的、无节奏的非言语模式的混乱技术，来弱化受术者的意识心理；另一位催眠师则可以用温柔安抚的声音词语进行直接暗示，如"让自己放松吧……不必去聆听什么……进入催眠吧……"以此来接近无意识加工过程。一位催眠师可以讲些听起来有关而实际上不相关的故事，以此干扰受术者的意识过程；而另一位催眠师在另一侧低声说些催眠暗示语。一位催眠师说些让受术者暂时不进入催眠的话；而另一位催眠师则诱导其进入深度的催眠状态。

　　在这期间，两位催眠师还要不停地转换自己的角色，即使用混乱技术的催眠师变为支持催眠，而后者又变为前者。

　　在没有两位催眠师的情况下，也可以实施双重诱导：可以让受术者听双重诱导的录音带；也可以用两台录音机同时播放不同的诱导语；还可以让受术者在听催眠师诱导的同时听录音带里不同的诱导语。

　　艾瑞克森曾做过一个催眠师实施双重诱导的示范：他先在右边对受术者的意识心理讲话，如"也许你还不想进入催眠，你的意识心理会觉得很好奇。"然后转到左边对无意识讲话，如"你的无意识可能会希望进入催眠，并开始漫步到催眠的世界中来。"他来来回回地交替转换，最后停留在受术者的左斜方（无意识处）工作。

（四）混乱技术的临床应用

　　许多催眠治疗师虽然对混乱技术很感兴趣，但是对于什么时候、怎么样恰当运用混乱技术感到迷茫，在运用的时候缺乏自信。其中最大的障碍是，认为使用混乱技术会对受术者造成羞辱，让受术者觉得自己很愚蠢。

　　艾瑞克森学派的催眠师认为，在治疗中使用混乱技术能为受术者创造机会，使他们从僵化模式的限制中解脱出来，以另外的更有利的方式去体验自我；这种混乱还可以使人安全地从错误的、有限的认同中解放出来。可见，混乱作为善意的玩笑，不仅能给人带来愉快，而且是打破常规框架的约束、引导新的生存方式的有效方法。

　　在临床工作中使用混乱技术时，需要注意以下几点。

1. 使用混乱技术，必须尊重受术者

　　混乱技术的采用，必须以和谐的催眠关系作为基础。催眠师要坚持并表达出这样一种信念，即受术者很聪明、很有能力，而且是应该得到极大尊重的独一无二的个体，无论看起来多么怪异的催眠交流，其意图都是支

持受术者的。否则，不仅违背职业道德，而且受术者可能生气，或者因不信任催眠师而产生阻抗。

通常可以通过术前谈话，表达对来访者的充分尊重以及对其需要和价值标准的保护；激励他想要变化的能力和愿望。只有当受术者感觉到被尊重、被保护时混乱技术才具有催眠的效能。

2. 引入混乱技术，应该循序渐进

一些人想当然地认为，混乱技术是将受术者突然带入混乱之中而无须任何铺垫。这里必须指出，混乱技术的引入通常是在受术者对它有了一定了解的基础上进行的。在与受术者至少进行一两次谈话以建立安全和谐的关系之前，最好不要使用复杂的混乱技术（如时间或空间定向迷失等）。

在建立信任之后，可以通过讨论和举例说明，让受术者了解为达到治疗目的会采用多种交流方法，混乱技术就是其中之一。开头可以采用轻松幽默的方式穿插一些轻微的混乱交流（如无前提的话、运动抑制等），受术者大多会乐意接受这种不引人注意的混乱技术。由于很安全并有积极体验，对接下来的复杂混乱技术就可以接受了。

若受术者对混乱技术反应不良，可以停下来与其交谈找出原因，并采取适当措施加以调整改进。

必须把握好从混乱转向治疗的时机，太早（受术者还没有因为混乱而完全解离意识与潜意识）、太晚（受术者从混乱中感受到焦虑、重新回到意识检验，以保证自己的安全感）均不利于治疗性暗示的渗透。

3. 混乱技术的使用要因人而异

最有效的混乱技术是依据受术者的特点量身定做的。例如，注重社交习俗的受术者可能对异样握手的感受性特别强；试图脱离其问题的受术者可能更容易被运动抑制技术强有力地影响；担心自己智力水平的受术者倾向于接受意味深长的与前提不符的话；拥有持续不断内部对话的受术者更容易受双重诱导或概念定向迷失技术影响。

因为每位受术者对催眠都有自己独特的反应，所以催眠师就应该因人而异、量体裁衣地采用各种技术。这也意味着在催眠进行中催眠师可能要放弃一种技术，转而采用其他混乱技术，或随时对当前采用的技术做简单调整以符合受术者的需求。

有些受术者对混乱技术的反应不那么积极，其原因多种多样。例如，他们可能不信任催眠师；混乱中可能触及他们童年时一些不愉快的体验；催眠师可能没有充分吸引受术者的注意；催眠师太急于求成或进行了太多

的强迫交流；还有可能是混乱程度还不够充分或混乱技术用得太晚。无论哪种情况，催眠师都要寻找原因对症下药。

没有任何一种方法技术是万能的或永远有效的。在许多受术者身上起作用的治疗策略，对某个个体来说可能效果并不好；一种技术可能在某种情况下出奇地见效，但是在另一种情况下却不见得如此。一些蹩脚的催眠师总是使用同一种方法或技术，必然导致经常性的失败，他们非但不做自我反省，反而给受术者贴上阻抗的标签。

4. 不宜采用混乱技术的情况

并不是所有的来访者都适用混乱技术。混乱技术主要针对那些对催眠持批判怀疑态度的受术者，通过混乱增加他们信息加工的时间，以减少其内部对话。

以下几种情况不宜使用混乱技术：

①与催眠师未建立起信任关系，受术者感到不安全或没有保护。

②受术者进入催眠状态之后，再引入混乱就只能起到反作用了。因为此时意识过程已被中断或弱化，刚刚显现出来的无意识过程需要的是支持和引导，而不是混乱或中断。

③在给予治疗指令时不宜引入混乱，因为失去了判断力的受术者是没有能力去理解这些信息的。

④对于那些正在探索被暗示的催眠体验的受术者，一般也不宜使用混乱技术。

⑤如果受术者变得愤怒或烦躁不安，也应该减少超载和其他混乱策略的使用。

⑥对于已经完全混乱的受术者，不宜再加重、加深混乱。

⑦对于想自杀、悲痛欲绝或有创伤闪回的人，不能使用混乱技术。因为他们已经处于深深的心理危机之中，采用混乱技术，只会增加他们的焦虑，甚至诱使极端行为的发生。在此种情况下，催眠师只要采用温和、直接、简单的跟随和引导技术，使其从混乱的认知恢复到协调状态，就能收到很好的效果。

⑧对于那些有积极的催眠愿望并且催眠感受性很高的人，混乱技术是多余的，因为他们脱离意识过程并不困难，混乱技术的应用可能会真的引起混乱，反而有损和谐催眠关系的建立。

四、 催眠策略的综合运用

合作策略是所有催眠治疗有效的前提。

联想策略是让受术者接近无意识体验，对愿意被催眠并且催眠感受性较高的受术者十分有效。

分离策略是弱化受术者的意识过程，主要用于对催眠有阻抗（如对催眠持怀疑态度、担心受控于催眠师、担心进入不了催眠状态等）或感受性较低的受术者。

大部分适合催眠治疗的来访者虽然愿意体验催眠，但无法摆脱原有意识控制模式，所以通常在临床工作中，有效的诱导都是在合作策略的基础上，将联想策略和分离策略结合起来使用。

在催眠开始前，催眠师和受术者都要做好充分的准备。催眠师在强调催眠是安全和有益的同时，要确保受术者的信任和舒适。催眠师还要弄清哪些信息可能会促进催眠，哪些信息可能会阻碍催眠。在建立了和谐关系并吸引了受术者的注意之后，再通过言语和非言语交流，诱导受术者进入催眠状态。

在催眠过程的初期阶段，催眠师要跟随受术者的行为，如调整语速使之与受术者的呼吸节律相协调，再引导交流的方向和节奏，采用意味深长并与类催眠体验有关的话语（如深呼吸、放松肌肉等），使受术者的注意力更多转向内部体验。只有在受术者开始显示出进入催眠状态的迹象时，才可以采用复杂的诱导技术，转换的速率完全依赖受术者的反应。也就是说，催眠师要随时根据受术者表现出来的细微线索调整自己的策略。

催眠治疗的大体顺序是：①通过简单的直接诱导使受术者出现类催眠反应；②通过一般性陈述或隐喻故事加深受术者的无意识体验；③采用混乱技术弱化意识活动的干扰；④利用催眠状态给予治疗指令。

催眠治疗师的主要任务是引导和监督受术者发掘利用自身有价值的资源，而不把解决方案和策略强加给受术者。除非受术者因某些创伤体验处于崩溃状态而需要帮助时，催眠师才可以给予直接断然的指令。

艾瑞克森留给我们的不是聪明的技术，而是激励每个治疗师为了来访者的利益而尽可能地发挥其创造性的理念。

第十九章

催眠术的应用领域

催眠术与其他心理科学技术一样，都是利用人与人之间的相互作用来产生一定的心理效应，因此在各行各业均有着广泛的应用。

一、 催眠术在医学领域的应用

催眠术发端于驱邪祛病，因而医疗是其应用最早也最多的领域，在英语中有催眠治疗（hypnotherapy）这一专有名词。

催眠术用于治疗疾病具有以下几个特点：

第一，催眠治疗起作用的关键是心理暗示。

第二，催眠暗示有持久性，病愈后很少复发。

第三，催眠治疗的副作用可通过暗示来消除。

第四，催眠疗法可与药物或其他治疗方法结合。

第五，催眠疗法既能治别人的病，也能治己的病。

在医学领域，催眠术可用于：

①治疗焦虑症、恐惧症、疑病症、强迫症、抑郁症、癔症、神经衰弱等精神官能症。

②治疗高血压、紧张性头痛、非器质性心脏病、支气管哮喘、神经性干咳、甲状腺功能亢进、糖尿病、癌症、自主神经紊乱、神经性抽动、神经性皮炎、皮肤瘙痒、肌肉痉挛、斑秃、厌食或贪食等进食障碍、更年期综合征、月经紊乱、阴道痉挛、痛经、性冷淡、遗尿、尿频、早泄、阳痿、射精困难、心因性勃起障碍、心因性耳鸣、失音、口吃、咬指甲、拔头发、创伤后应激障碍等心身疾病。

③缓解各种癌痛、腰背痛、关节痛、烧伤痛及其他慢性疼痛。牙科和外科手术可以用催眠来减轻疼痛。产科医生能借助催眠使产妇在分娩时更加顺利。到20世纪七八十年代，美国已有2万～3万名妇女在催眠状态下分娩。

④改善儿童对检查和治疗的合作性。

⑤帮助失眠的人入睡。

⑥帮助残障人士和重症患者调整心态，开发潜能。

⑦帮助戒烟、戒酒、戒毒、减肥、美容。

催眠术在医学领域的应用，主要体现在两个方面：一是评估与诊断，二是干预与治疗。前者主要是借助催眠术采集在意识状态下难以获得的信息；后者主要是在催眠状态下进行认知重构和行为调整。

在发达国家，催眠已被广泛应用于临床工作，而在我国医务界，只是刚刚开始谨慎地尝试。

二、 催眠术在教育领域的应用

在家庭、学校和社会教育领域，催眠可用于：

①帮助人们增强自信和学习动机，克服自卑，勇于面对考验。

②帮助人们集中注意力，提高学习兴趣。

③帮助人们提高记忆能力和学习效果。

④帮助人们摆脱意识和思维定势束缚，增强想象力，提高创新能力。

⑤帮助人们学会放松，克服学习和考试紧张综合征。

⑥克服学校恐惧症以及焦虑、抑郁、愤怒、嫉妒等负面情绪。

⑦克服网络成瘾综合征等不良习惯。

⑧矫治儿童多动行为、退缩行为和不良品德行为。

⑨化解青春期的烦恼困惑。

⑩改善亲子和师生关系。

多年前，国外就有在催眠状态下学习，提高学习成绩的报道。例如，早在 20 世纪 60 年代初，保加利亚心理学家就开始了催眠教学法的实验。苏联科学院高级神经活动和神经生理学研究所的科学家，运用这种方法教英、德、法等外语，学生在不到二十天的时间内可掌握三四千个单词。日本也很早就将催眠术应用于教育活动，甚至有教育催眠学一说。

艾瑞克森的学生芮特曼（Ritterman），同时也是家庭治疗大师米纽勤（Salvador Minuchin）的学生，她在家庭治疗中提出"偶然性催眠"（casual hypnosis）的概念，认为家庭成员间经常会不自觉地给予催眠暗示，某些心理疾病或行为问题很可能是偶然的消极催眠暗示导致的。例如，学业不良的学生就可能是早年偶然受到"你真笨"暗示的结果。通过年龄回溯揭示这些早年催眠暗示并加以清除，即可提高这类学生的学业成绩。

父母亲漫不经心对孩子说过的话，有时会印在孩子的潜意识中，以后就会像催眠后暗示那样表现出来。如果孩子正在闹情绪，如正受到惩罚，此时听到的话更容易影响一生，因为在那种情况下暗示感受性大大增强。可见，父母是孩子的第一任老师，一言一行都会给孩子带来巨大影响。

三、 催眠术在体育领域的应用

早在 1889 年，就有人开始关注催眠对运动成绩的影响，茂尔（Moll）宣称在催眠状态下被试的肌肉力量是清醒时无法想象的。1958 年霍廷格（Hottinger）报道催眠能增加背部与腹部力量，若师（Roush）则发现催眠可以增加握力、曲肘力及悬垂耐久力。

到 20 世纪六七十年代，已有一些体育心理学工作者将催眠应用于运动训练，对篮球、棒球、板球、高尔夫球和自行车等运动员的大量个案研究显示，催眠确实能提高专业运动员的成绩。但对初学者的大样本实验研究却与对专业运动员的个案研究结果并不一致，催眠并不能提高初学者的运动水平。

在我国，自 20 世纪 80 年代中期起，特别是后来备战北京奥运会期间，也有心理学专业人员尝试在国家射击队等运动队推广催眠放松技术，取得了很好的效果。

一般认为，在体育和运动竞技领域，催眠可用于：

①帮助运动员增强自信，克服怯场。

②帮助运动员放松身心，缓解压力。

③帮助运动员消除疲劳，减轻伤痛。

④帮助运动员集中精神，增强注意力。

⑤帮助运动员开发潜能，提高竞技水平。

⑥帮助运动员消除焦虑、抑郁等不良情绪。

⑦帮助运动员学会交往，建立良好人际关系。

⑧帮助教练员和管理者处理好自身及工作中的有关问题。

四、 催眠术在司法领域的应用

在司法工作中，催眠技术通常用于：

①帮助受害者和目击证人恢复因受到强烈刺激而丧失的记忆，提供破

案线索。

②帮助判断嫌疑人对犯罪行为是否有责任能力，是否伪装精神病。

③克服嫌疑人对审讯的抵抗，帮助弄清犯罪动机。

④帮助办案人员克服消极情绪，提高分析判断和洞察能力。

⑤帮助罪犯克服变态心理和不良行为习惯，增强教育改造效果。

⑥帮助大众了解催眠原理，有助于揭露诈骗犯罪的手段，提高人们的防骗能力，并有助于侦破催眠犯罪。

人体工程学专家江波在《实用催眠术》一书的开头介绍了下面一个案例：

某年圣诞节前夕，法国里昂商场门前车水马龙，非常拥挤。一位40多岁的妇女步上台阶，突然一声枪响，她前面的人群发出一片惊慌的呼叫，四散奔逃。当她从惊愕中清醒过来，发现面前的台阶上，躺着一位满身鲜血的妙龄女郎。警察闻声赶到现场，凶手已逃之夭夭。

作为目击者，这位妇女被带到警察局。但是她怎么也说不出事情的经过。究竟是谁开的枪，她根本无从记忆。警察局请催眠大师对她进行催眠。

下面是进入催眠状态后，催眠师同她的对话：

"你现在正从汽车出来，往商场走去，你已经走上商场的台阶。商场门口人很多。是有很多人吗？"

"是的，人很多。"

"你看看前面的人，他们是什么样的人？"

（抬头向前看）"有很多人，有男人、女人、老先生、老太太，我都不认识。"

"你看到一位穿狐皮大衣的女郎吗？"

（犹豫了一下，摇摇头）"我没看见。"

"你肯定能看见她，你找一找。"

（引颈观望）"啊！我看见了，她从商场出来，走得很匆忙，很慌张的样子。"

"后面有人跟踪她吗？"

（放眼搜寻）"有。一个戴大礼帽的男人，帽子压得很低。"

"那个人有多大年纪？"

"有30多岁。"

"脸上有什么特征？你仔细看看。"

"脸是圆的，眼角好像有个黑点。"

"他在干什么？"

"他走到女郎身边……"（失声惊叫）"啊！他从口袋里掏出手枪，他开枪了，把她打死了！"

"那个开枪的男人往哪里跑了？"

"他用手拉了拉帽子，转身就往商场里跑去，身体撞了一下门，还回头望了望那位被他打死的女郎呢！"

这位妇女在催眠状态中回忆起当时的现场细节，提供了凶犯的相貌特征。警察局根据她提供的线索，很快抓获了凶手。

1968 年，美国加州最高法院在一起案件的审理中，首次认可催眠记忆，随后由于心理学家与洛杉矶警方的成功合作，催眠术在美国司法界的应用迅速推广，高峰时有三分之二的州政府承认催眠术在司法工作中应用合法，认定源于催眠的证据与来自其他途径的证据具有等效性。当时，至少有两千名警察和侦探接受过催眠术的训练。不过，随着时间的推移，累积的资料越来越多，在司法领域人们对催眠术的态度逐渐发生了变化，由积极推广转向了谨慎探索，部分法律专家和心理学家甚至公开反对。现在，美国仅有少数州采信来自催眠的证据。

目前在欧美国家司法界，大多是将催眠术获得的信息和测谎结果一样，作为案情线索，供破案人员参考，最后定案还是要靠证据。

在美国心理学会主编的《临床催眠手册》（Handbook of Clinical Hypnosis）第 32 章、澳大利亚新南威尔士大学心理学院院长凯文·麦坎基与皮特·W. 史汉合著的《法庭催眠：伦理准则的应用》（Forensic Hypnosis：The Application of Ethical Guidelines）和《犯罪调查中的催眠、记忆和行为》（Hypnosis，Memory，and Behavior in Criminal Investigation）一书中，介绍了许多催眠犯罪和借助催眠术促进司法调查的案例。

在司法工作中，催眠术一方面可以提高记忆的广度，让人回忆起已经遗忘的早年经历以及更多的细节，但另一方面也可能出现歪曲和错误。如何判断受术者在催眠状态下所说的是真实记忆还是虚构或幻想，是一个十分棘手的问题。通常是采用多次复查时间、地点和具体细节的方法，来验证其回答的真实性，也就是在受术者讲过某事件后做些别的引导，然后突然重复或变换方式问同样的问题，比较他的多次回答是否一致。

以色列于 1973 年开始将催眠术应用于刑事案件的侦破，认为催眠术能有效地加快受害人和证人回忆信息的进程，促进他们回忆起许多重要的事实和细节，是提高刑事调查和审讯效果的有效方法。经过多年实践，警方发展出应用催眠术侦查时必须遵循的一套原则：

第一，必须证人和受害人同意与侦查机关合作，同意催眠的事实及细节；但对犯罪嫌疑人不应进行催眠审讯，除非犯罪嫌疑人自己要求使用催眠术。

第二，必须确信受术者在催眠状态下，心理是没有问题的。

第三，侦查催眠的施术者必须是有经验的专业心理学家。

第四，施术者的指导语应避免引诱倾向，对催眠中所获信息保持头脑冷静，不可轻易全信。

据说，以色列的情报部门还经常将催眠术用于对间谍的审讯。

五、 催眠术在工商领域的应用

在工商企业，不但可将催眠术用于员工培训，一些催眠技巧还可用于：

①帮助员工缓解压力，消除疲劳，振奋精神，克服职业倦怠。

②激发员工潜能，提高自主性、创造性。

③促进横向与纵向的有效沟通，增强凝聚力。

④解除客户的防御心理，提高销售业绩。

⑤改进谈判技巧，提高竞争能力。

⑥减少逆反心理，提高思想政治工作的效果。

⑦改善企业氛围，更好发挥企业文化的作用。

在工商界最直接的应用是将催眠用于市场营销，通常好的推销员都或多或少，或有意或无意地运用了某些催眠术的原理和方法。

有人比较了催眠与非催眠条件下客户在决策时的言语和行为，发现催眠状态下消费者决策过程更情绪化，于是出现了直接针对目标人群的催眠诱导。

商业活动中最为直接的催眠应用当推潜意识广告。

20世纪50年代，美国商界、广告界引发一场极大震撼，那就是潜意识广告的出现。所谓潜意识广告，就是一种利用暗示的广告方式。它以微弱的、不引起知觉的刺激作用于潜意识，进而引起人的购买动机和购买行为。

潜意识广告首次登场是在1957年9月，发起者是以研究购买动机而闻名的心理学家米迦里。当时推出的广告词是"请喝可口可乐！"以及"请吃爆玉米花!"

米迦里使用自创的投射装置,于电影院的影片放映期间,每隔五秒便做三千分之一秒的投射,重复投射这样的广告词达 69 次。六周实验成绩的平均结果显示,爆玉米花的出售量增加 18.1%,可口可乐的销售量增加 57.7%。对于五十分之一秒的曝光,一般人都很难有所觉察,所以,做三千分之一秒的曝光投射,观众们完全意识不到。这就是"看不见的广告"!虽然观众无法意识到广告的存在,但是销售额的大幅增加,证明了这对观众产生了暗示的效果,可以说是把无意识的暗示作用运用于商业推广的伟大发明。

1958 年 3 月 31 日出版的《生活》杂志,报道了潜意识广告所造成的震撼。报道中说,人眼虽然看不见这种广告,但这种广告却有让人想去购买爆玉米花和饮料的影响力,由此可见,它甚至能左右人去购买某些原本不打算购买的商品。

……

把潜意识广告运用到电视上,也得到了大致相同的效果。当你看了电视节目之后,可能会突然因想喝啤酒而去打开冰箱,而一些太太们可能突然想到:我应该赶快到某某商店买点东西了。

……

后来,美国电视伦理规定管理委员会,对这种广告表现明显的反对态度。因为它显然对人存在着操纵倾向,如果再利用它来进行宗教、政治或思想的宣传,那社会影响力是非常可怕的。

这个潜意识广告,从本质上来讲,就是让自己的广告诉求直接进入人的潜意识,进而影响人的心理与行为。从这一点来说,它与催眠的本质是一致的。

(转引自:邰启扬,吴承红. 催眠术治疗手记. 北京:社会科学文献出版社,2007.)

笔者认为,利用潜意识广告做营销,确实有违职业道德,但采用类似方法(如在影片和电视节目中反复快速插入"严厉打击贪污受贿"的话语),影响官员和老板的潜意识,对于预防腐败是否可起到一定效果呢?建议政府反贪局和中纪委等有关部门,不妨组织专家开展此项研究,说不定会是一种有益的尝试。

一些传销活动就是通过语言暗示和氛围感染,使许多受骗者丧失理智,深陷其中不能自拔。传销专家或传销讲师大多是催眠高手，尽管他未必学习过催眠。每场传销培训，几乎都是一种集体催眠，受骗者的狂热反应与催眠中的恍惚状态十分相似。

电视广告以美女或明星来介绍化妆品或服饰，以著名运动员来介绍运动用品或保健品，也是对催眠暗示法的巧妙应用。

催眠术在工商领域的另一突出贡献是，建立在艾瑞克森催眠模式基础上的 NLP（神经语言程序学）在人际沟通和励志培训方面的广泛应用。NLP 的两位创立者班德勒和葛瑞德，每年都会在加州大学开设 NLP 课程，并举办各种相关活动。经过几十年的推广，NLP 已成为世界上最有影响的励志与人际沟通课程。

美国的克拉因博士利用催眠中的年龄退化状态给予职业指导，针对受术者对职业的态度改变，经过心理测验后进行催眠式面谈，使受术者对其职业的潜在态度表露无遗，有效地针对其本身的职业兴趣选择出适当的职业。而对于对自己所从事的职业缺乏自信或丧失兴趣的人，也可以在催眠诱导下，进行催眠式的面谈，进而有效地激发其对现有职务、职业的兴趣或意愿。

催眠术最广泛的应用是职场减压。不久前，世界卫生组织在一份报告中称："工作紧张是影响许多职员健康的危险因素。"这一结论明确指出了过度劳累带给人体的危害。科学家们宣称，2000 年后，随着经济的高速发展及生活节奏的不断加快，疲劳将会比疾病更广泛地影响人们的学习与工作。太累、太疲劳已是人们日常生活中的流行词，心理疲劳一跃成为现代社会的"隐形杀手"。

《催眠的花园》光盘的作者马丁·圣詹姆斯是当今世界催眠及潜意识心理学领域的顶级大师。马丁融合了传统的神经学、生理学、心理学、语言学及人脑控制学，并在临床操作上汲取了沟通学、艾瑞克森催眠学、家庭诊疗学及完形治疗法等各家之长，去芜存菁，经过多年的研究发展，完备了自身的理论架构与操作法则。

马丁大师曾在台湾举办过多场催眠秀，均异常轰动，令成功学权威陈安之也叹为观止，心悦诚服。

《催眠的花园》在商业方面可用于提高销售、谈判、领导、创新、沟通等能力；在教育方面可改善或加强员工、组织的学习能力，激发运动员的潜能与提高成绩等；在个人方面可治疗个人心理问题、心灵创伤、缺乏自信、各种恐惧症、精神压力、身心不适等。

马丁的催眠光盘是放松身心的上佳选择。只要播放《催眠的花园》这张光盘，然后放松地平躺下来，闭上双眼平静轻松地聆听，就能得到完全的释放！催眠大师马丁营造了一个完全放松的氛围，按摩每一根紧绷的神经。倾听者会感到自己身体的每一个部分都放松下来，任何杂念都消失了，并在马丁的引导下，进入自己的潜意识深层心理世界。例如，呼吸清晨新鲜空气的自由感，一层一层突出思绪的重围，寻找快乐的源泉。

笔者在为企业举办的"压力应对与情绪管理"工作坊上，经常播放此光盘，并受到参与者的普遍欢迎。

第二十章
催眠术的临床应用

··

　　临床医学和心理治疗是催眠术应用最多的领域，但除有助于缓解紧张、消除疲劳和减轻疼痛外，催眠术本身并无治疗身体和心理疾病的功能，要发挥催眠的治疗效能，必须通过积极心理暗示并将其与其他医学和心理治疗方法结合起来使用。

　　所谓催眠治疗，就是在催眠状态下，借助他人暗示和自我暗示，动员自身潜能，达到治疗疾病的目的。催眠中显意识受到抑制，潜意识高度兴奋，无保留地接受了暗示信号，从而增强免疫功能，调节机体平衡，消除病理机制，取得治疗效果。

　　人们凭借催眠暗示，可以控制血液循环，减慢或加快心跳，改变器官和腺体的机能，大大加快创伤或内伤的治愈速度，降低或升高体温，还能诱发许多其他身体变化。

　　国外有研究报告指出：对于心理疾病，单独使用精神分析疗法，疗效仅为75％；单独使用认知行为疗法，疗效为85％；将上述两种方法与催眠术结合起来，疗效可分别提高到95％和99.5％。

　　催眠增进疗效的一个重要原因是，可减少对心理治疗的阻抗。

　　任何一种治疗方法都不是万能的，对精神分裂症、脑器质性损伤、冠心病和动脉硬化患者，实施催眠术可能会诱发疾病或使病情加重，在临床应用中必须慎之又慎。

一、 催眠治疗的通用程序

　　采用催眠术治疗疾病通常要遵循以下程序。

（一）临床测查

　　通过询问或其他诊断技术（化验或仪器检查、量表测试等）了解患病原因、主要症状以及性格、气质等个性特点和催眠动机，判断患者是否适合催眠治疗。

（二）制订方案

确立治疗方案，包括催眠方法和程序、时间和次数等。还要拟定暗示语句，特别是能达到治疗目标的主题暗示语，一定要准确、简练、浅显，便于患者感应。

（三）术前谈话

对患者及其亲人讲解催眠术的原理及功能，消除患者对催眠的恐惧和疑虑，取得患者的信任，增强其治愈的信心，使其积极配合治疗并产生有效的预期作用。

让患者自己订立一个欲达到的目标，用一句话概括出来并连续说三次，使其潜意识充分接受这个目标。

（四）诱导入眠

根据患者年龄、性别、职业等特点，采用不同诱导方法，使其进入适合治疗的催眠状态，其深度因疾病而异。一般说来，对于幼儿采用水晶催眠球和下抚法比语言诱导效果更好。

（五）给予暗示

在催眠治疗阶段通常应给予患者以下几种暗示：①消除病因的暗示；②除却症状的暗示；③疾病根治的暗示；④身心愉悦的暗示；⑤巩固效果的暗示。

（六）唤醒复原

通过唤醒指令使患者恢复到催眠前的清醒状态。

催眠治疗很少立竿见影、一次成功，通常需要反复多次方能见到效果。

二、 催眠术与常规心理疗法的结合

（一）与分析疗法的结合

弗洛伊德精神分析的主要原理和方法是，将心理疾病患者潜意识中与疾病有关的症结（complex）上升到意识领域，使患者领悟，从而达到治愈目的。为此需要花费大量时间来挖掘幼年创伤，并常常遭到患者阻抗。

在催眠状态下，不但可通过故事隐喻和各种混乱技术有效消除或减少患者的意识阻抗，而且治疗师可以利用年龄回溯、催眠梦等技术接近并深入到患者的潜意识之中，受术者可以将压抑并郁结在内心的种种欲求、烦恼、焦虑和痛苦，尽情宣泄出来，释放心理能量。

此外，精神分析中最长使用的自由联想法与催眠术结合起来，往往会收到更好的效果。

（二）与行为疗法的结合

行为疗法中常用的放松训练与催眠诱导方法几乎没有区别，都可用来缓解紧张焦虑情绪，减轻工作、学习压力。

在行为改变技术中使用最多的是奖励强化法，此法与催眠术很容易结合起来。在催眠状态下，对受术者的正确思想观念和言语行为给予赞赏鼓励，通常会留下深刻印象，并通过潜意识持久影响以后的行为。

此外，厌恶疗法、系统脱敏法和满灌法也都可以在催眠状态下使用。具体如何结合，在本章后半部分，我们会借助案例详细介绍。

（三）与认知疗法的结合

认知疗法主要是在意识领域解决患者的认识或信念问题，但常常会遭到抵制和排斥。在催眠状态下，因为受术者的意识变得狭窄，批判能力下降，往往更容易接受新观念，特别是可以使一些观念绕过意识层面并渗透到潜意识中，养成良好思维习惯，从而可以下意识地支配当事人的行为，使其在不知不觉中发生改变。

传统上，无论是来访者还是治疗师都习惯于用负面的（不符合社会期望的）语言来描述症状或问题，这样，在当前的问题（坏的）状态和未来的期望（好的）状态之间就有断层。对问题和解决方案使用不同的语言，会令问题之中包含解决方案这一关键准则的应用变得很困难。

艾瑞克森指出，在催眠中，信念或意图是一个简单的想法，它通常是隐形地操作催眠建议，并经由意念动力过程来产生无意识的反应。

受术者的信念或意图，可以用正面的、建设性的或负面的、破坏性的话语来表达，描述一个人想要什么或不想要什么。许多来访者强调他们不想要什么，这种负向的信念和意图可以暂时抑制一些不希望有的行为模式，但不足以产生新的行为模式。正向的信念和意图能反映出促进成长的原生过程，因而更加重要。

破坏性信念和意图是指向过去的，试图去掉、隔离或否认已经发生至今犹存的体验；而建设性的信念和意图聚焦于未来，通过做一些不同的事情来开发潜能，实现自己的期望，产生新的体验。例如，用"我希望在我的生活中能够自主"代替"我想抹掉心里总是想起的妈妈的声音"，会更有助于问题的解决。因此催眠治疗师要善于识别受术者的负向信念和意图，并引导其建设性的自我表达。

倘若个体具有僵化的消极信念，其行为必定僵化，因而易出问题。例如，一个人习惯性地预期自己会在招聘面试中失败，他的认知过程和情绪被这个主导信念所支配，就会表现出相应的行为，从而导致预言的自我实现。因为他确信只有失败没有其他可能，这种僵化的信念就成为他维持问题状态的自我催眠诱导。如果在催眠中让他坚定地预期自己一定会成功，通过预言的自我实现就会取得积极的结果。

需要指出的是，不同的心理治疗学派在催眠过程中所采用的方法并不完全相同。因为催眠师向受术者所提的问题通常不是中性的或客观的，往往受自己理论取向的影响。例如，心理动力治疗师常常问过去经历，行为治疗师可能提问的是有关系统脱敏层级的问题，认知学派的治疗师把焦点主要集中在不合理信念上，而家庭治疗师则试图了解家庭关系的结构。

最后还要特别强调，无论是催眠疗法还是其他心理治疗方法，都要坚持以人为本的原则，只有以来访者为中心，建立和谐的医患关系，才能取得理想的治疗效果。

三、 催眠术与阴阳辩证疗法的结合

（一）阴阳辩证疗法的基本理论

阴阳辩证疗法亦称阴阳辩证辅导，是由笔者创立的一种积极心理学取向的心理治疗方法。笔者从事心理辅导、心理咨询工作几十年，目睹许多人为形形色色的问题而苦恼，甚至为一点小事耿耿于怀，或行凶报复危害社会，或自寻短见走向绝路，或抑郁成疾痛苦不堪。人们常常劝人遇事想开点，但有心理障碍的人恰恰喜欢钻牛角尖，不懂得如何想开点。本人经过多年实践探索，将现代西方心理学中的认知疗法与中国古代阴阳辩证思想结合，于 20 世纪 90 年代创立了具有东方和中国本土特色的阴阳辩证治疗的系统理论及一整套操作性极强的辅导方法，在临床工作中取得了很好的效果，使无数焦虑抑郁、悲观绝望者摆脱困扰和痛苦，重现阳光心态。

我国古人根据阴阳学说绘成的太极图（见图 20-1），看似简单，其内涵博大精深，是对宇宙、物质、生命和精神世界本质的高度概括。

图 20-1　太极图

图中黑色代表阴，白色代表阳，寓意世界上任何事物都是一个复杂的系统。小至基本粒子，大至宇宙天体，从微观到宏观，从物质到精神，从自然现象到社会现象，均是由无数方位和无限层次的阴阳组成的对立统一体。

图中白里有黑，黑里有白，寓意无论阴还是阳，都不是纯粹的单一成分，而是你中有我，我中有你。世界上的人和事，无不好中有坏，坏中有好；利中有弊，弊中有利；得中有失，失中有得；假中有真，真中有假。

图中黑白两部分，酷似两条游动的鱼，寓意阴阳在相互矛盾冲突的运动中此长彼消，相互转化，而其中的两个小圆，则代表与外部条件相呼应、作为变化依据的内因。图中黑白交界的 S 线代表阴阳的交互作用和动态平衡。

阴阳辩证疗法的核心理念就是太极图三点寓意提示给我们的三论，即全面论、相对论、发展论。

1. 全面论

太极图的寓意之一是万事万物，皆有阴阳。这提示我们，看问题一定要全面，既不要只看黑，也不能只看白，任何事物都有好有坏，有利有弊，有得有失；遇事不能以点代面、以偏概全，不能只见树木、不见森林；对人不能攻其一点、不计其余，全盘否定或全盘肯定。要学会多角度、多层次的看待事物；要看到尺有所短，寸有所长；凡事有利有弊。在大好形势下要看到阴暗面，在困难的时候要看到成绩和光明。瞎子摸象的故事很富哲理。无论自然科学还是社会科学，无论对宏观世界还是微观世界，人类的认识都仅仅是九牛一毛，沧海一粟，充其量是管中窥豹的一孔之见。每个人、每个团体都有自己的盲点和局限，意识到这一点，对增强理智、包容异见、减少无谓争论十分必要。

2. 相对论

太极图的寓意之二是阳中有阴，阴中有阳。这提示我们，没有绝对纯粹的东西，真理与谬误都是相对的。任何科学发现都受时间、地点、条件的限制，没有放之四海而皆准、千秋万代永适用的普遍真理。把真理绝对化，追求绝对准确、绝对公平、绝对完美，好就全面好，坏就彻底坏，这种看问题绝对化的人和片面性的人一样容易出现心理障碍。特别是一些所谓有知识的人，常常把知识当作绝对真理，不分场合地乱套乱用，这种教条主义者害人害己。解决的办法是倡导相对论，废黜绝对化。学会在危险中看到机遇（危机），在痛苦中体验快乐（痛快），领悟舍即得（舍得），得即失（得失）的哲理。认识到和谐社会需要公平，但公平永远是相对的，差别只能减少不能消灭，我们在争取公平的同时，也要学会接受某些不公平。

3. 发展论

太极图的寓意之三是阴阳互动，相辅相成。这提示我们，万事万物皆在发展变化之中，黑可以变白，白可以变黑。斗转星移，沧海桑田，只有看到变化，接受变化，不断与时俱进，才能永远立于不败之地。那种好就永远好，坏就长久坏的想法，均是鼠目寸光的愚人之见。塞翁失马，焉知非福。祸兮福所倚，福兮祸所伏。好事可以变成坏事，坏事也可以变成好事。取得成功不要得意忘形，遭到失败也不要一蹶不振。要警惕乐极生悲，坚信否极泰来。要牢记外因是变化的条件，内因是变化的依据，外因通过内因起作用。要懂得量变引起质变，小变会带来大变的"蝴蝶效应"。要不断努力进取，勇于变革创新，促使矛盾转化。要寄希望于未来，"风物长宜放眼量"。

（二）在催眠状态下进行阴阳辩证辅导

人的不合理信念或非理性认知的主要特点，概括起来无非是片面性、绝对化、静止论。阴阳辩证辅导的主要内容就是辅导来访者，在看问题时变片面为全面，变绝对为相对，变静止为发展。

在临床工作中，笔者将阴阳辩证疗法的精髓概括成方便记忆的五句箴言：①不好中有好；②这方面不好那方面好；③现在不好将来好；④争取不到的就说它不好；⑤摆脱不掉的就说它好。

具体做法是，在轻度或中度催眠状态下将上述五句话反复讲给受术者，并让受术者运用这五句箴言看待自己的问题或困扰，分析解读个人经历和生活事件，联系实际，反复练习，逐步掌握阴阳辩证的思维方式，在潜意识中养成阴阳辩证的思维习惯，既一分为二又合二为一地看待一切事物，对人、对己、对事多看积极方面，往好处去想，往好处去说。同时还要懂得世界上万事万物并非由阴和阳简单构成，克服非黑即白、把真理和谬误简单二分的思维方式，充分认识到内心和谐就是阴阳平衡，为此就要讲一点中庸之道，特别是要深刻领会下面一些话的含义：

严格必须有宽容来平衡。

勤奋需要适当休息来平衡。

谦让必须用勇敢坚持自我来平衡。

慷慨大方必须用敢于说"不"来平衡。

信任没有必要的自我保护则易受伤。

认真没有灵活性来平衡就会变成刻板。

民主没有集中的整合就会成为洪水猛兽。

自由没有法纪的约束就会变成一盘散沙。

权利没有义务的制约会带来极大恶果。

在催眠过程中通过上面这些话的反复暗示，使受术者在潜意识中改变认知结构，重建人生经验，从而取得心理平衡，摆脱情绪困扰。

临床实践表明，将阴阳辩证疗法与催眠术结合起来，最适合解决人际矛盾和一般情绪困扰。对抑郁症和有自杀意念的人效果尤为明显。对于焦虑症和有明确对象的恐惧症也很有效，但对病情严重者需要适当配合放松和脱敏训练。强迫症患者大多追求绝对完美，做事过分认真，通过催眠状态下的阴阳辩证辅导，有助于改变其绝对化思维方式，因而也可收到意想不到的疗效，倘若辅以注意转移训练则效果更佳。这里提到的放松、脱敏和注意转移训练对于克服上述神经症都是治标之术，而阴阳辩证疗法才是治本之策。

四、 催眠治疗的具体实施及案例

（一）神经衰弱的催眠治疗

神经衰弱是指由于工作和生活的过度紧张，导致脑力劳动能力减弱及对外界刺激过分敏感的症状。

采用催眠疗法治疗神经衰弱，其要点如下。

首先，将患者引导到中度催眠状态。

接下来给予下面的治疗指令："你现在睡得很深、很舒服。你曾对我说，你有神经衰弱，我现在给你治疗，经过治疗，你的症状就会消除，你的疾病就会痊愈。现在先按摩你的头部，按摩以后，你的头疼、失眠、健忘就会自然消失。下面注意你的呼吸：当你吸气时，清新的氧气进入肺部，经血液流到你的全身，你的身体充满能量；当你呼气时，所有的烦恼和紧张焦虑情绪都随着二氧化碳一起排出体外，你感到非常舒服。你现在的头脑很清晰，没有任何不适的感觉，今后也不会有头疼、精神不振、四肢无力的感觉了。你的身体越来越好，工作效率越来越高，你每天晚上都能很快入睡，睡得很安稳，很深沉，进入甜甜的梦乡。早上醒来，你会感到神清气爽，精力旺盛，心情愉快，全身舒畅。你无论做什么事都头脑清醒，思路敏捷。"

边发出指令边观察病人的面部表情，如果出现轻松、安适的表情，说明达到了效果。

进一步发出如下肯定性暗示："你的神经衰弱已经痊愈，所有的症状已经消除，今后也不会发作，肯定不会的！没有任何疑问的！"

按上述程序反复进行，就会使病症逐渐减轻。

（二）焦虑症的催眠治疗

催眠具有高效的镇静和抗焦虑作用，对于社交焦虑、情境性焦虑、创伤后焦虑、广泛性焦虑的治疗快速而稳定。

对于焦虑症的治疗，放松是首要的必不可少的步骤。焦虑有急性、慢性之分，对于急性应激状态下的患者，主要通过腹式呼吸、放松肌肉等方法减轻心慌、气短、痉挛等症状；对于慢性焦虑患者，可通过以下步骤进行治疗。

首先使受术者进入催眠状态，然后进行放松暗示："现在我要求你面部肌肉放松，颈部肌肉放松，胸部、腹部肌肉放松，腰部肌肉放松，腿部肌肉放松。"放松最好由上到下，使受术者反复体验放松后的舒适感、愉悦感，反复暗示在清醒以后，仍然有此感觉。

进入中度催眠状态后，先通过谈话来了解焦虑发生的原因；再让受术者想象最令人焦躁不安的事情，产生极端负性的情绪反应，然后催眠师进行正面引导。

接着将放松训练与系统脱敏结合，克服焦虑体验。

必要时指导来访者学会自我催眠，在日常生活中降低对应激的反应水平。

多年来，笔者曾在帮助学生克服考试焦虑的过程中，将催眠与各种心理治疗技术，特别是认知行为疗法结合起来。具体做法如下：

首先，通过自律式、渐进式或冥想式放松诱导，使学生进入轻度或中度催眠状态。其次，让学生由轻到重想象与考试焦虑有关的情境，每当出现紧张反应时，便给予放松指令，反复多次，直到不再出现紧张反应。若时间不够，也可以采用满灌法，即在催眠状态下描述考试中碰到难题或发生意外时的最坏结果，引起受术者高度紧张反应，再通过放松予以解除。最后，采用积极心理暗示，增强受术者考试必胜的信心。例如，"当我走进考场的时候，我会很镇定，很自信。当我坐在椅子上的时候，我的信心更足了。当我拿到考卷时，我的头脑会很清醒，因为我已经做好了充分的准备。我会轻松愉快地答完全部问题，今天的考试我一定会成功！"

（三）恐惧症的催眠治疗

对恐惧症的催眠治疗要点如下：

在深度催眠状态中给受术者一支铅笔，要求其尽可能详细地描绘最感到恐惧的情境、事件、人物或动物，在描绘完以后，催眠师询问图画的意义，以此了解内在的冲动、冲突、压抑或恐惧，然后进行疏导或消除。

采用年龄回溯法让受术者重新体验恐惧情境，回到受惊吓的年月，体验当时的情境和情绪反应，然后说："好的，你又回到了当年受惊吓的时刻。你又体验到了当年受惊吓的情绪。这些情绪多年来一直困扰着你，使你的心理躁动不安，今天要求你再次体验，客观地认识它。好的，现在你清楚了，你当年的遭遇确实没有什么可怕的，而且已经过去了，没有必要耿耿于怀，今后这种情况再也不会干扰你了，你的恐惧症也会自动消失，肯定是这样的，不会错的。"

对于症状顽固的要做数次，必要时还可以将催眠与系统脱敏法结合起来，即将恐惧的事物或情境，由轻到重排列若干等级，然后先从轻微恐惧事件做起，通过放松逐步消除。例如，治疗驾驶恐惧症，就可以在催眠中模拟驾驶情境，通过意象逐步接近目标行为（走近汽车—坐在副驾驶位—坐在司机位—启动汽车—行驶在车少人稀的宽马路—行驶在高速路—看到车祸等），可避免现实暴露疗法（满灌或系统脱敏）的风险。

美国著名女影星玛丽莲·梦露，刚出道时严重怯场，早年有好几次拍片的机会，她都错失良机。因为一让她念台词，摄像机一开始拍，她就吓呆了，说不出话也不会动。这与其童年经历有关，可能是在学校表演节目时忘了台词，给吓坏了。后来经过催眠大师莱斯利·勒克龙八次催眠治疗，她增强了自信心，克服了自卑感，成为举世瞩目的大明星。

上述方法亦可用于对创伤后应激障碍（PTSD）的治疗。有研究表明，焦虑症、强迫症与PTSD病人的催眠感受性，显著高于普通人和其他类型的病人，均适合催眠治疗。PTSD的过程、症状与催眠状态极为相似，甚至有学者认为，PTSD等心理障碍的产生就是偶然的消极催眠的结果，积极的催眠治疗可以有效地去除消极的应激反应。

（四）抑郁症的催眠治疗

对抑郁症的催眠治疗通常与认知疗法结合起来进行。

首先，通过术前谈话，了解患者抑郁的原因。

在诱导患者进入中度催眠状态后，让他想象令其不开心的诱发性事件，进入导致抑郁的情境，从而产生负性的情绪反应。

然后，催眠师通过提问让其说出对有关人和事的看法，并通过质疑和批判，引导患者认识到自己想法的不合理。

再通过阴阳辩证辅导，使其改变绝对化、片面性、静止论的思维方式，认识到不好中有好，这方面不好那方面好，现在不好将来好，学会相对、全面、发展地看待问题，并及时给予鼓励强化。

最后，反复暗示："世界上一切事都很顺你的心，你的心情越来越好，你成了一个非常快乐的人。"

若患者严重抑郁并有自杀意念，还要特别给予生活美好、热爱生命的暗示，并提醒监护人注意患者安全，必要时可配合抗抑郁药物治疗。这里特别要指出的是，资历不够深的催眠师千万不要对这类患者实施催眠治疗，否则会有很大风险。

（五）精神病的催眠治疗

精神病患者通常都深陷在恍惚状态中，他们的体验大多类似于经典的催眠现象，如幻觉、知觉扭曲、年龄退行等。他们长期生活在一个歪曲的现实中，任由扭曲的无意识过程所摆布。

我们在第十八章曾指出，对于已经陷入混乱中的受术者不宜采用混乱技术，但这种情况也有例外。由于精神病人既不能与人正常交流，又不能集中注意力，传统的催眠诱导方式很难奏效。但艾瑞克森学派的催眠交流策略和技术，却可以在一定程度上对精神病患者起作用。因为采用特殊的混乱技术有助于打破病人自我封闭的心理过程，将其从刻板僵化的思维框架中拉出来。具体做法是：①辨别出患者处于类似催眠的分离状态；②收集患者处于催眠状态中的一些独特信息；③与患者建立良好和谐的关系以取得信任；④完全接纳患者的现实并适当跟随其混乱行为；⑤逐渐引导患者从自己杂乱的恍惚状态中走出来，并进入催眠师所暗示的状态中去。

当然，短期催眠治疗所引起的改变只是暂时现象，为了获得对精神病患者的成功治疗，催眠师必须与患者建立并维持一种更深刻的关系，付出更多的时间和精力。

艾瑞克森曾深入研究了一位住院 6 年的精神病人的行为模式，在长达12 小时的催眠会谈中，有 4 小时跟随患者的分裂型语言。第二天，患者要求艾瑞克森"讲点能让人理解的话"，艾瑞克森随即询问了患者的姓名，患者马上回答了他。采用这种方式大约治疗了一年，患者的分裂型语言逐渐减少为偶尔莫名其妙地喃喃自语。后来该患者出院并找了一份工作，3 年后依然稳定，而且很喜欢自己的工作。

需要指出的是，对于精神病人来说，经验不足的催眠师不要轻易采用混乱技术，而且一旦患者脱离了混乱状态，就要转而运用高度支持与温和的方式。

另外，精神病患者常常失去理智，甚至会有暴力行为，在催眠治疗时最好有监护人在场，必要时可让其服适量镇静剂或麻醉剂，以免发生自伤或伤人事件。有时也可让患者由睡眠状态转入催眠状态再行治疗。

（六）疼痛的催眠治疗

利用催眠来止痛，是催眠术在临床上应用最早的领域之一，也是催眠得到医学界认可的重要原因。无论对外伤疼痛、手术疼痛、分娩疼痛还是慢性病疼痛，催眠疗法都有用武之地。

美国医学会早在 20 世纪 50 年代既已认可催眠用于口腔手术镇痛，1996年又用强有力的证据宣布，催眠可以减轻癌症病人的疼痛。

日本河野良和先生以 58 位孕妇进行自我催眠实验，无痛分娩效果显著者占 44.84%，孕妇很满意者占 37.9%，完全不满意者仅占 3.4%。

用催眠缓解痛苦的主要方法是，催眠师首先以直接明了、富于同情的方式接纳受术者，对他的疼痛和不幸进行言语和非言语跟随；在取得信任并建立了稳固的和谐关系之后，将受术者的注意力吸引到催眠师身上，逐渐提及疼痛感降低的可能性，但不能强调得太过分；然后将其注意力再次引向情境的其他方面，通过因势利导地分散其注意力，能有效地减轻疼痛感。催眠师与受术者适当的身体接触，如用力握手或抚摸，也能减轻痛苦。

临床实践证明，深呼吸和放松肌肉是减轻疼痛简单易行而又十分有效的方法。可以使用类似下面的诱导语：

"现在闭上眼睛，舒服地坐在椅子上，深呼吸，吸…… 呼…… 吸…… 呼…… 疼痛在这里，而你在那里……深呼吸…… 无意识会让你体验美妙与惊奇，你会觉得越来越舒适……"

对于因精神高度紧张而头痛的患者可反复暗示："你的精神平静下来了，你的头很轻松，很舒服。"

诱导语要根据现场的实际情况和受术者的表现灵活运用，特别是要密切观察并随时利用受术者的所有反应。

莱斯利·勒克龙在《自我催眠术》一书中介绍了一种催眠麻醉止痛的方法：

在催眠状态下，闭上双眼，想象脑海中亮着一长串色彩不同的小电灯，每盏灯下方都有一开关，每个开关都与身体不同部位相连。假如你的右手需要手术，可想象自己用左手关掉那盏与右手相连的淡蓝色灯，灯熄灭后暗示自己："我的右手开始发麻了，会越来越麻。手上会有点儿冷丝丝的感觉。"重复这些暗示3～4遍。然后继续暗示："过一会儿，我要掐这只手，这只手会完全麻木。起先，我将轻轻地掐，每掐一次，麻木程度将会加剧。越掐越重，掐了四次后，这只手就会完全麻木。"

如果催眠达到一定深度，也可采用更为简单的方法："我用左手在右手上抚摸三下之后，右手将完全失去知觉。当我掐右手时，会感到有些压力，但是不痛。"继续暗示自己，每掐一下，麻木的感觉就会增加。但在手术完成后必须解除催眠麻醉。疼痛是必不可少的，它提醒我们那个部位有了损伤，或者疼痛的部位下面出了什么问题。麻醉目的达到后，没有理由再继续下去。

(七)儿童多动行为的催眠治疗

儿童常在幻想世界里飘进飘出，即使在没有正式诱导的情况下，大部分儿童也能很好地进入催眠状态。

艾瑞克森(1958)指出：

"渴望体验新事物、愿意学习新东西，使得儿童成为很好的催眠来访者。……对于儿童不能用指令的方式，而是要按照儿童自己的学习方式来运用对他们有意义的语言、概念、思想和口头描述……"

一个名叫乔的严重逆反多动的 8 岁男孩，声称可以"践踏"任何人，并在诊室地板上狠狠跺了一下脚以显示实力。艾瑞克森首先赞赏他的劲很大，但使这么大劲肯定跺不了几下，乔说可以连跺一千次，艾瑞克森表示怀疑，引起乔的愤慨，发誓要证明给他看。大约跺了三十多下，艾瑞克森暗示他已经跺了上千次，因为他站也站不稳，只想坐下休息。乔固执地笔直站立着，艾瑞克森又将乔的注意力引向办公桌的时钟上，暗示时间过得很慢。乔保持僵硬的姿势越来越困难。一个多小时后，乔的母亲被叫进来，她一脸奇怪地看着自己安静而站得笔直的儿子。艾瑞克森对母亲和乔说，这次会谈是他和乔之间的秘密，只有他俩知道秘密是什么就足够了。后来乔的多动行为逐渐消失了。

在这个案例中，艾瑞克森根据儿童特点和问题行为巧妙地运用了夸张游戏和超载技术，取得了很好的效果。

(八)性功能障碍的催眠治疗

在临床工作中，来访比较多的性功能障碍患者主要有两类：一是对性恐惧的妇女；二是心因性阳痿的男性。对这两类问题，通过催眠治疗都可以取得很好的效果。

下面是笔者的两个治疗案例：

有位中学女教师，孩子出生后，请婆婆来帮忙照顾，家中房屋狭窄，三代人同居一室。一次在与丈夫做爱时，因担心被婆婆发现，精神过于紧张，导致性交疼痛，从此对性生活产生恐惧。尽管后来孩子长大，婆婆也已离开，仍然不能过正常的夫妻生活，并影响到夫妻感情，于是在丈夫陪同下前来求治。我首先让她进入催眠状态，然后采用渐进式放松技术，引导其放松全身肌肉，特别是阴部肌肉，并让丈夫一边轻轻抚摸其身体，一边说些温情绵绵的话。从催眠状态唤醒后，嘱咐二人回去后坚持做此练习，一个月后性生活完全正常，丈夫来电说妻子已痊愈并表示感谢。

一位中年男士，因偷情被妻子撞见导致心因性阳痿，离婚后仍未好转，去了多家医院均不见效。我在治疗时，首先同他讨论阳痿的心理因素，使其消除紧张，放下包袱。然后，在深度催眠状态下，让其幻想自己心仪已久的女性就在面前，并将意念集中在下体。接着，暗示其阴茎充血，变得又粗又长，十分坚挺。反复暗示后，他的阴茎渐渐勃起。再进行催眠后暗示：以后性生活时身心放松，一定会自然勃起。只通过一次催眠治疗，便使其阳痿痊愈，再婚后生活美满温馨。

由心理因素而非疾病和器质性原因所致的阳痿，约占阳痿患者总数的80％～90％。

（九）痛经的催眠治疗

有些妇女痛经，是因为小时常听人说，月经来潮会很痛。到了青春期，把这种正常的生理现象看成"倒霉事"，由心理暗示导致痛经。采用催眠暗示疗法，可得到有效治疗。

一些经前紧张的患者会出现烦躁不安、易怒、失眠、乳胀、腹胀等症状，可在月经来潮之前进行自我暗示："我的月经很正常，我的情绪很稳定，我的身体很舒服，以后每次月经来都很舒服。"

下面是美国催眠大师莱斯利·勒克龙报告的一个病例：

露丝，28岁，已婚，丈夫有一个孪生弟弟。她在经期总得卧床两天，用了吗啡，仍疼痛难忍。她记得在月经初潮前听说过痛经，青春期后每次来月经都有点儿痛，随着年龄增长，痛得越来越厉害。

勒克龙让其进入催眠状态后，利用手指动作应答法找出了致病原因：她19岁那年第一次与人发生了性关系，往来大约三个月后，月经没有按时来，推迟了一个星期。她快要急疯了，一天晚上，跪在地上祈求上帝，说只要不怀孕，不在乎怎样疼痛。第二天早晨，月经开始来潮。从此以后，每到经期就疼痛难熬。经催眠治疗不再痛经了。

一年以后，露丝又因痛经前来接受催眠治疗。勒克龙再次利用手指动作应答法提问，发现了新的病因：一次夫妻做爱时，她把丈夫想象成了小叔子，感到很刺激，虽然并不为此感到愧疚，因为那并不是真的，但她的潜意识认为这是该受到惩罚的，所以痛经又复发了。经催眠顿悟后，决心不再做这样的幻想，以后痛经彻底痊愈了。

（十）意淫的催眠治疗

江波在《实用催眠术》中，报告了一位法国催眠师，为一个意念手淫者矫正的案例。

该人经常一边幻想自己所爱慕的女性，一边进行手淫。因为手淫过频，导致整天头昏眼花，心悸气促，身体日渐消瘦，意志消沉。

下面是进入催眠状态后的对话：

"你所爱的那位女士叫什么名字？"

"她叫×××。"

"你为什么爱她？"

"她很漂亮。"

"你错了。她很难看，她的嘴是尖的，像啄木鸟。"

（面对墙壁望了一会儿）"对，她的嘴是尖的。真尖！"

"她的耳朵像驴子的耳朵。"

"是啊，她的耳朵很长，真难看。"

"她的鼻子像猪鼻子，难看极了。"

"是啊，这个鼻子真难看。"

"这么难看的女郎，你以后不要再去想她。"

"我再也不想她了。"

"你的生殖器是一条毒蛇，你一碰它，它就咬你，会把你咬死。"

（不自觉地伸向生殖器，立刻惊骇地缩回来）"啊呀，这条毒蛇要咬我！"

如此反复进行数次催眠治疗，矫正了该人的恶习。

（十一）恋物癖的催眠治疗

恋物癖患者通常为男性，是性心理变态的一种，在中学生和大学生以及农民工中时有所见。

恋物癖的主要表现是通过抚弄女性内裤、乳罩、丝袜、鞋子、唇膏、头发等引起性兴奋，并往往伴有手淫来达到性满足。

催眠治疗恋物癖，首先要通过术前谈话，弄清具体所恋为何物。在诱导进入中度催眠状态后，可采用厌恶疗法等行为改变技术，让受术者在想象中将能引起性兴奋的物品同某种厌恶刺激（如脏臭气味、细菌、性病等）联系起来，从而产生厌恶感。

此外，还要让受术者掌握几种放松技术，每当看到或想到异性物体产生性冲动时就做放松练习，以减弱性兴奋。还可以通过看书学习或唱歌、跳舞、跑步、打球、钓鱼、打牌、下棋、听音乐等文体活动来转移注意力。

恋物癖患者大多性格自卑，内向害羞，不善交往。在催眠状态中，通过积极心理暗示，增强其自信心，并采用系统脱敏法，让其逐步学会与女性交往，这才是克服恋物癖好的治本之策。

（十二）消化不良及厌食的催眠治疗

消化不良、肠激惹综合征（IBS）和神经性厌食是常见的身心疾病，催眠治疗无论是在短期缓解症状还是长期改变病人的生活质量方面均可取得一定疗效。

有人对 IBS 病人进行催眠治疗，三个月即缓解了其腹泻、腹痛等症状。催眠还能显著缩短慢性消化不良患者胃排空时间，从而减轻症状。

用催眠治疗消化不良，首先要了解诱发消化不良的原因，如果是神经衰弱引起，那就着重暗示神经衰弱症状的消失，然后对胃肠功能进行治疗，可以采用类似下面的指令：

"你的胃液和肠液的分泌非常旺盛，所以消化能力非常强，这一点不用怀疑。"

"你的消化能力已经转为正常，因此肚子常常会有饥饿的感觉，你的胃口很好，食欲大增。"

厌食症的病人会呕吐，营养不良，可做以下暗示：①暗示其饥饿感；②回忆未发病以前，享受美味食物的情境；③幻想面对美食，津津有味、狼吞虎咽的情境。

如果病人喜欢吃水蜜桃，可对其说："这里有一大盘桃子，全是水蜜桃，又大又鲜。你张大嘴巴咬一口，水灵灵的，甜滋滋的，口水马上流出来，越吃越想吃。以后你吃饭时，一想到桃子的味道，就胃口大开，食欲大增，吃什么都感觉味道好极了。"

（十三）偏食的催眠治疗

柴田森曾应用催眠术对 22 位小学四年级学生的偏食行为进行矫治。

先根据 22 人是讨厌胡萝卜还是讨厌洋葱将其分成相应两组，让两组各自练习三次催眠后，在第四次催眠时给予暗示如下：

"嗯！现在你们突然想到讨厌的胡萝卜（或洋葱）。哦！一盘胡萝卜（或洋葱）正好摆在眼前。乍一看见，有一股想吐的念头。可是那些胡萝卜（或洋葱）越看越觉得鲜艳欲滴，颇令人垂涎三尺。闻闻看！奇怪，平日那股令人作呕的味道怎么全变了，变得香馥可口，忍不住想吃它一口。……吃饭的时间到了，嗯，管它呢，先吃吃看再说。（皱眉头）吃了一口后，怪了！蛮可口的嘛！从来没吃过这么好吃的胡萝卜（或洋葱），大概今天的味觉有毛病吧！不相信！再吃一块看看，嘿！真的好吃。再吃一块……干脆整盘吃个过瘾算了。哎！我怎么从来不曾吃过这么好吃的东西呢？原来胡萝卜（或洋葱）的滋味如此鲜美，可是以前我怎么会不敢吃呢？今天回家以后请妈妈在晚餐煮道胡萝卜（或洋葱）。对，晚上就可以再吃上可口的胡萝卜（或洋葱）了。（脸上洋溢喜色）看来不吃胡萝卜（或洋葱）的人真是太傻了。"

这些小孩子回家后果真要求其母亲煮道胡萝卜（或洋葱）当晚餐。

经过一次偏食矫正暗示后，有 78％的儿童可以将偏食恶习改正过来，经过第二次暗示后，有 92％可以矫正偏食恶习。

（十四）便秘的催眠治疗

便秘的原因很多：有的是饮食不当；有的是运动不足；有的是疾病引起；有的是年老体弱，阳虚导致大便秘结。

便秘的主要症状是，大便干燥，排便困难或多日不便。

催眠治疗便秘的常用方法是，将患者诱导进入深度催眠状态后，催眠师将手掌放在患者腹部，手指不断快速震颤，同时进行通便暗示：

"现在你感到肚子里面很放松，大肠在蠕动，大便变柔软，慢慢往下沉，过一小时大便就畅通了。"

重复三次，继续暗示：

"你的便秘已经治好了，你已经有便意，过一小时一定会解大便，以后每天都会按时排便，大便都很柔软畅通，再不会排便困难了。"

反复多次后，症状便会消除。

(十五)哮喘的催眠治疗

哮是呼吸时有哮鸣声，喘是呼吸急促，统称哮喘，它是由支气管痉挛引发的阵发性呼吸困难。

每次进入深度催眠后，反复进行如下暗示：

"你的肺很健康，你的支气管也很健康。你的肺功能很好，你的支气管功能也很好。"

"你的咽部有冷感，胸部有温感。你呼吸深沉、均匀，很有规律。"

"你的哮喘好了，你的呼吸很顺畅。你可以自由呼吸，你的呼吸一点儿都不困难。"

"你的哮喘完全好了，你的呼吸十分顺畅，一点也不气急，你的呼吸顺畅极了。"

"你的哮喘彻底好了，醒来之后，无论碰到什么情况，你都不会哮喘了。你可以自由呼吸，快乐生活，你是一个非常健康的人。"

有关研究报告指出，采用自律训练法治愈哮喘病的有效率高达60％～70％。

(十六)遗尿的催眠治疗

江波在《实用催眠术》一书中介绍了一种适合家长对遗尿孩子实施催眠治疗的方法。

①上床时，让患儿认真严肃地坐在床上。排除杂念，心数着自己的呼吸。

②家长站立于床前，面对患儿，排除一切杂念。

③带领患儿做如下暗示，家长念一句，患儿跟一句。要认真、平静、诚心。

"我的身体很好。"
"今天晚上我绝不尿床。"
"小便一急我就立刻醒来。"
"自己下床小便。"

④安排患儿睡下。
⑤令患儿静静呼吸。吸气时默想"身体健康"，呼气时默想"醒来小便"。
⑥家长仍站在床前，一手轻轻按在患儿头上，心中不断默念："身体健康，不会尿床。"直至患儿安静入睡。

家长和患儿默念的暗示，深深印入患儿的潜意识。连续治疗数次，就能改正遗尿习惯。

催眠师治疗遗尿，可在患者进入深度催眠状态后，反复暗示：

"当你感到膀胱胀胀的，胀得很难受，想撒尿了，就再也睡不着了，赶紧起床上厕所。"

"你以后睡觉时绝不会尿床了，不管你睡得怎么深沉，还是十分尿急，只要有尿意，都会立刻醒来，上厕所小便，小便后再继续睡觉，绝不会在睡觉中小便了。"

（十七）口吃的催眠治疗

口吃患者一般都没有器质性的生理原因，主要是幼年时模仿别人或过度紧张的心理原因导致的，所以治疗口吃的主要策略是松弛身心、克服焦虑和增强自信。

首先引导患者进入中度催眠状态，对其解释口吃不是生理疾病。再通过自律训练法，使其身心放松。接着在催眠中让病人练习并学会放慢速度、有节奏发音的技巧。与病人做简单对话，此时患者的口吃症状会得到明显改善。对病人的进步给予赞赏和鼓励，增强其治愈的信心。通过催眠后暗示让患者将催眠中获得的经验迁移到日常生活中。教会患者放松和自我催眠技术以巩固疗效，反复自我暗示："我的神经很放松，我说话很流利，我想说什么就可以说什么。"

日本左贺大学名尾教授利用催眠来矫正口吃的案例，大致如下：

先使7名男生进入催眠状态，再诱导至深沉催眠状态，利用电影法（一种有如电影画面式地重复显现之心像法）给予暗示，并利用催眠后暗示的效果，让受术者于觉醒后同治疗者交谈，以奠定其自信心。

"现在，你可以看见治疗口吃的情形。看得见的话，请举起右手示意。好的！你已经看见了。口吃根本不是什么大毛病！或许以往你会认为口吃治不好，可是这种活生生的治疗情况，你亲眼看见，现在总该可以相信了吧！现在，你可以清楚地和老师自由交谈。不错！你说话很流利！那么，再和老师来一段对话试试。你是哪间学校，几年级学生呢？你已经可以流利地说话了，因此赶紧回答问题吧！（实际让其回答）嗯！答得不错！看来你一点儿口吃的毛病也没有！现在告诉我，你的名字。嘿！说得蛮正确的。真想不到你能够说得这么流利。现在告诉我，令尊和令堂的名字？哎呀！太棒了。谁说你患有口吃来着。……现在你看到学校上课的情形了吧！老师问你问题，然而你都可以顺利地回答。我看你根本没有口吃嘛！什么问题你都可以迎刃而解。好的！等你张开双眼之后，你会像现在一样可以自由与人交谈了。那么，我现在所说的话，在你苏醒之后会忘得一干二净的。"

治疗日数由第一星期的3次，第二星期的2次，逐渐加大治疗日期之间隔。

该疗法的治疗效果：治愈者5人，减轻症状者1人，无效者1人。

(十八)晕车的催眠治疗

柴田森在《催眠术入门》书中详细报告了栗山先生为一位乘车呕吐、头痛的女孩催眠治疗的经过。

第一次催眠诱导，将其导入忘我之深沉催眠阶段，再给予搭乘公共汽车的心像。

"现在汽车行驶在路况良好的柏油路面，初夏的和风缓缓拂面而来，激起心胸一股无比舒畅的感觉，此刻的您，只觉得神清气爽，好一个怡人的旅途就这样展开了。"

过一会儿，再给予乡间景色之心像，并继续愉快的旅途。

"这一段路面有些颠簸，车子开始左右晃动着（受术者的身体自然地左右摇晃）。摇晃得越来越厉害，但是您这时候好像婴儿睡在摇篮里，享受着那被关怀的喜悦，感觉上好不快活。随着身体的摇晃，肚子开始唱空城计了。……摇呀摇，越摇越舒服（身体大幅度地左右摇晃）。好一个舒服的享受啊！"

当询问女孩此刻的感受时，她答"快活似神仙"，而面部表情漾满欢欣。

接着给予再也不晕车，呕吐、头痛已被治好，不必再服晕车药的暗示。经过 7 次催眠治疗，女孩晕车病彻底治愈。

（十九）咬指甲的催眠治疗

下面是柴田森为 10 岁的 K 小妹矫治咬指甲坏毛病的做法。

将 K 小妹诱导进入催眠状态后，利用电影法来进行催眠治疗，暗示道：

"K 小妹，现在你走近一家电影院里。放眼望去是一块大银幕。银幕上正在放映电影，喔！你怎么当起主角来了，片名是咬指甲啊！你看！就像平日的动作一样，你咬起指甲来的表情好滑稽喔！真奇怪！看来咬指甲并不舒服，是件苦差事，可是你为什么乐此不疲呢？哎！这种苦差事并不舒服嘛！……即使你不想看到自己咬指甲的丑态，可是那幕景象却会如影随形地展现在你眼前。"

如此反复暗示的催眠治疗，每星期 3 次，大约 3 个星期，亦即连续治疗 9 次后，K 小妹的咬指甲恶习便彻底纠正了。

（二十）书写痉挛的催眠治疗

下面是从网络上看到的对书写痉挛的催眠治疗：

首先导入中度催眠。

然后给以指令："这里有纸和笔，现在我要求你写出自己的姓名和地址，你的手指无须过分用力，注意力也无须高度专注，就能顺利地写出来。"让病人以轻松的心情进行书写。

病人书写完毕，进一步暗示："这次我拍一下你的右手，你的右手马上就会变得僵硬，无论怎样努力，都无法写字，写不出来心里会着急，但越是急越写不出来，好的，现在我来拍你的手。"

接着继续暗示："你瞧，心里越急于把字写好，手越是抖得厉害。另外，我拍你的手暗示它已经僵硬，它果然就僵硬。这表明你平时的书写痉挛并不是生理上的病变，而是受了消极暗示的结果，现在我来数数，从1数到3，当我数到3的时候，你右手的肌肉僵直现象会立即消除，紧张感完全消失，你又能够非常轻松、流畅地书写了。而且今后无论是人多人少、有人没人，你都能够非常自信地、轻松流畅地进行书写。"

让病人掌握自律放松的方法，每次写字前放松身心、解除紧张，书写会逐渐变得流畅。

(二十一)催眠瘦身的原理与方法

国外心理学家通过实验研究发现，体重正常的人进食主要依据身体的内在线索(如饥饱程度、血糖高低等)，满足生理的需要；而肥胖的人往往是对不可控制的外界线索(如美味诱惑、就餐时间、方便获取等)做出反应，为满足心理需要而进食。

师承全球著名催眠大师布莱恩·魏斯博士，近年来活跃于海峡两岸的台湾催眠师张芝华女士在《催眠瘦身》一书中指出：

大部分的瘦身课程只是集中处理行为及环境的层次，效果出现得比较短暂。一个能够提供长期效果的课程，必定会处理到有关一个人的自我认同及信念价值层次的问题。

许多人都在想瘦身，然而仅有少数人成功地达成目标，问题不在于减重或是减去身上的多余脂肪，而是要能持续地做。或许困难来自家族成员的压力、生活的压力等，这都是让瘦身难以成功的潜在原因。

在催眠减肥的过程中配合种种手法和指令，从潜意识中达到自我控制饮食、调整睡眠、运动习惯等机体功能和新陈代谢，而能在保持健康的基础上减重瘦身。所以催眠瘦身是搭配一般减肥方法的最佳辅助工具。

催眠瘦身与坊间的减肥方法最大的不同就是通过身、心、灵整合平衡的方法，也就是通过30天减肥战略行动333的一个方式，也就是三分之一靠饮食控制，三分之一靠身体的律动、运动，三分之一靠自我催眠。

催眠减肥收效迅速、稳定而无副作用。

张芝华在书中举了一个体重由70千克减到58千克的瘦身案例：

患者女，45 岁，因为产后抑郁症，从原先的 55 千克胖到 70 千克。曾经试过各种减肥法，包括中医、针灸、鸡尾酒、日本的用胶带粘手指法、健身房内的种种运动、有氧舞蹈，都没有办法减到理想的体重，同时她也很快地恢复胖的状态。在总共 10 次的疗程中，用的是认知行为的催眠法，帮助她认识生产是每一个女人生命中必经的一个过程。同时帮她做年龄回溯，回到初中、高中的时候。她因为在班上成绩不很好，所以常常因为老师问她问题答不出来，当场非常紧张，手心发汗，造成她对于任何事情都没有自信，常常担心自己会做不好。在催眠过程中，她回到初三的时候。在高中联考前一个礼拜，老师讲的一句话伤了她。老师说："你没有救了！这么不长进！"这句话深深地伤了她的自尊心，使得她高中考到第四志愿。在经过 10 次的疗程后，她瘦到了 60 千克，也就是说她瘦了 10 千克。在经过三个月的自我催眠练习后，她又瘦到了 58 千克，目前还在努力当中，而且也没有再发胖。

莱斯利·勒克龙在治疗一个患肥胖症的妇女时，让她找一张自己还很苗条的时候拍的照片，或在画报上剪一张着泳装的女明星像，再从自己某张照片上取下头部，粘到明星照的头上。然后把制成的相片贴在镜子上，每次照镜子时看到它，就想一想："这就是我。"还让她每天晚上睡觉时想象一下自己的模样和照片里的人一样。这种语言和视觉形象的结合，能发挥很有效的暗示作用。

催眠暗示不但可以减肥，还可以使胸部丰满起来，使体型更完美。勒克龙不用整形手术，仅仅在自我催眠状态下，通过直接的口头暗示，加上视觉想象，使年龄在 22～30 岁的 7 个姑娘中，有人的乳房增长了一英寸半到两英寸（一英寸约为 2.54 厘米）。这些女孩被要求夜晚上床睡觉时，闭上眼睛，想象出自己胸部如希望的那样丰满。勒克龙认为在这种情况下，潜意识将重新激起乳房的发育过程。而且随着乳房的发育，各种内分泌、激素以及其他生理过程也会有所改善。那个失败的姑娘是因为她不愿做女性，想成为男子。

催眠暗示还可以美容。例如，对于一个为脸上长满痤疮而苦恼的青年，可在催眠治疗几次之后，拿出事先为他拍摄的、经过休整的照片，对他说：

"这是刚才为你拍摄的照片。你看看，你的脸上很光滑，很洁白，没有任何斑痕，你的痤疮已完全没有了，你的脸很漂亮。"多次暗示之后，她的痤疮越来越少，逐渐痊愈。

(二十二)赌博的催眠治疗

首先将求助者诱导进入轻度或中度催眠状态，然后反复暗示：

"赌博是个恶习，你这种赌博的坏习惯，不但浪费时间、精力和金钱，而且家人怨恨你，朋友看不起你，将来你会倾家荡产，妻离子散。你一定要改掉赌博恶习，你有极大的决心和顽强的自制力，你有信心一定能改掉这个坏习惯。不再赌博后，大家都会喜欢你。你家庭和睦，工作顺利，事业大成。你的身体会更健康，心情也会更好。"

必要时还可以将催眠暗示与厌恶疗法结合起来，暗示他一触碰扑克、麻将等赌具就产生强烈的触电感，从而讨厌并远离赌具。

也可以让当事人在自我催眠状态下，用上述语句反复自我暗示，日久自会见效。

(二十三)酗酒的催眠治疗

利用催眠戒酒已有上百年的历史，效果已被充分肯定。催眠戒酒主要是通过增强自我效能感、认知疗法、厌恶疗法等来达到目的。

江波在《实用催眠术》一书中，介绍了苏联心理学家瑞可夫运用催眠术转移患者身份意念，为一酒鬼工程师戒酒，取得良好效果。

进入催眠状态后，瑞可夫让工程师分别将母亲、女儿和妻子的身份转移到他自己身上，然后引导其用母亲、女儿和妻子的身份规劝自己，5次催眠治疗之后，他似乎对自己憎恶起来，就跟他母亲、女儿和妻子见到他酒醉的时候所感受的一样，从而逐渐改变了酗酒恶习。

余萍客先生在《催眠术与催眠疗法》一书中，引用了日本催眠大师小野福平介绍的一个在睡眠中通过暗示戒酒的案例：

有一个朋友是个酒鬼，喝醉了便任性家暴，妻子屡屡相劝均不见效，后来在丈夫酒醉睡眠的时候，站在他的身旁反复说："酒是有毒的，能缩短你的寿命，并且会使你破产，还要累及妻子陷入悲境里……"起初并不见有什么效果，持续进行到一个月后，丈夫忽然有了觉悟，自动把酒戒掉了。

这说明，在睡眠状态中的人，并不是完全不能感受暗示，只是对暗示的感受性并不如催眠状态下灵敏罢了。因为睡眠有深睡和浅睡，在浅睡时便近似于催眠状态，可以接受某些暗示。

（二十四）自我催眠戒烟案例

利用催眠戒烟也有上百年的历史，效果亦同戒酒一样被充分肯定。

下面是互联网上披露的一位将自我催眠与厌恶疗法结合，成功戒烟者的自述：

我十七岁开始抽烟，今年二十岁，前阵子我觉得抽烟对我的肺部明显是个损害，于是打算戒烟，但始终没有这个毅力，以前也试过许多次。于是我学习自我催眠，按照催眠步骤开始自我实行，起先我无法平静下自己的心，家中钟的嘀嗒声和窗外的鸟叫声总会分散我的注意力，虽然我是躺在床上的（这时是早上醒来）。于是我将意识尽可能地集中在脚尖，然后开始逐步放松。初次放松自己用了一小时，但效果还是不理想，于是我每隔一天开始催眠自己，在反复之后我开始可以在半小时里达到潜意识。我们时常会看书看得入神而听不到、看不到周围的一切，这就是因为注意力高度集中，并且沉浸在自己的意识里，完全成了封闭状态，我所要做到的也就是这个状态。等我到达了潜意识的状态时我开始自我暗示，我用一些我觉得很合适的语句进行暗示，如"我不需要香烟，那东西的味道让我恶心，我根本就没上瘾，那东西会杀了我"，并且幻想着我每抽一口烟就好比喝一口痰筒里那些被人吐满恶心的青痰和扔了许多香烟头的脏水，这让我产生恶心感。后来几天，每次来瘾时我自然就会有"我没对香烟上瘾，我不需要它，我不会不抽就感到难受"的想法，很奇妙，这是自然而然地浮现出的意识。并且我真的开始对香烟恶心，有一次我尝试吸一口烟，却发现那感觉真的想吐，逐步发展到后来闻到烟味我就反感，我终于戒掉了烟，这个过程只用了一星期。

（二十五）自我催眠治疗肩周炎

江波在《实用催眠术》中介绍了自我催眠治疗肩周炎的方法：进入自我催眠状态后，双臂下垂。先暗示抬起健康一侧的手臂，如两侧都患病，可先抬起较轻的一侧。

暗示：

"我的左肩很健康，手臂可以抬起来，抬起来。

左臂会按照指令慢慢抬起来。"

又暗示：

"左臂伸直，举过头，高高举起。"

左臂就会高高抬起，高举过头。

再暗示：

"慢慢放下来，放在大腿上。"

左臂就会慢慢放在左侧大腿上。

然后暗示患者的右臂：

"我的右肩也健康，手臂可以抬起来。慢慢（注意：必须用'慢慢'二字）抬起来。"

右肩会按照指令，慢慢抬起来。在暗示"右肩也健康"时，要真相信自己的右肩是健康的。如果口说健康，心想有病，暗示则不能收到预期效果。

接着又暗示：

"右臂伸直，举过头，高高举起。"

右臂就会高高举过头。

这时，可能右肩有点痛感，就再暗示：

"我的右肩是健康的。不痛的，一点儿也不痛。"

右肩就不感到疼痛，或者疼痛不明显。

这时又可以继续暗示：

"右臂慢慢向背后转动。"

右臂就会按照指令慢慢向背后转动。

"转快一点。"

右臂就会快速转动。

"右臂向胸前转动。"

右臂就会改变方向，向胸前转动。初练时不宜转动过快、过久。

停止的暗示：

"慢慢停下来。"

"还原，手放在大腿上。"

右臂转动会慢慢停止，放在右侧大腿上。

五、催眠光盘指导语及音响设计

近年来，各行各业从上到下的人们普遍感到压力越来越大，许多企业开始实施员工援助计划（EAP），用以提升员工心理资本。为了满足 EAP 服务以及临床工作的需要，笔者研发了"催眠减压"和"催眠自强"两张光盘，不但受到企业老板员工的青睐，还广泛受到党政干部及科研工作者的欢迎。

在欧美国家，除了有化学及物理美容法之外，还有利用催眠来进行心理美容的专营店。多年前，笔者创立的讲心堂心理咨询中心应某些美容机构的请求，在我的指导下，由硕士研究生朱仙桃研制了"催眠塑形"和"催眠美容"光盘。

为了满足广大读者和催眠爱好者之需，现将上述四张光盘的文字稿及音响设计抄录在下面。

（一）催眠减压光盘

亲爱的朋友，欢迎您在紧张的工作之余，进入郑教授讲心堂，学习放松入静技术，并做一次神秘的心境之旅。经常做此练习，有助于缓解心理压力，消除精神紧张，提高工作、学习效率，增进身心健康。

在练习开始之前，请先找一个安静的、不受打扰的地方，摘下眼镜、手表，松开领带、腰带、鞋带，然后悠闲舒适地躺下或坐在椅子上，闭上双眼，专心听我的指导语，并按指令去做，或让所描绘的画面在脑海中浮现。注意，一定要在脑中出现画面，才会收到更好的放松效果。怎么样，准备好了吗？

好，请您用力地深深地吸一口气，吸满，把腹部膨胀起来（停顿）。再慢慢地均匀地吐气，吐干净，将所有的郁闷和不快都吐出体外（停顿）。再深深地吸一口气，吸满（停顿）。慢慢地吐气，吐气，吐长气（停顿）。请再深吸一口气，吸满之后憋住气，同时绷紧全身所有能控制的肌肉（停顿），然后慢慢吐气放松。用力地闭眼，咬牙，皱紧额头和双眉，用力——，用力——，放松——，放松——；握紧双拳，绷紧双臂，夹紧双肩，用力——，用力——，放松——，放松——；胸部背部绷紧，大腹小腹绷紧，用力——，用力——，放松——，放松——；腰部臀部绷紧，大腿小腿绷紧，脚趾用力向下扣，用力——，用力——，放松——，放松——，体会紧张和放松的不同。放松全身肌肉，检查是否身体每个部位都已放松（停顿）。将意念集中在头皮和额头上，放——松——，放——松——，再放——松——（停顿）。请再用力地吸一口气，憋住气，慢慢吐气，吐气——，放——松——，放——松——，检查是否身体每个部位都已放松（停顿）。放——松——，再放——松——，头皮放——松——，额头放——松——，面部放——松——，四肢放——松——，全身放——松——，继续放——松——，越——来——越——松，越——来——越——松（停顿）。现在你从头到脚、从躯干到四肢，都处于软软的松弛状态，你的大脑很宁静，很宁静，感到非常舒服，非常舒服。（停顿）

下面，你要开始心灵漫游，进入美妙的梦乡。（停顿）

（柔和的轻音乐响起）

春光明媚，微风送暖。你漫步在田野上，绿草如茵，鲜花锦簇，五彩缤纷，芳香扑鼻，你看到了吗？你闻到了吗？请用心去看，用心去闻（停顿）。（小河流水声）小溪流水潺潺，柳枝随风摇曳，小溪流水潺潺，柳枝随风摇曳（停顿）。跨过石拱桥，是一片浓密的树林，林间有一条曲曲弯弯的小路。听，仔细地听，（鸟叫虫鸣声）树叶沙沙，鸟语虫鸣，树叶沙沙，鸟语虫鸣（停顿）。你踩着树叶和苔藓，蜿蜒前行，越走越深，越走越暗，越来越深，越来越暗（停顿）。不知何时，周围细雨蒙蒙，万籁俱寂，无声无息，好幽静，好幽静。（停顿）

夏日炎炎，你来到海边。蓝色的大海、金色的沙滩，阳光、海浪、沙滩。你躺在沙滩上，沙子细细的，热热的，太阳照在身上暖暖的，你感到全身温暖，越来越暖（停顿）。（海浪拍击声）听，海浪呼啸着，声音由远而近，高高的浪头，白白的浪花，铺天盖地拍过来，海水好凉，好咸。海水没过你的身体又慢慢退下去，浪头浪花消失了，声音越来越远，你再次感到全身温暖（停顿）。又一个浪头拍过来，好凉，好咸，海浪退下去，退下去，你又变得全身温暖。（停顿）就这样，你任凭海浪一次又一次地拍打着。啪——！拍过来，哗——！退下去，你的身体一凉一暖，一凉一暖，所有的烦恼和疲劳都被海浪冲得干干净净，无影无踪。你忘记了一切，将自己融入海天合一的大自然中。（停顿）

秋高气爽，云阔地宽，蓝蓝的天上白云缭绕（停顿）。一朵祥云飘忽而至，降落在你身上，白白的，厚厚的，像一大堆棉花，软软地包裹着你，托着你（停顿）。轻风吹来，你的身体随着云朵，轻轻向上飘，向上飘，越飘越高，越飘越远，身体越来越轻，越来越轻，越飘越高，越飘越远，你的身体越来越轻，越来越轻，飘飘欲仙，渐渐融化在蓝天之中（停顿）。什么荣辱得失、地位金钱，什么职务职称、车子房子，什么恩恩怨怨、卿卿我我，全部抛到了九霄云外。你的心灵得到净化，得到升华，变得更高尚、更纯洁。（停顿）

冬雪皑皑，漫天皆白。（北风呼啸声）你迎着飞舞的雪花，一步，一步，一步，又一步，艰难地登上山顶（停顿）。极目远望，豁然开朗，空气清新，白雪茫茫，好一派千里冰封的北国风光（停顿）。此时你顿感心胸开阔，万物皆空，丢弃了所有杂念；心胸开阔，万物皆空，所有的烦恼均被抛之脑后（停顿）。稍做休息之后，浑身充满了无穷的力量。你足踏雪橇，双手用力一撑，身体像离弦的箭，风驰电掣般冲向前，冲向前，一直向前，势如破竹，无阻无拦，向前再向前，预示着你万事顺遂，前程无限，万事顺遂，前程无限。（停顿）

长期奋斗拼搏，你难免会有些累，不妨忙里偷闲，随时找机会，放松一下。磨刀不误砍柴工，会休息才会工作（停顿）。好，我们来彻底放松一下：放——松——，放——松——，再放——松，头皮放——松——，额头放——松——，全身放——松——，继续放——松——，越——来——越——松——，越——来——越——松——，头皮放——松——，额头放——松——，面部放——松——，全身放——松——，全身放——松——，继续放——松——，越——来——越——松——，　越——来——越——松——，　越——来——越——松——。你的血液在身体各处慢慢地流动，流到你的头部——，面部——，颈部——，肩部——，流到你的胸部——，腹部——，背部——，腰部——，臀部——，流到你的双腿——，双脚——，双臂——，双手——，你的手指和脚趾有一种麻酥酥的感觉，你心跳平稳，呼吸均匀，你心静如水，心静如水。（停顿）

冬去春来，年复一年。你的道路越走越宽，你的生活越过越甜，你的能力越来越强，你的心情越来越好。你身体健康，精神快乐，工作顺利，人际和谐，婚姻美满，家庭幸福（停顿）。你对未来充满信心，你对未来充满希望，你的未来不是梦想，你正含笑迎接美好的明天。让快乐成为生活的主旋律，没事儿偷着乐吧！请你微微笑一笑，笑一笑，再笑一笑（停顿），

你笑得好甜、好灿烂(停顿)。陶醉吧,尽情地陶醉吧,你将欢乐到永远,幸福到永远。(停顿)

好了,我们的心境漫游就到这里。下面,我从10倒数到0,随着我的数数,你会越来越清醒。当我数到1的时候,如果你想起来,就慢慢睁开眼睛。当我数到0的时候,你会彻底清醒。如果你很困倦,那就不要睁眼,不要起来,美美地睡吧,甜甜地睡吧,祝您好梦多多。醒来后,你会感到非常舒服,非常轻松,非常舒服,非常轻松,你的心情会很好,工作效率会很高,心情会很好,工作效率会很高。(停顿)

下面我开始数数:10——9——8——7——6——5——4——3——2——1——0!(停顿)

亲爱的朋友,心境之旅,到此结束,谢谢您的合作,我们下次再会。(音乐渐弱)

(二)催眠自强光盘

亲爱的朋友,欢迎您来到郑教授讲心堂!当您选择倾听这节自信、自强课时,恭喜您已经踏出走向成功的第一步,当您再次聆听并做练习时,成功已经在您触手可及的地方。经常做这种心理潜能激发练习,将有助于释放心理压力,消除精神紧张,增强自信,提高机体活力。

在练习开始之前,请先找一个安静的、舒适的地方,解除对身体所有的束缚,安适地坐在沙发上或躺在床上,慢慢闭上双眼,用心听我的指导语,并按指令去做,让所描绘的画面渐渐清晰地浮现在脑海中。注意,一定要在脑中出现画面,才会收到更好的效果。怎么样,准备好了吗?

(雄壮的交响乐响起)好!现在开始。

(轻轻的海浪声)天空一片晴朗,您来到海边,赤脚走在被阳光晒得发热的沙滩上,沙子轻轻吻着您的脚趾,好舒服、好惬意。您忍不住要坐在沙滩上,与沙子亲密接触、温存一番。您弯腰轻轻捧起一把沙子,任由沙子漏过您的手指,慢慢滑向沙滩,您感受着沙子的温度,热热的,沙子也似乎理解您此刻快意的心情。您忘我地捧着一把把沙子,与周围的人群共同享受着明媚的阳光,倾听着海浪的窃窃私语,一切显得那样和谐、自然,未来是那么美好,前途是那么光明。再次感受一下蓝色的大海、金色的沙滩,阳光、海浪、沙滩。你躺在沙滩上,沙子细细的,热热的,太阳照在身上,暖暖的,沙子热热的,阳光暖暖的,你感到全身温暖,越来越暖。

(怒涛汹涌澎湃声)突然间,从遥远海边慢慢升起一团团乌云,乌云滚滚而来，翻腾着，翻腾着，以不可想象的速度疾驰而来，顷刻间您的头顶一片黑暗，天空越来越暗，气压越来越低，您的呼吸也变得急促起来，呼……呼……您的呼吸越来越急促，您快呼吸不到空气了，您感到好大的压力，天色越来越暗，天空越来越低，越来越暗，越来越低，所有的烦恼也都像不断上涨的潮水一般袭来，压得您喘不过气来（停顿）。您想要逃离海滩，可您无路可走，您慢慢被黑暗所淹没，淹没……

您拼命挣扎，挣扎，终于站起来，踉踉跄跄跑回家（停顿）。您脱去了所有的衣衫，进入洗浴间，打开水龙头（淋浴水声）。温暖的水从您的头顶慢慢浇下来，混合着沐浴液的清香，流过您的头——皮，额——头，面——部，脖——子，肩——膀，胳——膊，手——指，胸——部，背——部，腰——部，腹——部，臀——部，大——腿，小——腿，脚——趾（停顿）。所有液体流经之处，您都会感到很清爽、很舒适，很清爽、很舒适（停顿）。流水带走您的全部疲惫和烦恼，温暖的水流过您的每一寸肌肤，带走所有的不快和郁闷，就如同乌云在电闪雷鸣后，化作大雨倾盆而泻，头顶的乌云渐渐退出，留下一片晴朗的天空，你的心情也便豁然开朗。（停顿）

好，所有的疲惫和烦恼都已离您而去，您感到很舒适、很舒服。请您用力地深深地吸一口气，吸满，让带满养分的空气穿过您的血管壁，伴随着您的血液，流向身体的各个部分，血液从心脏流向胸部、肩部、脖子、面部、耳朵、头皮；血液流经之处，您都会感到一股暖流；血液经由心脏流向背——部，腰——部，腹——部，臀——部，大——腿，小——腿，脚——趾。温暖的血液流动，使你有一种麻酥酥的感觉（停顿）。血液中的养分透过血管壁，渗透到您的身体中，带给您满满的能量和活力（停顿）。您感受到了血管壁被冲击的力量，似乎心中涌出一股暖流，热血沸腾。行动吧！抓紧行动吧！去面对所有的压力，去面对所有的困难，如同激流勇进一般，困难与压力在您前进的时候，就后退，当您直面困难与压力时，它们就后退。您将所向披靡，无往不胜！血液流过胸部、肩部、脖子、面部、耳朵、头皮，血液流经背部、腰部、腹部、臀部、大腿、小腿、脚趾（停顿）。

经过血液的洗涤，您的身体充满了力量，您的身体不断地传递给您："我是一个很棒的人，我的身体很强壮，精力很旺盛，我对工作、事业与家庭充满信心，我能坦然面对生活中的各种矛盾，以自己独特的方式把重要的问题都处理好。"请您静静地、耐心倾听您身体对您讲的话："我是一个很棒的人，我的身体很强壮，精力很旺盛，我对工作、事业与家庭充满信心，我能坦然面对生活中的各种矛盾，以自己独特的方式把重要的问题都处理好。"（停顿）

做得很好！继续您的心灵之旅，您还要从周围的环境中汲取更多的营养与支持。您仿佛与大地融为一体，自己的脚像树根一样深深地植入大地，不断地向大地的深处扎去，你的脚趾生长出了许多的毛细根，向大地的深处扎去，从大地的深处吸收着矿物质、水分，汲取着生命所需要的各种养料（停顿）。和煦的阳光，照耀着您不断生长的树冠，您汲取了生命所需要的各种能量，感受到根深深地、深深地扎入泥土，吸取着土壤里的水分和营养，使自己变得枝繁叶茂，叶茂枝繁。一阵微风吹来，试探着您是否有力量，是否深深扎根于泥土，您在随风摇曳，在不断的摇晃中，您感觉到自己的力量在不断地增强，微风拂面，您对微风轻轻点头，大风吹来，您对大风面带微笑，感谢大风对您的锻炼和考验（停顿）。经历了大风的考验，您迫不及待地从大地中汲取更多的养料，汲取更多的能量。您清楚地知道：自己的生命力在不断地增强，您不断地从周围获得支持，周围的人都会给您莫大的鼓励和支持，您的生命力越来越强（停顿）。

（狂风怒吼声）突然一阵狂风袭来，您坚强地挺立在风中，与狂风搏击，用强大的生命力战胜了暴风骤雨，您经受了生命的考验，您知道自己是很强大的，自己是很有能力的，自己可以去面对生活中的所有挑战，自己能够迎风傲然挺立。自己是很强大的，自己是很有能力的，自己可以去面对生活中的所有挑战，自己能够迎风傲然挺立（停顿）。您经受了生命的考验，您知道自己是很强大的，自己是很有能力的，自己可以去面对生活中的所有挑战，自己能够迎风傲然挺立。自己是很强大的，自己是很有能力的，自己可以去面对生活中的所有挑战，自己能够迎风傲然挺立。（停顿）

（激昂的乐曲）您感觉浑身充满了力量，跃跃欲试，想要大干一场，成就一番宏伟的事业。你对未来充满信心，你的前途一片光明！你对未来充满信心，你的前途一片光明！（停顿）

（轻音乐）亲爱的朋友，我们的心理潜能激发练习就要结束了。下面我从10数到1，随着我的数数，您将逐渐清醒过来，每当我数一个数，您的力量就增强一倍，当我数到1的时候，您已经按捺不住尝试的心情，你就要开始新的一天，开始新的生命与生活（停顿）。

现在我开始数数，10——9——8——7——6——5——4——3——2——1！您已经很清醒，浑身充满了力量，起来行动吧！行动吧！您一定会成功！您一定能成功！

（三）催眠塑形光盘

爱美的女士朋友，欢迎您来到郑教授讲心堂心理塑形室。心理塑形不用吃药、不用开刀，坚持每天练习就能达到美体瘦身的效果。现在就开始我们的美体塑形练习。

请您选一个舒服的姿势坐好或躺好，身着宽松的衣服，闭上双眼，专心听我的指导语，并按指令去做，或让所描绘的画面在脑海中浮现。注意，一定要在脑中出现画面，才会收到好的塑形效果。怎么样，准备好了吗？（停顿）

请先做几次深呼吸，用力吸气——，慢慢吐气——，吸气——，吐气——，吸气——，吐气——。

想象一间安静幽雅的地下室，通往地下室有十阶楼梯，您要慢慢走下楼梯。当您踏向第一个台阶时，你就会感到一丝舒服、平静、放松、清爽。当您踏向第二个台阶时，你就会感到更加的舒服、平静、放松和清爽。当您越往下走，您就会感到更加的舒服、平静、放松、清爽。第三个台阶，舒服、平静、放松、清爽……第四个台阶，您感到很轻松，很舒服……第五阶……第六阶……您越走越感到舒服、平静、放松、清爽……第七阶、第八阶、第九阶，您踏向了最后一个台阶，您已经很放松，很放松，您感觉到浑身很舒服、很平静、很轻松、很清爽。好，做得很好！

（轻柔音乐）在您的面前有一个大镜子，从镜子里看到一个美丽、健康、靓丽的您，如果您没有看到没有关系，慢慢去看，让镜子离您稍微近一些，仔细地、用心地去看，镜子里出现了一个身材高挑的女士，胸部较为丰满、腰部很苗条、臀部微翘的、腿部细长的、如此令人满意的、靓丽的您，一个胸部丰满、腰部苗条、臀部微翘的、腿部细长的、满意的、靓丽的您，镜子里美丽的您越来越清晰、越来越清晰，胸部是很丰满的，腹部是扁平的，腰部是苗条的，臀部微微上翘的，好迷人的女士，您忍不住再多看几眼镜子里那个魔鬼般身材的女士。

（温暖的音乐）做得很好，您已经看见了那个迷人的女士，女士在镜子里越来越清晰，迷人女士的身材是那么惹眼，看，她的脖子是那样的白皙、光滑，那样的白皙、光滑，白——皙——光——滑——，白——皙——光——滑——。

来，再慢慢去感受一番镜子中迷人女士的胸部，被洁白的双手轻轻拖起的胸部，是那样的饱满，柔软，饱——满——柔——软——，轻轻抚摸着乳房的下部，手所触及的地方是那么的柔软，柔——软——，绵——绵——的，滑——滑——的，手触摸过的地方有一丝温热、一丝麻——酥——酥——，用心去感觉您的胸部，你的胸部有点发热，有点发胀的感觉，有点胀——，有点热——，有点胀——，有点热——，麻——酥——酥——的感觉，您仿佛已经看见胸部的血液流通变顺畅，吸收了更多养分和脂肪，胸部不断在变大，变得坚挺，胸部不断地变大，变得挺拔，抚摸的手感受到如此的丰满光润，您的胸部还在胀，逐渐变得丰满，有弹性。再看看镜子里的您，对你光滑、丰满、弹性的胸部满意吗？再来一遍，镜子中迷人女士的胸部，被洁白的双手轻轻托起的胸部，是那样的饱满，柔软，饱——满——柔——软——，轻轻抚摸着乳房的下部，手所触及的地方是那么的柔软，柔——软——，绵——绵——的，滑——滑——的，手触摸过的地方有一丝温热、一丝麻——酥——酥——，用心去感觉您的胸部，你的胸部有点发热，有点胀的感觉，有点胀，有点热，有点胀，麻酥酥的感觉，您仿佛已经看见胸部的血液流通变顺畅，吸收了更多养分和脂肪，胸部不断在变大，变得坚挺，胸部不断地变大，变得挺拔，抚摸的手感受到如此的丰满光润，您的胸部还在胀，逐渐变得丰满、有弹性。胸部变得很满意了，那么丰满，那么挺拔，那么柔软，那么光滑。（停顿）

双手慢慢滑向了迷人女郎的腹部，稍稍用些力来按摩腹部，掌心稍稍用上些力，将腹部的脂肪慢慢融化——、融化——，掌心所及之处，脂肪慢慢被融化——，脂肪在抚摸下慢慢被融化——，融化成油滴，油滴渐渐渗入了女郎的毛细血管，被血液带到身体的其他部分，带到女郎的胸部、臀部，腹部慢慢变得平坦了，但依然是那样的光洁、有弹性，不带有一丝岁月的痕迹，依旧光洁、有弹性。少女一般的腹部让您如此陶醉，犹如踏上了一望无际的沙滩，是那样的平坦，望不到沙滩的边际，微风拂过，流沙随风慢慢漂移，却也没有在某一个地方形成沙丘，放眼望去全是阳光照耀下的、闪亮的、泛着金光的沙滩，犹如踏进一片茫茫无际的、安静的大海，大海是那样的安静，平静的海面上掀不起大的波浪来，波涛轻轻地拍过来，又轻轻退去，没有在沙滩上留下任何的痕迹。（停顿）

随着岁月的流逝，您的身体变得那么迷人，胸部是那样的光滑、柔软、丰满、白皙，腹部是那样的平坦、光洁，没有留下岁月的痕迹，您在心里默默地感谢着您的身体，因为身体的各个部分，配合得那样默契，让您能够保持如此美妙的、迷人的身材。感谢所有的器官，在您的身体上是如此得体，如此和谐，让您的身材越来越令人满意。

再来欣赏一下镜里女郎迷人的臀部与腿部，如此苗条、性感、线条纤美的双腿，配上微微上翘的臀部，真是美妙绝伦，用手去抚摸她的微微上翘的臀部，感受它的细嫩与光洁，青春的光泽照耀得四壁辉煌，细嫩的皮肤让您陶——醉——，修——长——、坚实的双腿让女郎变得亭——亭——玉——立——，亭亭玉立的女郎已经再也不甘保持静态美了。看，她已经走起来了，挺胸——，收腹——，提臀——，踱着猫步，向您走来，如此自信、性感、美丽。她脸上带着淡淡的微笑，向您慢慢走来，向您展示着漂亮的、动人的、性感的好身材！尽情陶醉吧！自信、性感、充满魅力的女郎展现在您的面前。这位女郎不是别人，正是您自己。（停顿）

（小河流水声及轻快的音乐）很好！做得很棒！我们今天的美体瘦身练习就要结束了！再来欣赏一下迷人女郎的魔鬼身材，我们就要告别怡人之旅。让我们再次回到地上来。走出地下室的门，走上台阶，每上一个台阶，您都会清醒一些，您的身材也更符合您的期望，上台阶一，您的身材让您感到满意，您有些清醒；上台阶二，慢慢跨出第二步，小心脚下的台阶，您对您的身材感到更加满意；上台阶三……四……五……很好，对您的身材十分满意，上台阶六……七……八……九……您上得越来越快，您对自己的身材也更满意，上台阶十……耀眼的阳光照耀着您，您回到了地面，您已经完全清醒了，充满自信地展现自己满意的身材，挺胸、收腹、提臀，自信地迈出每一步。

（四）催眠美容光盘

亲爱的女性朋友，欢迎您来到郑教授讲心堂心理美容室。心理美容是不用吃药、不用化妆品，利用您积极的、坚定的信念，坚持每天练习，长期练习，就能达到滋润肌肤的效果，让您容颜焕发。我们现在就开始心理美容之旅。

（小溪流水声）在练习开始之前，请先找一个安静的、不受打扰的地方，摘下眼镜及首饰，然后悠闲舒适地坐好或躺下，闭上双眼，专心听我的指导语，并按指令去做，或让所描绘的画面在脑海中浮现。注意，一定要在脑中出现画面，才会收到好的美容效果。怎么样，准备好了吗？（停顿）

好，请您用力地深深地吸一口气，吸满，把腹部膨胀起来(停顿)。再慢慢地均匀地吐气，吐干净，将所有的郁闷和不快都吐出体外。（停顿）

（教堂钟声）优雅、庄严的教堂钟声在您的耳边响起，想象一个钟表挂在您的眼前，慢慢把您眼睛的注意力集中在大钟的钟摆上，把您耳朵的注意力集中在钟摆声上。再深深地吸一口气，吸满——（停顿），慢慢地吐气，吐长气——。您可以很清晰地看到钟摆规律地摆着，从左到右，从右到左，摆来摆去，您的目光盯在钟摆上，您听到钟摆声不停在响，嘀——嗒——，嘀——嗒——，嘀——嗒——（停顿），同时您也能听到自己很匀的呼吸声。渐渐地钟摆得有些慢了，钟摆的声音也越来越低了，当您感觉到钟摆有些慢、声音有些低的时候，您会感到有些累，您的眼皮有些紧，您想好好睡一觉（停顿）。请再做一次深呼吸，将您的注意力还集中在钟摆上，您感觉更加累了，您只想美美睡一觉，钟摆得很慢了，钟摆的声音越来越小了（停顿）。请再做一次深呼吸，将您的注意力还集中在钟摆上，您感觉累得不行了，您就要美美睡着了。没关系，想睡就睡吧，您的眼睛已经睁不开了，您也听不到钟摆声在响了（停顿）。

现在您从头到脚、从躯干到四肢，都处于疲软的舒服状态，您的大脑很宁静，很宁静，感到非常舒服，非常舒服（停顿）。在您耳边响起的所有的声音都将使您更舒服、更轻松、更满意，所有的声音都将使您更舒服、更轻松、更满意（停顿）。您的身体就像躺在白云上一样，很舒服，很舒服，白云在空中飘啊——飘，您看到了一块美丽的草地，您很喜欢这片草地，您的身体慢慢下沉，下沉，您的身体落到了一片美丽、清新的草坪上。（停顿）

做得很好，跟着我的指令走。我说的每一句话都将进入您的潜意识，来帮助您保持姣好的面容、青春的面庞。（停顿）

（小河流水声）现在您来到一个空气十分清新的大草原，鲜花朵朵，流水潺潺，好一片美丽的草地！您好陶醉，好陶醉。这里的空气很湿润、很清新，含有大量负氧离子，您忍不住要躺在厚厚的草坪上，用力地呼吸（停顿）。饱含着负氧离子的空气充斥在您的周围，包围着您的额——头——，眼——部——，鼻——部——，嘴——部——，脖——子，凡是身体接触到空气的地方，您都能感觉很舒服，很滋润。您深深地吸了一口气，负氧离子像一道白光一样进入了您的身体，滋润着您身体的每一个细胞，让您的每一个细胞都充分享受着新鲜空气的滋润。在十分清新的空气的滋润下，您的心情越来越好，您的心情越来越放松，您额头的皮肤也随之放松并舒展开来，您的眉头也慢慢舒展开来，舒展开来（停顿）。这种放松的感觉深深地印在您的脑海里，您的皮肤在慢慢舒展，这种感觉将帮助您保持青春和靓丽的肌肤。（停顿）

您感到很轻松——，很舒——服。您看到满眼的绿色，绿色的草坪、火红的鲜花、清澈的河水，让您的眼睛感到很惬意，很清爽，很惬——意，很清——爽。您眼部的肌肉慢慢放——松——，您的眼球、眼肌都得到了彻底的放——松——，您眼角的皮肤也开始像花儿一样舒展（停顿）。好香啊，好甜的花香，您的皮肤因放松而显得更加有光泽、更加红润，皮肤更加细——腻——，亮——白——，光——滑——。您看到满眼的绿色，绿色的草坪、火红的鲜花、清澈的河水，让您的眼睛感到很惬意、很舒服，很惬——意、很舒——服，您眼部的肌肉慢慢放——松——，您的眼球、眼肌都得到了彻底的放——松——，您眼角的皮肤也开始像花儿一样开放（停顿）。好香啊，好甜的花香，您的皮肤也因花香的滋润而显得更加有光泽、更加红润，皮肤更加细——腻——、亮——白——、光——滑——。在清新的空气包围里，躺在厚厚的草坪上，您的皮肤享受着负氧离子的按摩，您的面颊因得到潮湿空气的滋润而娇娇欲滴，犹如身边尚未开放的花朵，面颊得到潮湿空气的滋润而娇娇欲滴。您的面颊越来越光滑、越来越白嫩、越来越光滑、越来越白嫩，犹如带着露珠的花朵，娇娇欲滴。您感觉到好舒服、好开心、好轻松。（停顿）

很好，您对您的面部感到很满意，很满意。再来感受一下您的鼻子，鼻子的大小、位置也如您所愿，您精巧的五官，显得如此和谐、美丽、富有魅力。您的五官搭配得如此和谐、美丽。您的脖子正在如您所喜欢的、您所希望的那样，皮肤得到了哗哗流水、淡淡清香的不断滋润，变得更加白——皙，光——滑，细——嫩，纤——长，更加白皙——，光滑——，细嫩——，纤长——，您对您的脖子感到很满意，很满意。淡淡的草香、淡淡的花香混合着湿润的空气，滋润着您的头——部，额——部，面——部，脖——子，您对自己的面容更加满意、更加自信。

您很陶醉于目前的状态，您感觉到很满意，很自信，很舒服。您要仔细将这份感觉记录下来，深深留在您的潜意识中，让您变得更加自信、美丽、富有魅力。陶醉于目前的状态，您感觉到很满意，很自信，很舒服。您要仔细将这份感觉保留下来，深深留在您的潜意识中，让您变得更加自信、美丽、富有魅力。当您再次走向人群，面对客户，面对同事，面对朋友，面对家人，您会昂首挺胸，充满自信，对自己的面容，对自己的能力将更加自信，相信自己是最美的、最有魅力的女人。当您再次走向人群，面对客户，面对同事，面对朋友，面对家人，您会昂首挺胸，充满自信，对自己的面容，对自己的能力将更加自信，相信自己是最美丽的、最有魅力的女人。

（钟声又起，由弱渐强）耳边的钟声将逐渐变得清晰起来，眼前也似乎还有钟摆在慢慢摆动（停顿）。下面我将从5数到0，每数一个数，您耳边的钟声将逐渐大一些，钟摆的幅度也慢慢增大，钟摆也更清晰地呈现在您的眼前，您也将那份美好的感觉更深刻地留在您的记忆里，来帮助您更加自信，更加美丽，更加有魅力（停顿）。

下面我开始数数，5，耳边的钟声渐渐响起，钟摆也开始摇动起来，幅度也渐渐增大，您也开始有一些清醒，将美好的感觉留在潜意识里，帮助您更加自信、美丽、富有魅力。4，3，2，1，0，您能很清楚地听到钟声、看到钟摆的摆动，您已经完全清醒，您比过去更加自信，更加美丽，更加富有魅力。

（哗哗流水声、教堂的钟声）

（作者声明：以上光盘指导语及音响设计，版权为北京讲心堂心理咨询中心所有，复制或盗版必究。）

第二十一章

催眠的传统研究方法

催眠现象的复杂性和神秘性，决定了对其研究的困难性。无论是催眠的实验研究者还是临床工作者都对此做了许多探索。

一、 口头报告法

长期以来，一些催眠师都是通过事后询问，让受术者口头报告在催眠中的感受，以此来收集其主观体验的信息。因此，可将此方法称作后经验调查的方法。

通常催眠师或实验者要求受术者评论他们的催眠实验，其中个别测试项目会被详细调查。例如，对于"年龄回溯"（age-regression）或"幻想"（hal-lucination）任务，要求受术者生动地描述催眠师给予暗示或引导后他们感受到的东西。除此之外，还要报告在催眠感受性测试过程中对催眠的期望和预想。为了帮助研究者明确解释他们行为表现的模式和机制，受术者在后经验调查中要详细反馈催眠表现和体验。通过受术者的口头回答，可了解影响某些催眠反应的潜在因素。

尽管一般情况下，在后经验研究中也可能得到某些数据资料，这对解释受术者行为表现会有所帮助，但这种研究不强调量化结果本身的重要性，而更倾向于强调认知过程和受术者的行为反应。

这种常规的后经验调查在描述的信息数量和类型上都有局限，而且受术者的反应可能与调查者对问题的表述有关，因此用催眠后口头报告的方法收集的资料，往往是零散的、主观的、肤浅的，很难弄清催眠现象的本质和催眠治疗的作用机制。可见，开发新的研究工具和采用新的研究方法是很有必要的。

因为意识的状态是复杂的，很难测量的，所以我们没有必要限制住自己的视野，只采用某种单一的研究方法。

例如，对催眠梦的状态的评价就可以通过受试者关于梦的口头报告以及研究者通过脑电（EEG）活动所得出的报告进行互相印证。又如，人在做梦时眼动仪会显示眼球的快速运动，将快速眼动期和做梦的口头报告互相印证，我们就可以通过眼球运动知道一个人是否在做梦或何时在做梦。与此类似，受术者关于催眠中恍惚状态的报告也可以通过研究不同的测量方式的相同点进行印证。催眠作为意识的一种特殊状态，当口头报告同其他行为指标（知觉的、记忆的等）一起被收集的时候，我们有必要确认口头报告与这些行为的一致性。

二、 量表研究法

量表法是催眠研究者与临床医生常规使用的催眠评估技术。无论你如何定义催眠这个术语，几乎没有人会对测量催眠感受性的适宜性或重要性产生争论。

催眠易感性，或者说对催眠的接受性，反映了个体的个性特质，以及该个体应对暗示活动的能力。每个人对催眠暗示的反应程度是不一样的，而这个事实是理解催眠术的根本。有证据表明，人类的催眠感受性是正态分布的，至少在实验室（与临床相对）环境下的量表测量可得到这样的结果。

对催眠感应的主观报告同量表的客观评估分数，彼此是高度相关的。但是口头报告有时难免主观和不够精确，而量表测试可弥补此不足。当然，口头报告有时也可以矫正以客观数据为基础的评估结果。例如，客观的量表分数会因为动机或其他干扰而受到影响，但是当研究者要求受试者诚实地表达自己真实想法时则可能被纠正过来。

作为意识的一种特殊状态，催眠的可测量性也许是最令人质疑的，因为很难用一种清晰明白的方法去测量精神状态。但是我们可以在受术者身上寻找可测量的生理变化以及行为表现的增强或减弱，同样也可以收集那些探讨催眠时的感受异于清醒状态的一手报告，所有这些均可作为编制量表的依据。

量表法的优点在于能得到受术者催眠感受性和催眠深度的客观指标，其不足是如此大量的外在表现不一定能准确反应受术者真实的内心操作过程。

临床上广泛使用的测量催眠感受性和催眠深度的量表已在第七、第八章做了详细介绍，这里不再赘述。

第二十二章

催眠的体验分析技术

本章重点介绍一项国外催眠工作者广泛使用的名为体验分析技术（Experiential Analysis Technique，EAT）的研究方法，它是现象学取向研究的一项新技术。这种技术适用于对催眠体验的评价，并能认识到口头报告作为数据收集方法的价值和意义。这种通过实证性分析技术所收集的资料，可以探讨诸多催眠现象并推论与之有关的机制。

一、 体验分析技术的起源

体验分析技术是通过录像带回放来帮助受术者清楚地回忆催眠过程。实质上，EAT 是一种专门设计的询问技术，强调一个独立评价者（非催眠施术者）收集和观察受术者体验报告的重要性，考虑了动机、期望、认知这些可能在个体催眠过程中发生的相互作用。

EAT 是依据人际互动过程回顾（Interpersonal Process Resurrection，IPR）方法改编的。研究表明，会议演讲者看自己演讲的视频回放，通常能自发地报告出很多他们之前的想法和担心。人际互动过程回顾是指通过录像回放技术，观察咨询师和来访者的互动。这种方法最初是为了教授和学习咨询师在治疗过程中如何同来访者互动的，之后的广泛应用也出于这种目的。

从过程上看，此项技术是基于独立的询问者或调查者（inquirer）与受术者一起观看催眠过程的录像回放，从而了解受术者的催眠体验，因为在观看录像回放过程中，这些催眠体验可以被重新唤起。

将 IPR 方法最早用于催眠研究的报告有两篇：一篇是乌迪（Woody）等人的报告，该报告使用 IPR 方法有助于发现催眠治疗中的主观性材料；另一篇是哈默（Hammer）等人的研究，使用 IPR 的方法来探索一些过去没有提到过的催眠效应。

哈默采用 IPR 影音回放方式，分析催眠和非催眠的受试者对一首诗回放的反应。实验组（催眠组）和对照组（非催眠组）的受试者按照年龄、对催眠的经验和兴趣以及敏感水平（依据 HGSHS-A 的测试结果）配对。一组受试者先经受催眠诱导，然后放诗歌；另一组受试者在听诗歌前没有催眠诱导。实验者告诉受试者：

> 我想知道当播放诗歌时，你的想法、感受或任何反应等尽可能多的细节。为了帮助你回忆这些细节，我将简短地重放这首诗，如果在回放中的任何时间你想起了你当时在想什么或做什么，请立刻告诉我，我将暂停录音，听你告诉我。

然后播放诗歌，实验者获得了受试者在最初听到诗歌时的经验。这些受试者对他们经验做出的评价也被录音，用于之后的转录和分析。然后要求不知道哪些受试者接受了催眠诱导的评判者，根据受试者报告的经验将受试者分成接受催眠诱导和未接受催眠诱导两组。经验丰富的评判者根据受术者对诗歌的主观反应的报告，正确区分了 80% 的人。又将转录内容请另外一个不知道转录来源的评判者来进行分析，结果这种分析更加明显地证明了上述结论。哈默因此得出结论说，比起正常觉醒状态，催眠诱导使人们进入一个不同的认知唤醒状态，而且催眠诱导的效果之一是增强人们的思考过程。

EAT 使用录像回放技术和询问者的角色就是由上述 IPR 演发而来的，提供了一种评价催眠体验过程的有效方法。

二、 体验分析技术的实施

使用 EAT 的标准过程是：在催眠术完成后，催眠施术者离开实验现场，让受术者与另一位研究人员即询问者互动。询问者的作用是，通过回放催眠过程的录像带引导受术者讲述新的、补充的想法和感受。

通过视频回放这个步骤，询问者虽然可以了解整个催眠过程，却不能做到在与受术者的互动中保持独立而不产生偏见，因为在引导时不同询问者会关注受术者的不同反应。因此，至关重要的是，在这个方法中触发反应的是受术者而不应是引导评价的询问者。

此方法的关键之处是，受术者可以随时要求停止录像放映而表达自己的感受。注意，这一点很重要，第七章提到的催眠测试的标准化量表将如此重要的因素忽视了，没有关注受术者是否跟随催眠师的暗示触发自己的感受，或者按照测试的项目不断地构造或重建他们的经验，这迫使我们只能依靠对催眠量表得出的测试数据的解读。

EAT 的目的是仔细调查催眠受术者对与催眠师复杂互动（包括言语的和非言语的行为）的解释，为受术者的特定经历和体验提供一些线索。在这个方法中，是由受术者本人引导对自己催眠经历的讨论。让受术者自发地引导比研究者按照既定的问题来提问好得多。比如，受术者可以自由评论他们在催眠中发现的对自己很重要或有意义的特殊事件。

下面我们就 EAT 实施过程中的几个关键环节加以简单介绍。

（一）录像回放

首先，对催眠的全过程进行录像，然后回放录像，边回放边讨论，这构成了 EAT 过程的基本环节。

受术者提前被告知他们的催眠过程及其表现将会被录像，但是没有告诉他们这个录像将成为他们和另一个研究人员讨论的基本环节。如果只是对催眠过程的特定部分或个人特征感兴趣，不能告诉受术者只录一部分环节。事实上，我们可以录整个催眠过程，但挑选一部分进入 EAT 环节的回放。

在 EAT 的调查环节，录像播放器应放在受术者观看起来比较舒适的位置，他们可以回顾催眠过程，一边看一边和询问者聊天。

应该让受术者熟悉录像回放单元，提前进行停止和开始的操作演练；或者给受术者一个远程遥控器或手动开关，使受术者可以随时在他们想要停下的地方停下。

询问者坐在受术者的一旁，观察受术者在看录像过程中的反应。重要的是，询问者要更多关注受术者而不是录像回放的过程。受术者此时的行为是自发的，而不是思考或回答询问者感兴趣的问题。

询问过程也要被录像，从而使通过 EAT 得到的信息可以进一步被全面地分析。

（二）询问者的角色

询问者扮演好自己的角色，是 EAT 应用成功的决定性因素。严格倾听和非评价性回应的培训与练习是非常必要的，是 EAT 重要的前期准备。

询问者的基本角色是非评价的、不解释的合作者和共同参与者，共同探讨在真实的催眠过程中，受术者体验到的事件的本质。询问者鼓励受术者积极参与报告，解释自己的催眠体验。

我们把非评价的过程看作询问者与受术者之间的积极关系。对受术者提供的认为重要的信息不解释的态度，是 EAT 成功的重要标准。询问者应该尽量不要让受术者有所避讳，要为他们提供一个开放诚实和自我暴露的安全环境。

询问者的基本立场是进行一种合作的、不专制的、支持性的互动，主要工作是帮助和鼓励受术者发现和报告他们自己催眠体验的真相。一般来说，EAT 引导的方式更加人性化，更加无评价性，这对收集受术者私人的催眠体验的本质信息是很重要的。

询问者应与受术者建立一种良好的合作关系，使受术者主动而不是被动地参与发现和评论他自己在催眠中的体验。这就是说，EAT 程序的目的是最大限度地增加受术者参与的自由度，增加受术者而不是询问者的控制力，双方必须明确地认识到评价过程是一个双方共同参与的调查受术者自发性评论的本质。在这方面，获得受术者提供的材料很重要。询问者的角色就是倾听，然后收集受术者的评论，而不是对受术者做解释或点评受术者的评论。

此外，询问者的任务是尝试保持受术者对讨论的特殊事件的注意力。比如，受术者一般被询问者鼓励将注意力集中于他们对即刻发现的事情的评论；同样，询问者做的评论不应该超出受术者已经暴露出来的相关经验。

（三）如何询问

首先，询问者向受术者介绍 EAT 的实施方法，此时询问者给出的指导语如下：

一般的催眠研究都会对在催眠中究竟发生了什么很感兴趣。为了澄清在你的催眠过程中究竟发生了什么，我将请你帮助我们，让我们共同观看一段你催眠过程中的录像。

在催眠开始的时候，催眠师已经告诉你，为了研究工作需要，催眠过程会被录像，现在我们一起看录像回放。与不放录像比较而言，放录像将提供给你在催眠过程中发生的细节，因此，你会发现你很容易回忆出你当时想什么，感觉到什么。

在催眠过程中你或许感觉或想到了一些事情，这些事你没有或不能大声说出来。一般情况下，大脑活动速度比讲话快。所以，有一些时候你没有时间说出你想说出的东西。或者，你不想对催眠师说些什么，或你当时的想法和反应很模糊，你当时没有办法用语言表达出来。现在，当你看录像时，你将发现这些想法或感觉会重新浮现在脑海里，使你再次感受到。你可以在任何时候完全随意地停止录像播放，然后告诉我你究竟回忆起了什么。回忆起来任何事情，都可以停止录像播放，然后告诉我发生了什么，任何事情都可以。也许是一小点，也许是一大点。无论你认为重要与否，任何时间你想停下来做评论都可以。你所有的评论都非常重要，非常有价值。

在想评论的时候立即停止录像播放是很重要的。不要等过一会儿，而是要立即停止播放录像。拿着这个遥控器，很好！这样你可以很轻松地停止录像播放。好了，你有什么问题吗？好的，如果你准备好了，请你随时开始播放录像。

然后受术者随意播放他们接受催眠时的录像。什么时候停止录像的决定，是受术者简单地回忆起任何事情的时候做出的。无论受术者什么时候停止录像，报告他们的催眠体验，询问者都可以通过询问一些问题，澄清受术者的描述，探索这些体验的本质。

当询问者提出某些问题时，受术者根据自己的催眠体验进行回答和评论。询问者提出的问题应该与受术者对催眠过程的评论相匹配，而不是和询问者的理论观点相匹配。因此，EAT设计的问题要能提供给受术者一些线索，使得他们能够表达他们体验的本质。

为了达到这个目的，一般问题要聚焦于受术者回忆的特殊方面，问题要简单并具有开放性。此外，询问者要向受术者评论的催眠体验提问。如果受术者没有评论一个催眠体验，而询问者认为重要，询问者应该以不引起受术者注意的方式加以适当引导，而不要过分强调。因为，过分关注某个问题，受术者会被暗示应该说一些询问者觉得重要的事，因此就会以一种满足询问者偏见或观点的方式来回应。

为了给受术者的评论分类，询问者会使用一系列不同的问题，各个问题关注受术者体验的不同方面。因此，询问者要准备很多问题，每一个都和体验的不同方面相关。询问的范围包括认知、想象、期待、知觉、意向表达、人际关系、联想和各种感觉等多个维度。有些问题比较直接具体，当然，这仅仅是用来反应个别目标或目的。而在本环节的结尾，询问者会就受术者在整个催眠过程中的体验提问。这里最重要的是，记住询问者的提问是为了鼓励受术者描述和解释他们自己的催眠体验。这些设计的问题本身要尽量少地提供线索，否则会暗示受术者什么是需要报告的重要体验。

表 22-1 列出了提问的几个维度，并就每个维度列举了四个问题。这些问题来自卡甘(Kagan)的建议。

表 22-1　EAT 询问维度和问题示例

询问维度	问题示例
认知	你当时在想什么？ 在那时、那个场景下，你有什么想法？ 你是否清楚地考虑接下来将发生什么？ 那个时候你的心里想到了什么？
想象	那时你是否产生了幻觉？ 然后你脑子里出现了什么图像或画面？ 那时你的脑海浮现出了什么？ 你是否想象到结果会是什么？
期待	你想从催眠师那听到什么？ 那个情境下，你想催眠师做些什么？ 你希望接下来发生什么？ 你预期接下来会发生什么？
意象	你怎么看待你和治疗师？ 你希望那个情境下治疗师怎样看待你？ 你想投射怎样的意象呢？ 你想传达给催眠师什么信息？
知觉	你对催眠师正在看着你有什么想法？ 那时你认为催眠师想要什么？ 催眠师给你这个，你有什么感受？ 你认为你的描述是否符合催眠师的想法或期待？
联想	那对你有什么意义？ 这引发你想到别的经历过的事情吗？ 你对这熟悉吗？ 你是否将这个经历与其他特别的事情联系到了一起？
感觉	你感觉你那时卷入的怎么样？ 你感觉你在做什么？ 你怎么看待那时你作为一个受术者的角色？ 那时你想对催眠师说什么或做什么？

续表

询问维度	问题示例
结束	你通过录像回放学到了什么？ 你喜欢视频中的你吗？ 你感觉催眠师在整个过程中怎么样？ 你满意你的行为吗？ 有没有哪部分你想再看？ 你喜欢这样讨论你做了什么吗？

（四）如何评分

对 EAT 得到的结果主要从 10 个维度进行评分，每个维度依据受术者在催眠中的体验被分为 5 个等级（0＝没有出现；1＝轻微出现；2＝一般出现；3＝经常出现；4＝完全出现）。这 10 个维度是：

①专注认知（Concentrative Cognizing）：指受术者将注意力集中在催眠师的指令上，并按其指令的字面含义行事。

②自主认知（Independent Cognizing）：指受术者不是完全地而是根据重要性有选择地执行催眠师的指令。

③建构认知（Constructive Cognizing）：指受术者对催眠师提供的信息有所加工，根据自己的理解行事。

④个性化（Individuation）：指受术者催眠反应的与众不同和独特意义，同自主和建构两种认知有关。

⑤想象力（Imagery）：指受术者对催眠指令想象的鲜明生动程度，同在催眠体验中所运用的想象策略有关。

⑥全神贯注（Absorption）：指受术者对催眠体验注意力集中的程度。

⑦无意识（Involuntariness）：指受术者的行为和体验没有伴随任何的意识努力或控制。

⑧现实意识（Reality Awareness）：指受术者对现实信息的感知和加工。

⑨身体感觉（Physical Sensation）：指受术者对自己身体的感觉。

⑩融洽关系（Rapport）：指受术者与催眠师之间关系的融洽程度。

对于实验室研究来说，通常要由两位评判者分别对 EAT 的结果评分以确定评分者信度，还可以抽取部分受术者的结果由一位评判者评定两次以得到再评信度。

研究数据显示，在催眠梦体验中自主认知与个性化、想象力、全神贯注、身体感觉有高相关性；个性化与想象力、全神贯注、身体感觉有高相关性；想象力与全神贯注和无意识具有高相关性，与现实意识无相关性；全神贯注与无意识和融洽关系有高相关性，与现实意识无相关性。

研究数据还显示，在催眠幻想体验中，自主认知与个性化和现实意识高相关；建构认知与个性化有高相关（比催眠梦境中二者的相关性更高）；个性化与想象力和全神贯注有高相关；想象力与全神贯注、无意识以及融洽关系有高相关；全神贯注与无意识有高相关，也与身体感觉和融洽关系有较高相关性。

三、 体验分析技术的应用

国外有研究表明，90％的受术者认为回放催眠过程能很好地刺激他们回忆，还说 EAT 引导他们更深入地认识他们的催眠行为。他们普遍认为 EAT 技术有效，认为 EAT 给他们机会以一种生动的具体的方式去再次体验催眠事件。比如，一个被试评论说，"这让我看到它，我能够更多地进入它。"当然，也有个别不喜欢这个催眠互动过程的受术者说，对看自己的催眠表现感到尴尬，认为自己表现得很傻。显然，这样的受术者可能很少停下来对催眠过程做评价。

EAT 为评价催眠过程提供了一种有效的方法，这种方法收集的资料比常规提问收集的资料更多，可使我们发现大量与催眠受术者体验相关的材料和影响因素，不但能加深对受术者的了解，而且有助于更好地理解催眠的本质和作用机制。

大量 EAT 资料表明，受术者对催眠过程的讨论和评价主要涉及两个方面：①对与催眠师交流的认识；②受术者的认知风格。

总体来说，受术者在催眠情况下的自然反应十分多样，并且在很多方面的反应都是高度个体化的，在 EAT 过程中他们同样是用一种个人的方式解释与催眠师的交流。因此，不应该将催眠的受术者看作一个消极被动的接受者，他们不仅理解接收到的信息，而且能将其纳入他们自己偏好的虚拟情境中。

根据对大量 EAT 资料的分析，可将受术者的认知风格分为以下三种类型。

专注型的受术者，专注于和催眠师之间的交流，不会允许无关想法出现，而是将注意力完全集中在催眠师的指令上。这种专注模式的认知是以受术者在与催眠师交谈中的注意集中和在交谈时对所包含信息的文本理解为特征的。

自主型的受术者，不是简单地关注于催眠师表达的信息，而是有选择性地、往往根据自身意义去应对所有的指令，表现出更加独立的特征。对某些他们认为是重要的或符合自身情况的体验，就会做出自主的回应。

建构型的受术者，倾向于用自己的方式去诠释或有步骤地加工所有信息，自发建构所暗示的经验。其特征是在催眠师的暗示中努力构造有联系的相关事件，去对自己认为催眠师暗示的含义做出反应，以适应个人的观点和经验。

为了比较观察催眠过程本身和采用催眠体验技术获得信息的效果，柯瑞鲍尔德（Crebolder）对比了通过催眠会谈得到的信息和通过 EAT 会谈得到的信息。为了平衡被试者对催眠熟悉程度对结果的影响，研究者把被试者分为了三组：第一组是因身体和心理上的问题而在诊所有催眠经验的人，第二组是熟悉催眠概念的心理学专业的学生，第三组是对催眠不熟悉的普通大学生。在研究中，各组均有一半的被试者观看了催眠过程的录像回放，另一半观看了催眠过程的录像回放和 EAT 会谈的录像回放。所有的被试者最初都非常警惕地寻找在催眠中遇到了困难的特殊的标志，而且研究者设计了特殊的指示激励他们收集更多的关于受术者的行为和体验。

所有被试者都根据研究者的指示，观看相应录像带，然后完成了问卷，这个问卷的目的是调查运用 EAT 是否能不偏不倚地提供精确的关于催眠的相关信息，它在提供相关的催眠过程的信息方面，或者在用来理解明显的催眠反应及其潜在的决定因素方面是否是有用的。

研究表明，看了催眠过程和 EAT 会谈两个录像的被试者能更有效地识别催眠过程中的困难，而且与那些只看了催眠过程录像的被试者相比，他们认为受术者进入了更深的催眠状态，而这种判断同他们对催眠的熟悉程度无关。只看过催眠过程一个录像的那些被试者不能识别任何受术者经历过困难的标记。

研究发现，只是观察受术者在催眠过程中的行为，可能认为受术者并没有进入深度的催眠；但是通过观看 EAT 会谈的录像，可能发现存在着另一种高水平卷入的方式。

总之，那些看了两个录像的被试者比那些只看了催眠会谈录像的被试者，更容易意识到在催眠过程中的卷入和情感状态。当催眠被用于诊断时，催眠师对受术者情感的觉察是一个特殊的重要因素。上述研究结果说明，

EAT 在诊断分析中是非常有用的。

进一步研究表明，当观察仅仅是基于催眠过程的时候，有知识和经验的临床医生在说明受术者体验到的问题时，也并不比没有受过训练的学生做得好。但是运用 EAT 可以帮他们将受术者的卷入水平说明得更细致，而且能指出受术者在催眠中经历的特殊问题。

四、 体验分析技术应用举例

为了使读者更好地了解 EAT 的操作方法，下面将澳大利亚心理学家皮特·W. 史汉和凯文·麦坎基《催眠与体验——现象和过程探讨》(*Hypnosis and Experience, The Exploration of Phenomena and Process*)一书中报告的一次应用体验分析技术的完整过程翻译并抄录如下：

催眠诱导语：

催眠师：我希望你在椅子上以最舒适的姿态坐好，完全放松，尝试着把你所有的事情都抛到脑后，只听我所说的话以及我需要你关注的事情。我希望你专注于你身体的那种放松的感觉。尽力去放松，体验那些我刚刚告诉你去关注的事情。为了研究工作的需要，整个催眠过程将要被录像。

我希望你看着这些钥匙，我希望你近距离地看着它们，而且我将从 1 数到 10，当我数数的时候，你继续盯着看那些钥匙，你的眼睛感觉越来越疲倦。现在专心地看并集中于我告诉你关注的那些事情，1，2，你感觉现在越来越放松。你继续看着那些钥匙，3，你以前见过它们的，4，越来越放松，集中于那些我要你关注的事情，感觉现在更加放松，5，越来越放松，感觉你沉浸在那种放松的感觉中。你的双眼变得非常疲倦，马上就要闭上了，6，7，8，随着你放松的感觉不断地增加，你的双眼变得很重很重，当你的双眼准备好闭上的时候，你就让它们闭上吧。现在双眼已经闭上了，眼睛闭上了，越来越放松，进入更深更深的舒适、愉快和放松的境界。当我数到 10，你将完全进入催眠状态，9，10，现在更深更深，集中于完全放松的感觉。你将能进入比现在更深的催眠状态。

我希望你去想象你自己在一个梯子上，正一步一步地往下走，直到你走到最下面，你的脚步将越陷越深，进入这种深深的放松和催眠的状态，1，现在继续往下走，越下越深，2，现在越下越深，越来越放松，越来越放松，你继续往下走。随着你听着我所说的，你开始注意我要你关注的事情，3，4，现在继续往下走，5，现在你已经到达了最底部，感觉深深地放松，深深地被催眠。

联想实验：

催眠师：我希望你向上举起你右侧的胳膊和手，保持住这个姿势，然后注意你的右胳膊和手的感觉。我希望你想想自己正在举着一个很重的东西，而且当你想着这个东西时，你的手感觉到越来越重，更重，更重，越来越重。当你想着那个很重的物体时，它开始向下压你的手臂，越来越低，越来越重，现在变得非常重。你的整个手臂变得越来越重。那个重物将你的手臂压得更低，越来越低，越来越低，越来越重，越来越重。现在可以了，放松你的手臂，让它舒适地放到你的腿上休息。你的胳膊和手再也不那么重了，再也不用举着那个重物了。你的胳膊和手臂，回到了原来正常的状态，非常的安静和放松。

现在我将要唤醒你，带你重新回到梯子，当你向上爬到梯子的最顶端，你将会醒来，感觉焕然一新。但是在我要你醒来之前，我想让你看一下那些钥匙。你看到它们了吗？每当你看到那些钥匙的时候，你将会很快很容易地回到你现在所处的这种催眠状态。现在醒来吧，顺着梯子一步一步地往上爬，1，醒来吧，2，3，马上就要到最顶端了，4，5，现在睁开眼睛吧，感觉焕然一新。现在睁开眼睛。你的感觉如何呢？

受术者：很好。

在这次催眠过程中，受术者做出了期待中的反应行为。与她高水平的催眠感受能力一致的是，她能很快做出反应进入感应程序。她能快速地闭上眼睛，坐在椅子上进入舒适的状态。在意动暗示的反应方面，她举起她的右胳膊和手臂，然后根据催眠师的指导语，感觉手臂很重，慢慢地往下放。最后，随着唤醒的过程，受术者很容易地睁开眼睛，随后数到5的时候，暗示她此时感觉非常好。

下面是对此次催眠体验分析的全过程：

询问者：就像催眠师先前告诉你的那样，你刚刚完成的催眠过程已经被录在了录像带上。我们已经拿到了录像带，现在我们为你重放一遍录像，收集你的反馈。提供录像的一个原因是帮助你回忆，让你重新经历催眠会谈的过程。当初你被催眠时，你很可能对正在经历的事情有许多的想法和感觉，可能有一些感受是模糊的，但是你没有机会去谈论它们。现在你将有机会去说出你的想法和感受。当你看到录像，那些想法、感觉还有印象，不管它们是什么，都将重新回来，因为你在看一个正在放映的刚刚发生的事情的影像。

我希望你完全地放松，在你回忆起任何一件事情时停止录像，并和我谈论它，不管它是如何重要或者如何微小的事情。不论你认为那是重要的或者不重要，去感受完全的放松，你可以在任何时候停止录像，并且评论它。我将会问你一些问题，而且我们会一起讨论它，或者做些别的什么。你觉得这样做对你有意义吗？

受术者：是的，那听起来很有意思。

（开始播放催眠录像）

第一次停顿：停顿在当催眠师让受术者凝视那些钥匙尝试引入催眠的时候。

受术者：当他拿那些钥匙给我看的时候，我想"不，这不可能；在开着灯的情况下看着那些钥匙，我今天不可能被催眠了。"那将不会有任何意义的，我想："不，这不会有效的。"

询问者：那么一开始，你的观念是：这样做不会让你进入催眠。

受术者：对，是这样的。

询问者：当时你有什么想对催眠师说的话吗？

受术者：可能没有。我仅仅是觉得内心在笑；我想整件事情实在是太好笑了，我仅仅是想："用所有的灯光和这些东西是不会起作用的，你知道的。"

询问者：是的，尽管如此，它的确起作用了。

受术者：是的，在结束的时候它是起作用了，我想。

（开始继续播放）

询问者：好的，很好，也许我们能在哪一点提取一些东西。

第二次停顿停止在催眠师从 1 数到 10 接近尾声的时候。

受术者：就是在数到 9 的时候，我，事实上，开始觉得放松。之前我一直不能放松。每一件事情仍然让我觉得奇怪，你知道的。

询问者：是的，对你来说，通常都要花这么长的时间吗？

受术者：不，我想不是的。我通常开始会感觉到某种放松，但是这一次却没有。尽管如此，你知道的，数到 9 的时候发生了一些事情。我很惊奇的是，我的眼睛开始觉得很重，然后闭上眼，我觉得我很放松，但是这种感觉来得非常慢，当它发生的时候，几乎到了 9 和 10 之间。

询问者：放松的感觉慢慢来了的事实对你有何影响呢？

受术者：没有影响，这件事没有什么与众不同。

询问者：它没有影响，那你对于那件事感觉开心吗？

受术者：是的。

询问者：在那时，你有什么想跟催眠师说的话吗？

受术者：就是我并没有真正的放松。

询问者：你没有真正的放松。

受术者：现在还没有。

询问者："现在还没有""还需要一些时间"，是类似于这样的想法吗？

受术者：是类似于这样的一些想法。

询问者：好的。

受术者：我觉得一开始测试，我就真的不能像我希望的那样放松了；但是我会有一种它将要来了的感觉。

询问者：那一刻，催眠师意识到你的想法和感觉了吗？

受术者：我对这感到怀疑。

询问者：你对此感到很怀疑。你作为受术者来到这里的时候，你是怎么思考的呢？

受术者：当我事实上并不放松的时候，也许他认为我是放松的。

询问者：因此，他对你的想法就是你感觉非常的放松，你和他的引导保持一致。但是你告诉我的是："不，你没有。你希望有更多的时间。"

受术者：是的。

询问者：你期望你自己能够变得更放松吗？

受术者：我能感觉到它，我能感觉到我自己变得越来越放松，10 看起来来得太快了，我还没有真正的放松。

（开始继续播放）

第三次停顿停止在催眠师试图让受术者用下梯子的想象加深催眠的时候。

受术者：这很糟糕，这很可怕！你知道的。我讨厌梯子，我觉得上梯子是非常的可怕，而且他说我在梯子上向下走。他以前从没这样做过，而我感觉自己每一步都非常紧张，他却说我将变得更加放松。我能感觉到我自己变得紧张。

询问者：你说你清晰地看见自己在梯子上。

受术者：我是在梯子上，他把我放在那里了，我就在那里，但是我不能，我真的不想，因为我不能忍受站在梯子上。

询问者：你想对他说什么呢？

受术者：我想说："不，你知道的，我不想这样；快把我弄下来，我不想站在梯子上。"

询问者：是什么阻止你说出那些了呢？

受术者：我不知道，我就是，他把我放到那里，你知道的。他说你将要下去，那就是我做的。

询问者：好的，我明白了，让我想想。他把你放到梯子上，那是一个非常糟糕的经历，极其糟糕，然而你没有对他说任何事，因为他想让你在那里。

受术者：我想，我想说，但是我，我没说。我不知道为什么我没有说，我觉得好像要更进一步或者说停止。我不知道我是否真的做了什么，但是随着他带我走下梯子，我觉得我自己变得非常紧张。

询问者：越往下走，越紧张。

受术者：是的。

询问者：当你到达底部的时候发生了什么？

受术者：我感觉一下子轻松了。

（开始继续播放）

第四次停顿停止在催眠师告诉受术者她正举着某个重物的时候。

受术者：我的手中确实没有任何东西，我不能想象一个东西，也感觉不到它。我的手臂仅仅觉得非常重，每次他说那个东西很重的时候，我的手就觉得很重很僵硬，很重很僵硬，但是我真的没有举着任何东西。

询问者：这种情况是怎样影响你的？催眠师暗示说那里有一个物体，但你没有？

受术者：我没有那个物体。

询问者：那并没有，并没有影响到你。

受术者：是的，没有。

询问者：我猜想，在这种情况下你正在寻找某些让你感兴趣的事情。在这种情况下，你听到催眠师说："看，你并没有拿着那个重物。"然而，就像先前他说爬上梯子，你就照着做了。

受术者：是这样的。

询问者：对此，你有什么解释吗？

受术者：我只是觉得手臂变重了，因此我猜我不需要一个真实的重物。

询问者：好的，我明白了。

受术者：那个东西实在是太重、太坚硬了，我都不相信我能在想象中举起那个重物。我认为我的手臂需要更灵活才能举起那个重物。

询问者：好的，那么，你做得非常好了，以至于你不需要额外的东西了。

受术者：是的，也许就是这样。

询问者：这就是你所说的吗？

受术者：也许是的。当他说"举起那个东西"的时候，我觉得它非常的重而且很坚硬。我想："好吧，我并不认为我能举起任何东西，那个东西让我的手臂觉得太重了。"

询问者：我明白了。所以，你并不需要做得非常好，你只是不能在脑海中构思出你举着一个物体的图像，因为你的手臂是在那种情况下。

受术者：是的，它太重太硬了，我举不起任何东西。

询问者：啊哈，你认为催眠师意识到了你的想法和感受吗？

受术者：我认为没有。

询问者：那么，你认为你是怎样了解到他的想法的呢？你有什么想法吗？

受术者：没有。

询问者：没有，不论如何也没有吗？如果你必须去猜猜看呢，他如何看待你正在做的事情呢？

受术者：他可能会想，"好，你的手臂已经很明显地向下移动了，你不能把它举起来。"所以他将会认为我的手臂感觉很重。

询问者：啊哈，很好。

受术者：可以了吗？

（开始继续播放）

第五次停顿停止在催眠师开始唤醒受术者，带她回到梯子上，开始向上走的时候。

受术者：看我的呼吸，我开始紧张了，那真是太可怕了！我现在都能感觉到我的呼吸。那，那真是太可怕了，我没有意识到他还在继续着同样的事，把我带回梯子上，往上走，这一切都更糟糕了。

询问者：比向下的时候更糟糕吗？

受术者：是的，这吓到了我，我的心怦怦直跳。

询问者：这影响了你的身体，你看着它发生。

受术者：我看到了，我的心脏开始怦怦怦直跳，因为我要上梯子，这并不是我想做的。

询问者：但是你做了，这是怎样发生的呢？

受术者：是的，我知道，那太可怕了，我觉得我就要滑下来了。

询问者：怎样发生的呢？

受术者：我告诉我自己，"不要，不要，不要把我带到梯子上，不要，不要。"他一步一步地带我向上爬得很高很高。我都能听到我内心的声音，要喊出来了，"不要！不要！"

询问者：我很好奇的是，事实上这对你来说是一件可怕的事，但是你却为了他做了这件事。

受术者：是的，他是，他就是要我做这件事，他把我带到这里。

询问者：好的，我们也许可以结束了。回看我们所做的，你对你在录像中看到的自己的表现满意吗？

受术者：这有点让我震惊，因为所有这些情感在继续，而且我喊出来了，"不要这样做！不要这样做！"然而我看到自己很镇静地坐在那里，就好像什么都没有发生一样。我真的有点不知道该如何理解这件事。

询问者：好的，因为你内在发生了许多的变化。

受术者：没有！我脑子一片空白。我就坐在那里，好像所有的事情都是那么美好，但事实上不是。

询问者：好的，是的。我在这里停止磁带，因为我们到了结束的时候。我想，问你这些问题是一件有趣的事。所以，希望我们把这些美好都留在这里。

从上面的体验分析中，我们可以了解到受术者在催眠过程中的许多真实反应，以及她所敏感和恐惧的事物，许多信息是在催眠过程中无法得到的。例如，让受术者在想象中下梯子，以此进入深度的催眠状态。在这个过程中，受术者既没有报告也没有表现出任何的害怕，但是在 EAT 会谈中，她提到在体验这段暗示时感觉非常焦虑不安。在她与询问者的谈话中，当录像带放到催眠师暗示她爬梯子的时候，她报告这种经历一点儿都不舒服，因为她讨厌梯子，而且她的确被吓到了。

笔者在一次集体催眠后的座谈中，也发现一位对沙滩和海浪的暗示诱导感到不舒服的受术者。这种特殊的反应，正是我们在以后对该受术者实施催眠时要注意的，同时，也为进一步的心理治疗提供了线索和方向。

因此，我们既要从观察和分析催眠过程本身获得资料，也要通过 EAT 询问受术者的体验获得更多的信息。这些 EAT 得出的资料强调了受术者反应的特殊性，而这种体验分析技术充分揭示了催眠现象的复杂性。

第二十三章
体验分析技术的变式

一、 常规体验分析技术的局限及变通

上一章介绍的是标准的或称常规的体验分析技术，主要应用在实验室研究中。借助录像带回放催眠过程的体验分析技术，对于了解受术者在催眠过程中的真实感受，揭示催眠现象的本质，使我们可以得到很多重要的、有意义的信息。

在临床的催眠治疗工作中，应用常规体验分析技术会遇到以下两个问题：一是有些受术者的问题涉及隐私，不愿被录像；二是另一位询问者的介入，有时会干扰催眠师的治疗工作。

研究者将常规体验分析技术加以改造，开发了既可用于实验室研究，又可用于临床工作的体验分析技术的变通方法，可以得到许多与治疗经历相关的信息。

体验分析技术的变式与常规体验分析技术的不同，主要表现在以下两个方面：一是在催眠师诱导下，受术者用想象的屏幕代替真实的录像回放催眠过程，解决了没有录像设备或受术者不愿被录像的难题；二是催眠师本人既是治疗者又是询问者，不需要第三者对受术者在催眠中的行为和感受加以询问。

以上两点改变刚好可以弥补常规体验分析技术的不足。

受术者对这种变通的体验分析技术的反应也是个性化的，有很大个体差异。例如，塞尔曼（Salzman，1982）的研究报告提到，有一位受术者，在她的第一轮会话中报告说，自己无法想象电视屏幕，所以就用言语回顾会话；然而在后续的场合中，她又能够用视觉想象会话。有意思的是，当想象电视屏幕上的会话时，有些人报告说，看见自己坐在椅子上，并且治疗师就在他的办公桌前；也有人说只看见了自己；还有人说只看见了治疗师。受术者对他们自己、治疗师、自己与治疗师互动程度的报告不尽相同，这种差异可能正反映了他们不同的催眠感受性，而这些随后就被反映在他们迥异的意象描述中。

二、 体验分析技术变式的方法及优点

具体而言，体验分析技术变式的实施方法是，在催眠治疗会话之后但在清醒之前，催眠师引导受术者想象面前有一个电视屏幕，并在屏幕上看到并回顾他们刚刚进行的催眠会话。此外受术者还被告知，如果催眠师说了什么或者他自己的某些想法使其陷入焦虑（无论是会话中讨论事情引发的结果，还是源自可能意外发生的其他想法），又或者会话中出现尚未完成的事情，他都可以举起右手的食指。倘若受术者在回顾催眠治疗会话的过程中，通过举起自己的右手食指来做出反应，问题就能得以讨论，而且随后会采取合适的治疗步骤，以便解决困难。接下来，受术者会被引导着在前面的问题讨论完后，继续回顾会话。当受术者报告说已经回顾完了整个会话全程，他就会被唤醒。

此种方法利用的是想象或虚构的而不是真实的对催眠会话事件的录像回放。在这里，催眠师（治疗者）担任询问者，而处于恍惚状态中的受术者被暗示，他们看到的是催眠会话事件幻觉的回放，因为它出现在他们的想象中。接受治疗者被指示要持续看屏幕，并在他们想评论的时候停止观看，同时让治疗师知道他们何时会做评论，以便于治疗师随后能进入询问者的角色。

这种体验分析技术主要有以下优点。

首先，通过观看幻觉回放能够为被治疗者提供机会，使他们可以对治疗过程中发生的事件给予公正评论。这一经过临床调整后的体验分析技术作为一种手段，可用来探查受术者在临床催眠过程中存在的焦虑或某种压力，这样就可以发现并避免一些与治疗中自我阻抗有关的风险。

更重要的是，治疗者和询问者角色的结合，可能会引导治疗师朝着需要澄清的问题或深入治疗的方向前进。这一变通后的体验分析技术的主要作用是，能提供一些关于被催眠者对临床干预的主观反应信息。例如，受术者高频率的反应，暗示着治疗的许多方面出了问题。因为无论何时做出反应，都预示着一个在催眠治疗会话中没被明确讨论的问题，并且有时候对这些问题的讨论，会对受术者的幸福感有实质性的影响。因此，这就使催眠治疗师能不断改进完善自己的治疗策略及方法。

例如，塞尔曼报告称，有一位受术者在幻觉回放当中，示意她常常经受腿抽筋，这使她在步行的时候寸步难移，并且在催眠的时候她还深受其

扰。尽管这位患者已经接受了大约两年的医疗护理，由于神经质的问题，她在这整个治疗过程中都没有提过痉挛绞痛。在对这个问题的后续讨论中，一个血管问题得以诊断与治疗。总之，在催眠中，受术者显然拥有探索多样事物的认知潜力。

三、 体验分析技术变式的诱导语

在这种变通的体验分析技术会话的开始环节，下面的诱导语可供临床催眠师（询问者）参考：

现在，你已经再次深度放松并被深度催眠了，我要求你仔细倾听我所说的。在你的催眠会话过程中，你可能会感觉到并想到许多之前自己没有出声说的事情。思想通常比语言运转得更快，因此，有时候可能就会出现你没有时间说完所有你想说的情况。并且，可能你仅仅就是不想提起一些早期经历的事情，也有可能是你有一些模糊的想法不能进入当时的会话。

等一会儿，我将带你去看看你脑海里自己的催眠会话。你可以很容易地就看到它发生的全过程，就像一场电影，并且当你在脑海里观看这场电影时，你会发现许多想法与感觉会重新浮现在眼前。无论何时你回忆起了一些关于这场电影的事，你都可以停止回忆并告诉我你的感受。

我想让你现在就想一想，从我刚刚告诉你闭上眼睛进入催眠状态，直到我告诉你醒过来的全过程里你都做了什么。我希望你能在脑海里进行生动的想象，回想从始至终的会话全过程。就让它像电影般地呈现在脑海里，如同一部影片向你展示整场催眠会话。

我希望你能在任何想评论自己经历的时候停下来，无论何时，随时都可以停止。这样做很容易，你只需要举起右手的食指就可以了。如此就可以停下来了，同时也能让我知道你即将评论自己回忆起来的某段经历。无论何时你想要进行评论，你都可以停止影片放映。

你听明白了吗？那么现在就让影片播放，正如催眠过程中发生的那样。无论什么时候你想说些什么，你只需举起你的手指。让我们现在开始吧，让影片播放吧。

四、 体验分析技术变式的实验研究

为了进一步检验幻觉回放对体验分析技术的作用及本质，澳大利亚心理学家史汉招募了真正被催眠的易感被试和假装被催眠的非易感被试，这些被试都是昆士兰大学的心理学研究生。研究者采用准实验设计，将上述被试分为被催眠组和未被催眠组。

（一）实验设计

50 个易感的、真实被催眠的被试（42 位女生，8 位男生），平均年龄21.06 岁（$SD=5.36$）及 50 个非易感的、假装被催眠的被试（23 位女生，27位男生），平均年龄 25.02 岁（$SD=1.10$）。所有被试均经过了前测，测试材料为有 12 个项目的哈佛团体催眠感受性量表 A 式（HGSHS—A），真正被催眠的易感被试的平均得分为 9.70（$SD=0.86$），假装被催眠的非易感被试的平均得分为 1.82（$SD=1.10$）。

首先，实验主试会告知被试要由催眠师对其进行催眠，这位催眠师并不知道被试的分组情况（哪些是真实被催眠，哪些是假装被催眠）。开始时主试简要地与易感被试讨论他们之前的催眠体验，但是并没有给他们具体的指示，没有告诉他们应该在催眠过程中有哪些类型的行为。而那些非易感的被试则被告知，不管催眠师使用何种方法，都要让催眠师相信他们已经被深度催眠了，而催眠师并不知道那些被试是假装的，这些被试要一直假装自己被催眠了，直到他们回到最开始的实验主试那里。

当被试会见催眠师时，他们要接受一系列的催眠项目测试，然后被指引着通过本次催眠事件的幻觉回放来回顾自己的催眠经历。催眠师告诉被试他们将会在脑中像看电影一样回顾自己的催眠过程，并且当他们想要发表任何看法的时候都可以随时暂停这部电影。无论何时被试停止幻觉回放，表达自己对催眠事件的回忆，催眠师都会利用前面提到的询问技术，来探索他们催眠体验的本质，这些询问调查鼓励被试在他们体验的基础上，描述他们的感觉和个体反应。

（二）定量分析

每个被试在幻觉回放时的评论将会被逐字记录，这些记录会根据被试停止回放报告他们催眠体验的次数和他们在评论这件事中所说的单词的数量来评分。每一个催眠现象的这两项指数，分别列在了表 23-1 和表 23-2 中。在被试停止他们的幻觉回放的次数方面，负性幻视项目中被催眠组被试明显比假装被催眠组被试多，$t_{(98)}=1.80$，$p<0.05$（单尾），这点在总体上也表现相同，$t_{(98)}=1.94$，$p<0.05$（单尾）。在被试对催眠经历发表评论的单词数量方面，被催眠组被试在双手分开 $[t_{(98)}=1.89$，$p<0.05$（单尾）$]$、蚊子幻觉 $[t_{(98)}=1.89$，$p<0.05$（单尾）$]$、负性幻视 $[t_{(98)}=2.08$，$p<0.05]$、色彩幻觉 $[t_{(98)}=2.62$，$p<0.05]$ 等项目中及总体 $[t_{(98)}=2.80$，$p<0.05]$ 上，表达出更多的词汇。数据表明，在催眠的幻觉回放中，被催眠的易感被试比假装催眠的非易感被试，会更多地停放录像并且说更多的话，尽管不是在所有的项目上都是如此。

表 23-1 催眠组和假装组被试在回忆催眠时的平均停顿次数

催眠事件	被试组	
	催眠组（$n=50$）	假装组（$n=50$）
催眠介绍	0.22(0.42)	0.18(0.44)
双手分开	0.34(0.48)	0.18(0.39)
蚊子幻觉	0.24(0.43)	0.16(0.37)
上肢僵硬	0.18(0.39)	0.16(0.37)
梦境	0.18(0.39)	0.16(0.42)
上肢固定	0.10(0.30)	0.14(0.34)
负性幻视	0.34(0.48)	0.16(0.37)
返童	0.32(0.47)	0.32(0.47)
色彩幻觉	0.60(0.49)	0.44(0.50)
同一性混乱	0.56(0.58)	0.44(0.50)
总体	3.10(2.00)	2.36(1.72)

注：括号中数字为标准差。

表 23-2 催眠组和假装组被试在回忆催眠时的平均语词数量

催眠事件	被试组	
	催眠组（$n=50$）	假装组（$n=50$）
催眠介绍	10.78(24.40)	5.80(15.35)
双手分开	15.68(35.68)	4.95(17.29)

续表

催眠事件	被试组	
	催眠组（$n=50$）	假装组（$n=50$）
蚊子幻觉	5.84(13.96)	2.14(5.52)
上肢僵硬	7.16(17.78)	4.14(11.95)
梦境	7.74(21.36)	8.28(34.95)
上肢固定	4.08(15.20)	4.44(17.59)
负性幻视	12.60(22.56)	3.00(8.09)
返童	19.16(37.08)	10.30(20.77)
色彩幻觉	49.16(74.43)	18.68(33.07)
同一性混乱	33.62(55.05)	18.84(40.90)
总体	164.56(166.17)	80.78(127.81)

注：括号中数字为标准差。

统计数据表明，这些被试在自愿停止幻觉回放来对他们的体验进行评论时，表现出明显的差异。

表 23-3 列出了在每一项催眠事件中催眠组和假装组被试发表评论的人数；表 23-4 和 23-5 分别表明了这些被试停顿次数的平均数和评论语词的平均数。在停止次数方面，催眠组和假装组的被试并没有显著的差别；大多数被试在每一项催眠事件中只评论一次。在评论的字数方面，催眠组被试在返童现象[$t_{(28)}=2.12$，$p<0.05$)]、色彩幻觉[$t_{(51)}=1.94$，$p<0.05$)]和总体[$t_{(86)}=2.32$，$p<0.05$]上显著多于假装组被试。然而，在大多数催眠项目中，这些催眠组和假装组被试评论的字数没有显著的差别。

表 23-3　催眠组和假装组被试在催眠事件中发表评论的人数

催眠事件	被试组	
	催眠组	假装组
催眠介绍	11	8
双手分开	17	9
蚊子幻觉	12	9

续表

催眠事件	被试组	
	催眠组	假装组
上肢僵硬	9	8
梦境	9	7
上肢固定	6	7
负性幻视	18	8
返童	16	16
色彩幻觉	31	22
同一性混乱	26	22
总体	47	41

表 23-4 催眠组和假装组被试在评论催眠事件时的平均停顿次数

催眠事件	被试组	
	催眠组	假装组
催眠介绍	1.00(0.00)	1.13(0.35)
双手分开	1.00(0.00)	1.00(0.00)
蚊子幻觉	1.00(0.00)	1.00(0.00)
上肢僵硬	1.00(0.00)	1.00(0.00)
梦境	1.00(0.00)	1.14(0.38)
上肢固定	1.00(0.00)	1.00(0.00)
负性幻视	1.00(0.00)	1.00(0.00)
返童	1.00(0.00)	1.00(0.00)
色彩幻觉	1.00(0.00)	1.00(0.00)
同一性混乱	1.08(0.27)	1.00(0.00)
总体	3.30(1.90)	2.88(1.45)

注：括号中数字为标准差。

表 23-5 催眠组和假装组被试在评论催眠事件时的平均语词数量

催眠事件	被试组	
	催眠组	假装组
催眠介绍	49.00(29.30)	36.25(19.70)
双手分开	46.12(49.06)	27.56(33.63)
蚊子幻觉	22.83(20.21)	12.67(6.93)
上肢僵硬	39.78(21.86)	25.88(17.23)
梦境	43.00(32.98)	59.14(80.41)
上肢固定	39.67(29.02)	31.57(38.94)
负性幻视	35.00(25.26)	18.75(10.96)
返童	59.88(43.47)	32.19(25.64)
色彩幻觉	79.29(81.12)	42.45(38.67)
同一性混乱	64.65(62.07)	42.82(53.18)
总体	175.06(165.94)	98.51(134.98)

注：括号中数字为标准差。

由于被试的回忆材料与被试报告的体验和他们对特定催眠测试项目的反应的本质有关，因此，这些被试的回忆材料被拿来进行评定，用来指出催眠组和非催眠组被试间所发生的重要不同。

请甲乙两位不知道被试是真被催眠了还是假装被催眠的评估者，根据以下两点为这些材料进行评定：①被试表现出的是具有个体独特性的催眠反应，还是一个紧随催眠师指令的程式化反应；②被试是较为集中地描述体验，还是更多地描述他们的行为。

每个评估者都依据这两个判定标准对这 100 名被试进行了综合评定；为了考察评分的可信性，评估者甲重新为 10 个随机选取的被试打分，结果显示 90％的被试前后两次评定是一致的；有 84％的被试在独特性和程式性反应方面、85％的被试在描述体验和描述行为方面，两位评估者的评定是一致的。

表 23-6 显示了催眠组和假装组被试的回忆被鉴定为独特反应和程式化反应的数量，对这些数据的卡方检验表明两组差异显著，$\chi^2_{(1)} = 3.53$，$p < 0.05$(单尾)。然而催眠组被试的回忆对于暗示事件既有独特性，又有程式化特征；假装组被试的回忆则主要表现出程式化特征。假装组被试没有报

告出自己独特的体验，是因为他们不能以真实的感觉经历催眠事件。此数据进一步表明，对催眠的高易感被试比低易感被试在催眠体验方面呈现了更多的多元化特征。

表 23-6　催眠组和假装组被试的回忆被鉴定为独特反应和程式化反应的数量

被试组	催眠反应的鉴定	
	独特性的	程式化的
催眠组	21(15)	29(35)
假装组	10(6)	40(44)

注：括号外和括号内的数字分别为评估者甲和乙的评价。两位评估者对 84% 的个案的评估是一致的。

尽管催眠组的被试可能表现出相似的行为，但是各种各样不同的可知觉的现象都有可能成为他们行为的基础。因此，研究者调查了催眠组和假装催眠组被试对他们催眠过程中体验或者行为的评论。表 23-7 列出了催眠组和假装组被试的回忆，被评定为描述体验或描述行为的数量，这些数据的卡方检验也呈现出差异显著，$\chi^2_{(1)} = 13.09$，$p < 0.01$。催眠组的被试更注重描述他们的催眠体验，而假装组的被试则更注重描述他们在催眠测试中所展现出的行为。

表 23-7　催眠组和假装组被试的回忆被评定为描述体验或描述行为的数量

被试组	描述的评定	
	体验	行为
催眠组	32(28)	18(22)
假装组	13(8)	37(42)

注：括号外和括号内的数字分别为评估者甲和乙的评价。两位评估者对 85% 的个案评估是一致的。

(三)质性分析

通过催眠后的调查询问所得到的资料，可以验证上述定量分析的结果。

1. 催眠感应

一位被催眠者叙述说："当你说我的脖子和胸口变得沉重时，我能感觉到我的脖子比我的其他部分变得更沉重，而且我感觉到我好像要翻倒过去。"在一个有些类似的案例中，另一位被催眠者评述说："当你从 1 数到 20

时，我的整个身体都充满着一种感觉，似乎我正身处于一个我经常做的噩梦当中。我感觉好像我的全身都在膨胀，数数结束之后，这种感觉才慢慢消失。"这些被试在催眠感应过程中都经历了非暗示的、个人化的影响，然而却都没有干扰或促进感应过程。

而假装被催眠的被试们对感应过程的评述则十分简单，如有人说："我只是觉得又累又困。"或是"我的眼皮非常重，我感觉非常无聊。"也就是说，假装被试们的报告凸显了催眠师先前已说明的指令中的预期结果。

2. 意动反应

在意动项目中，被催眠者的经验报告中往往会有无意识状态或目标指向的幻觉的证据出现。例如，一位被催眠者评价分开手项目时说："当我的手臂都笔直向前、掌心相对时，我并没有期望它们要彼此分开，而当他们真的分开时我感觉非常奇怪。"这位受术者也认为这是因为她的双手就好像是有意愿一样自己分开了。那么，"催眠一定起作用了。"在另一位被催眠者的评述报告中，无意识也同样作为了证据："当我的手心相对时，感觉非常奇怪，好像是磁性相斥。我能感觉到它，并且当我努力想要将双手贴到一起时，它们却分得更开了。"类似的，另一位被催眠者指出："当我的手臂笔直向前时，一种力量强行将两只手分开，我根本无法控制它们，它们就这样分开了。"而且，一些被催眠者报告了积极的想象和目标指向的幻想对于促进受暗示体验的作用。例如，一位被试报告说她"想象着她手的每一面都有一个南北磁极。"

而假装被试们通常报告说，有"一种看不见的力把手推开"，或者说他们的"手开始渐渐分开"。也就是说，假装者更多基于催眠师所提供的指导语中对事件的描述，并且没有很多证据表明积极想象的参与。

3. 同一性混乱

同一性混乱的暗示要使被试者卷入一个假想的熟悉的身份中。被催眠者对于这种暗示的反应，突出体现了他们在催眠测试中卷入个人感受的程度。从这个意义上来讲，这与返童记忆的体验有相似之处。例如，一位被催眠者说她假想自己成为几个月之前意外去世的丈夫，她说："当你让我假想一个身份时，我非常的痛苦。因为我的丈夫在去年因为一场车祸去世了，我一直很难接受这一事实，直到此刻仍然是这样。"另一位被催眠者假想变成了一位她很害怕的人："变成那个人，那张脸让我十分害怕。我有一种被困在他体内的感觉，那感觉实在太可怕了。"也有一些被催眠者声称假想成他们喜爱或尊敬的人，并且认为这一体验是一种个人十分珍贵的经历。例如，一位假想成自己一位朋友的被催眠者说道："她是我喜欢并且希望她也喜欢我的人。我感觉好像正坐在她身边，感受到一种和她一样的信任的气息。"

在假装被催眠的被试中，没有人报告说假想成为一个对他（她）有个人意义的人，并且一般情况表明，他们假想的人是对他们而言比较熟悉的人。

4. 返童记忆

相似的过程在被试者的返童记忆体验中也很明显，在这一过程中，被催眠者对其催眠体验的个性化程度是很明显的。一些被催眠者报告的对过去事件的体验表现出高度的个人特点，而不是逐字地按照催眠师的建议体验五年级时的事情。例如，一位被催眠者说道："我尝试去想一些五年级时的事情，但我却选择了六年级。"被催眠者有时看到了自己在退行体验中的反常，并且如此评述道："当我再次回到五年级时，我觉得很搞笑，我是那么畏缩。但不知怎么的，我好像一直没法达到目标。我感到自己很渺小，但我知道其实我并不是。"

一般说来，假装催眠者仅仅报告说他们在学校参加一项他们老师所布置的任务。例如，一位假装者报告说他在学校背诵法语单词；另一位则简单地说她在学校里写自己的名字。

5. 催眠梦

对于催眠梦的体验，一位被催眠者报告了一种消极的反应，那就是她变得"头晕眼花，并且梦到她在不停地转来转去，并且感到这种旋转停不下来。"另一位被催眠者报告说："我觉得我的梦很好笑。我看到台上的催眠师，我感到很愤怒，同时也觉得很好笑。我为他对我们所做的事感到很愤怒。"这位被催眠者的梦很明显是与催眠师的暗示一致的，但他也为他看到的那种以娱乐为目的的不恰当的催眠的使用加入了个人的解释。

假装被催眠的被试在他们的催眠梦的报告中又一次表现出更多的局限。例如，一位假装的被催眠者说道："当进入梦境中时，我梦到我正在被催眠，而且椅子是如此的温暖。那张椅子的温暖在整个梦境中是最主要的事情。"

6. 幻　觉

个性化的特点在被催眠者对蚊子幻觉测试的描述中同样明显。例如，一位被催眠者这样说道："我没有感觉到蚊子在我的手上，它在我的手臂上，而且很令人讨厌。我也因为它停在了错误的地方而感到很烦。"有些类似的是，被催眠者对于催眠暗示的部分回应，在一名被催眠者的报告中得到突出体现："当你提到蚊子的时候，我并看不到那只蚊子，并且当你告诉我它停在我的手上时，我并没有感觉到它，但我开始能听到它的声音。它好像就在空中，我能听到它的嗡嗡声。"被催眠者对于蚊子幻觉测试的反应同样证明了无意识状态的存在。例如，一位被催眠者报告说，他"正在努力试着听到蚊子的声音，但是不能完全听到，当他的手对蚊子做出反应时他感到很惊讶。"

假装被催眠者的报告则同催眠师给的暗示原文一致得多，有些人这样说："那只蚊子叮了我的手。""那只蚊子停在这儿了，但它没有咬我。""有一只蚊子停在我手上了，它想要叮我，所以我把它挥跑了。""蚊子停在了我的手上，但是我还没抓到它，它就飞走了。"

总之，研究者在被催眠者和假装催眠者身上进行了基于体验分析法的幻觉重现，这一应用为对不同的催眠和未被催眠者群体采取干预手段提供了信息。结果清楚地表明，使用对催眠事件的幻觉重现，而不是录像带的方式，这种对体验分析法所做的改进在临床上十分有用，它为有关回溯体验的案例研究，以及提供真催眠与假催眠者的重要区分，提供了有意义的信息。

五、 结构化研究与非结构化研究

长期以来，在对催眠现象的研究中，存在着结构化研究与非结构化研究孰优孰劣的争论。一些临床医生和研究者出于对催眠中具体事件次数关注的特殊需要，喜欢使用更具结构性的技术，但也有学者对此种方法提出了批评。我们现在来讨论，在这两种探寻方法所提供的数据下隐含的逻辑。

体验分析技术基本的关注点在于，检验可被催眠的受术者对催眠现象反应的个别差异。一些研究者将体验分析技术发展成为一种相对非结构性、非指向性的探寻方法，目的是使被催眠者能最少地受实验者提供的线索影响，而能够更好地表达自我。这一方式的逻辑是基于这样一种认识：如果被催眠者只有在他们被实验者问到一个直接的问题时才能够表达，而这个问题很可能包含了实验者所希望的内容，却不能引导出那些对于理解真正起作用的现象和对过程有用的信息。也就是说，当被催眠者仅仅回答指定的问题，可能会得到一些相关的有用信息。而且，不得不承认的是，当允许被催眠者自由报告时，也会出现大量不相关的无用信息。但是，当允许被催眠者进行自由的报告，实验者也许就能得到从长远看来是无穷无尽且更有价值的信息。

例如，不是所有的受术者都会为催眠事件自愿提供自己的主观经验和认知过程的每一个方面。因此，可以说在一个结构性的模式中，一些情境中的被催眠者应该被有系统地提问。劳伦斯（Laurence）在一个对高度易感被试进行认知模式的细节分析中，使用了下面一种改良的体验分析法。

具体说来，劳伦斯对体验分析法进行了一种结构性的调整，以此为基础，用一种指令性的探寻方法来了解一小部分高度敏感者的催眠经历。被试都接受了一系列困难的催眠项目，并遵循催眠会话的要求，一位独立的实验者使用结构性的体验分析技术对被试进行询问。在观察到特定的催眠事件时，询问者会控制录像带的重放，并且直接向受术者提问从而保持结构性。通过这种方式，询问者有可能获得催眠事件各个方面的标准化的访谈数据，而这些数据都与研究中的问题有关。用这种体验分析法会得到一个分数，从而了解受术者是利用认知来回答还是无意识地回答。

劳伦斯的受术者通常会指出，在评述相关的材料时受到了询问者的限制，在这种情况下，很可能相关并且重要的信息就丢失了。

劳伦斯发现了大部分复杂的被催眠者的经历之所以流失是因为结构性的询问，这一方法限制了对有关特定维度的问题的分析。也就是说，尽管使用大量因素来解释高易感受术者的回答，当体验分析技术使用一种结构性的范式时，其中的许多影响因子还是会流失，因为此时关注点仅仅在于获得与研究者兴趣有直接关系的维度中的完整数据。

总体来说，劳伦斯在结构适当的体验分析法运用中得出的数据，表明了催眠高度易感受术者的体验的丰富性和多样性。但询问会话中强加的结构，多少对受术者将要报告的自我体验有某种程度的约束作用。如果只靠所谓标准化的结构性研究，那么许多现有的发现都会被忽视。

当然，关注行为表现的结构性的评估模式，确实为受术者的催眠反应提供了重要信息。实际上，采用严谨、系统的询问技术能有效探寻受术者的个人经验，特别是能为更好地解释催眠现象提供精确的数据资料。不管怎么样，劳伦斯得到的数据与严格审查之下的概念直接相关，只要认识到这种方法的局限性，结构性探寻还是很有价值的。

六、 体验分析技术变式的应用举例

（一）案例一

在现实环境与催眠师提供的联想事件相冲突的时候，为了探索受术者的体验以及解决冲突的方式，史汉用常规 EAT 的变式作为工具，去探索受术者在其经历联想时对不同真实情境和暗示事件的现实意识。

特别需要指出的是，研究者选择的受术者都是催眠感受性比较高的。被试先被史汉诱导进入催眠状态，然后做联想暗示。实验程序如下：

在催眠师对受术者下指令时，有两个其他人员在实验房间。一个叫凯文（Kevin），正在操作放在受术者面前的摄像机，另一个叫柯恩（Ken），坐在受术者前面右边的椅子上。很重要的是受术者与凯文相熟（在其他催眠环节中凯文曾与她在一起），但是她与柯恩是第一次见面，而且允许柯恩观察自己的催眠实验。特别的联想暗示是，当她睁开眼睛的时候可以看到柯恩操作摄像机，凯文坐在椅子上。然后要求她描述哪个人是凯文，哪个人是柯恩。催眠指导语和联想实验的细节记录如下。

催眠诱导：

催眠师：请看这些钥匙，你曾经见过它们。你看着它们并且很专注，持续看它们，看着它们。在你看着它们的时候你的眼睛渐渐地觉得累，它们将会很累并且闭住，就像它们很累一样，让放松的感觉遍布你的全身。当我开始数数的时候你的眼睛变得疲惫；你的眼睛将会很疲惫，很累，它们将要闭住。看这些钥匙，当你累的时候请闭上你的眼睛；1，2，越来越疲惫，3，越来越疲惫。所有的疲惫和放松遍布你的全身，让你进入非常放松的状态；4，5，现在很好，很舒服。现在你去想象你在一个地毯上面，向前或向后移动着，这是一个愉快的体验，这是一个享受的体验。你在地毯上面，向前或向后移动着，随着我从 1 数到 10，你将会进入很深的放松状态，向前或向后移动着，很愉快，很舒适，向前或向后移动着，越来越放松。放松将会延续到你的手，你的腿，你的身体，越来越放松，越来越放松。6，向前或向后移动着，越来越放松。7，8，越来越放松。马上你会被催眠，在数到 10 的时候你会沉沉地进入催眠，9，10，现在你深深地被催眠。请注意听我说什么，把你的注意放在我让你联想的事物上面。在沉沉的放松状态下，你将会体验很多事情。当我要求你睁开眼睛时，你将会看到、听到和体验到我让你体验的事物。

联想实验：

催眠师：一会儿我将让你睁开眼睛，而且会让你看到一个摄像机。你将会看到某人站在那，那个人是柯恩，你刚才见过的。在左边操作摄像机的是柯恩，你刚才看见过他。在右边椅子上面坐着的是另外一个人凯文，你对他很熟悉。柯恩在左边站着操作摄像机，凯文在右边坐在椅子上。当我让你睁开眼睛时，你将会看到柯恩在操作摄像机，凯文坐在椅子上。现在请你告诉我，你看到了什么以及你的体会，当你看到他们的时候，睁开你的眼睛，看向前方（受术者睁开眼睛并且看向前面的摄像机）。谁在操作摄像机？

受术者：你好！柯恩。

催眠师：谁坐在椅子上？

受术者：（将她的目光转移到右边的椅子上）凯文。

催眠师：那是凯文。你想问他什么问题吗？你有什么事情要跟他说，或者是继续放松？

受术者：不要忘记手表。

催眠师：不要忘记手表？为什么他不要忘记手表？

受术者：他知道，那正是我现在需要的手表。

催眠师：你之前让他给你戴手表？

受术者：嗯（点头）。

催眠师：你想让他记住？

受术者：嗯（点头）。

催眠师：这很好。现在闭上你的眼睛并且放松。一会儿，我将会要求你再次睁开眼睛。当你这样做的时候，我让你看你前面的人、左边的人和右边的人。我将会要求你看凯文在右边，柯恩在左边。你之前看见过他们，他们依然在那儿。然而你知道，凯文实际上是在左边，柯恩实际上是在右边。你不用其他的方式看见他们。让我们看看你是否看见凯文在右边，柯恩在左边，像之前一样，现在你知道的确有另一种方式。现在让我们看看，睁开你的眼睛，然后告诉我，你看到了什么。（受术者睁开眼睛并把眼睛移动到右边的椅子上。）

受术者：（睁开眼睛并把目光转移到右边的椅子上）凯文。

催眠师：凯文，在哪儿？（受术者指向右边的椅子）。那么柯恩呢？（受术者将目光转移到摄像机前并且点头）。那是他们应该在的位置吗？

受术者：不是（笑）。

催眠师：不是？你能说得更详细一些吗？

受术者：就是那样的，柯恩在那儿（指向摄像机），但是凯文也在那（继续看向摄像机）。

催眠师：你认为发生了什么？

受术者：（把目光转移到椅子上）不，那才是凯文。

体验分析：

在改变受术者对现实内容的联想暗示实验中，研究者选择一种变化的EAT方法去探索受术者的催眠体验。详细的EAT过程和被试的报告如下。

催眠师：好，现在闭住你的眼睛，重新进入催眠状态。现在你已被催眠。我想请你为我做点事。你现在回想我们刚才做过的事情，从我进入屋子让你看我的钥匙开始，一直想到现在。用你生动的想象，在你眼睛中看到整个画面，从开始到结束。像电影一样放映，就像电影一样。任何时候你想评论你的体验的时候，就可以停止电影。举起你的手指或者手，让我知道你想要停止放映去做评论，然后我们就可以交谈。你现在明白了吗？当我说"开始"，就让电影开始放映，就像真实发生一样，从开始到结束。当你想说的时候举起你的手指或者手。现在开始，让电影放映。

（过了一会儿，被试举起手指）

催眠师：现在开始评论，发生了什么？

受术者：柯恩和我之前想象的不一样。

催眠师：那时你想什么？

受术者：我那时感到一个惊喜。他比我想的更好。

催眠师：你想的其他事情呢？

受术者：只是那样也十分好，我不必担心。

催眠师：很好，你想让电影继续放映吗？

（受术者点头）

受术者：（再次举起手指）你数得太快，我想我无法在地毯上移动，但是我做到了。

催眠师：你做到了，没有问题？

受术者：没有问题。

催眠师：当你移动的时候你想什么？

受术者：（笑）。

催眠师：你想让什么事情发生吗？

受术者：不，我在惊讶你对我所说的。我体验我们正在做的，然后我就开始移动。在地毯上移动。有一会儿我听不到你的声音，我不知道你在说什么。

催眠师：你在那时的感觉是什么？

受术者：我不记得了。

催眠师：很好，你想让电影继续吗？

（受术者点头）。

受术者：（又举起手指）我有一点困惑。

催眠师：为什么有困惑？

受术者：他一会儿在左边，一会儿在右边，他不是真实地在那儿，当他不在那儿的时候。我不知道你最后说的是什么。我困惑了。

催眠师：当时你想什么？

受术者：我想"我的天啊，我不知道，谁应该在右边，谁应该在左边。"

催眠师：你想我的要求是什么？

受术者：我不知道你在说什么。都在左边和右边，一些人在那，我也困惑，我不知道我看见什么，当我睁开眼睛的时候。

催眠师：你看到了什么？

受术者：我看到柯恩在右边，然后我看到凯文，他在那儿，那是对的。但是，柯恩真的是在操作摄像机吗？但是凯文在他后面，那有两个。但是有一个坐在椅子上，那是凯文，我看到凯文。

催眠师：你看到这样的两个场景想什么？

受术者：很有趣。

催眠师：让你觉得不同寻常？

受术者：不，我仅仅觉得有趣的是那儿有两个，那儿有两个。

催眠师：你觉得有趣的意思是什么？

受术者：（笑）有趣，有趣。

催眠师：你的其他想法呢？

受术者：没有了。我想告诉凯文不要忘了手表。我之前忘了而且也许还会忘记。所以当你让我与他说话时，这个事情第一个冲进我的大脑。

催眠师：他将不会忘记。在那时你还有其他想说的吗？

受术者：不，我忘记了。

催眠师：你想让电影继续吗？（受术者点头）好，现在放映。

受术者：(举起手指)我非常不容易，不容易。

催眠师：你想告诉我什么？

受术者：你没有把东西放回。

催眠师：你的意思是什么？没有把东西放回？我应该放回什么？

受术者：两个人，两个人。你应该把他们放回。我说放回他们，放回他们，但是你不听，那太可怕了。

催眠师：你认为我是忘记了吗？

受术者：为什么你不听我的？这是错的。

催眠师：为什么你在那时对我生气？

受术者：不知道，仅仅是觉得可怕。

催眠师：在那时你还有其他想法吗？

受术者：地毯快速地来回移动，我不再喜欢。我想慢一点，但是它来回移动得太快。我不喜欢，我想跳下去。

催眠师：你必须跳下地毯，那让你担忧？

受术者：不，我喜欢，但是我一直在不停地说，放回去，但是你没有，你没有听。

催眠师：那让你很惊奇？

受术者：不。

催眠师：你想电影继续吗？或者你想告诉我更多的感受？

受术者：不，想让你听，我觉得很不容易。

催眠师：你想让电影继续吗？(受术者点头)好，现在放映。

受术者：(举起手指)我现在觉得很好，我觉得很好，我的心不再跳得那么快了，我觉得很好。

催眠师：你现在觉得很好？还有其他的事情你想告诉我吗？

受术者：当我跳下地毯的时候，事情依然没有变对。

催眠师：你想我把他们放对？

受术者：事情依然很可笑。

催眠师：事情依然可笑，是吗？(受术者点头)你想让我把他们放正确，是吗？(受术者点头)好，结束电影放映。让我把事情变正确。你回到地毯上面，回到地毯上面，前后移动。现在放松。我将会把地毯带到地上，你可以下来，轻轻地，舒适地，不用着急。前后移动。现在当我要求你睁开眼睛时，我想你看见凯文回到摄像机那儿，事实是凯文在摄像机那里，柯恩依然坐在右手边。现在他们正常了。不再有困惑。回到正常。凯文在操作相机，柯恩在右边的椅子上坐着。睁开你的眼睛，凯文（受术者看向前面的摄像机，然后微笑）在那儿，柯恩（受术者看向右边的椅子，然后微笑）在那儿。闭上你的眼睛，在我将你叫醒之前，我将会从10数到1，地毯会降落。现在降落，10，9，现在降落，事情将会回到地毯在地上的时候，8，7，6，5，4，降落，就在那里，3，2，1。睁开你的眼睛，清醒了，动一动。现在你有什么感觉？

受术者：很好。

催眠师：你觉得位置错了吗？

受术者：没有。

催眠师：有没有你不想说的事情，或者你对于今天我们所做的有什么评论？

受术者：嗯，没有。

催眠师：没有？

受术者：没有。

催眠师：那是一个犹豫的没有（受术者笑）。

受术者：我不知道（受术者从前看到后，从左看到右）在一些时候，事情看起来很不同，但是他们现在正确了。（笑）

催眠师：现在一切都对了？

受术者：是的（笑），一些时候我看见柯恩在那儿（指摄像机），我想你大概是让他们变换位置，我看见柯恩在那，但是凯文也在那里，在同一时间。

催眠师：你看见他们两个的原因？

受术者：我看见，我看见他们都在那里。我看见凯文（指椅子）在那，我想，但是"我不知道"。

催眠师：现在所有的事情都好了吗？

受术者：是的。

催眠师：你还有其他想说的吗？

受术者：嗯，一些时候，我不知道什么时候，我感觉我的心跳，像疯了一样，我不知道什么时候，有一些时候。

催眠师：现在好了吗？

受术者：是的。

催眠师：很好。

案例讨论：

这个案例表现了受术者在不同联想暗示下的反应。在实验中，催眠师促进了受术者对于环境的现实意识，结果说明了受术者体验的个体化特征。对于这个受术者，尽管现实信息修改了，并且改动了她的体验特征，但是没有过度地影响她的报告。例如，在对现实环境变换了之后，受术者看见联想的个体与现实换了一个模式，而且暗示的人同时出现在同一地点。受术者将现实信息合并进入了所有的刺激情境，并且通过认知加工去保持成功的催眠报告。

关于现实意识的研究很明确地阐明了，尽管有现实信息的影响，大多数催眠易感被试还是很主动地并且积极地去回答催眠师，他们认为这是应当的。

研究资料还说明，在催眠过程中，当受术者的现实意识与催眠师所给的暗示有冲突的时候，催眠意识的变化和认知的转移可以以个性化的方式发生。

关于认知变化的研究显然是复杂的，这里不做详细讨论。

（二）案例二

在下面的案例中，研究者将体验分析技术中的幻觉回放，作为观察返童现象中影响主观性和客观性反应的重要潜在因素的一种手段。

在进入深度催眠后，催眠师诱导受术者年龄回溯。以下是在返童现象中催眠师与受术者的对话，以及运用幻觉回放做体验分析的逐字记录。

催眠师：现在我想让你回想过去，回到过去，回到你正好5岁的时候，回想你正好5岁，再回想，回想你是一个很小的女孩子，并且回到你5岁，告诉我你看到的场景，现在是什么样的？

受术者：哦，我现在在幼儿园里，我带着我的洋娃娃，——她穿着一件蓝色的裙子。

催眠师：你的洋娃娃叫什么名字？

受术者：她没有名字，她是我从姑妈家里拿来的。

催眠师：你姑妈叫什么名字？

受术者：哈兹尔，我想她是从巴黎带过来的。

催眠师：它是你最喜欢的娃娃吗？

受术者：是呀，我把它带到幼儿园，因为他们告诉我，我可以带着一个娃娃。

催眠师：其他孩子都带着娃娃吗？

受术者：我不知道。

催眠师：你在幼儿园待了多久？

受术者：从今年开始的。

催眠师：你从今年开始上幼儿园的。

受术者：是呀。

催眠师：这是哪一年？

受术者：我不是很知道。

催眠师：你不知道，好的，那你幼儿园放学后都去干什么了？

受术者：有时候和我妈妈去商店。

催眠师：你在商店买什么呢？

受术者：买肉。我们在房子的后面玩耍，那里有一个大衣架。

催眠师：你和谁玩？

受术者：和这个房子里其他的孩子玩。我和我兄弟住在二楼。

催眠师：他们叫什么名字？

受术者：维尼和尤瑟夫。

催眠师：他们都比你大吗？

受术者：不是的，他们比我小，我有时候把尤瑟夫放在小推车里，推着他四处走。

催眠师：谁是你最好的朋友？

受术者：在楼下住着一个女孩，她叫玛瑞尔，她比我大，但是我们经常一起玩，她们有很多玩具，也有很多电视。

催眠师：好了，现在回到更加小的时候，回到过去，回到你1岁的时候，现在你1岁了，告诉我你看到了什么？

受术者：嗯，这里没有任何人，只有我和妈妈，我们住在一个特别的房子里，我不知道它看起来像什么。

催眠师：你和妈妈在干什么？

受术者：哦，没干什么。

催眠师：她和你说话了吗？

受术者：没有，我不知道。

催眠师：你能听见吗？

受术者：不能，我听不见，我可以看见她的脸，看见她，但是听不见她说什么。

　　催眠师：你现在多大了？

　　受术者：我不知道，我现在很小，我看见那个放着我的小推车了。

　　催眠师：小推车？

　　受术者：是呀，他们带我出来，把我放在小推车里，推着我四处转。

　　催眠师：你喜欢那个小推车吗？

　　受术者：喜欢。

　　催眠师：你现在知道吗，你不是1岁，事实是你现在在大学，你知道吗？

　　受术者：嗯，知道。

　　催眠师：你多大了？

　　受术者：嗯，22。

　　催眠师：你还能看见那个小推车吗？

　　受术者：嗯嗯，我想还在那儿。

　　催眠师：你宁愿在哪儿？

　　受术者：这需要一个很长的过程。

　　催眠师：你可以同时处于两个环境中。

　　受术者：当我在这里的时候，我可以看到那里的场景。

　　催眠师：好的，现在回到那里，回到小推车里，回到你1岁的时候，你回去了吗？

　　受术者：嗯嗯。

　　催眠师：好的，享受一下，现在我想让你快快长大回来，回到22岁，回到大学，现在你多大了？

　　受术者：嗯，22。

　　催眠师：嗯，好的，现在仔细听，你要高度放松，深深地进入催眠状态，我想让你帮我做点事，我想让你回想我们所做的一切，我们刚才所做的一切事情，去看它重新发生一遍，观察你头脑中发生的一切，让所有的部分在你头脑中扫过，就像看一部电影一样，在观看过程中，可以在你想评论你的经历的任何地方停止，让这部电影迅速穿过你的头脑，然后告诉我任何你想告诉我的事情，当你想停下电影时，只要将你的右手食指竖起来就行了。好的，现在让这些场景滚动起来吧。

　　受术者：当你说让我变得更小的时候，我好像陷得很深，我能感觉到。

　　催眠师：当你变得越来越小的时候，陷得越来越深的时候，你是什么感觉呢？

受术者：哦，就像我去了某个地方，去了一个我不知道的地方，只是走着，感觉一种身体陷在里面的感觉。

催眠师：你有没有觉得是你自己独自在那儿呢？

受术者：我想让你一直和我交谈，这样我就不是孤单单地在那里了。

催眠师：好的，知道了。现在让记忆滚动吧。

受术者：我想回到我5岁的时候，因为那个时候的事情我记得比较多。

催眠师：是在幼儿园的时候。

受术者：嗯，在后花园玩呢。

催眠师：你想告诉我什么，那里有什么其他的东西吗？

受术者：我可以看到一座房子，可以看到它的样子，我、妈妈还有其他的孩子在游泳。

催眠师：好的，让电影滚动起来。

受术者：现在有一个大的跨度，从5岁到1岁，我只是有点一跃从5岁到1岁，在这中间我没什么可以连接的东西，就像3岁时，我从那里想不到任何东西，在5岁之前，我得不到任何清晰的图像。

催眠师：好的，现在让这个电影缓慢地从你脑海中划过。

受术者：我看不到任何东西，我看不到任何清晰的图像，从我5岁那时候得到的也一样，甚至看不到它们，真的不是很好。

催眠师：在你1岁的时候，有什么想法穿过你的头脑呢？

受术者：我一直在想我的妈妈，一直在看着她。

催眠师：你能听见她说什么吗？

受术者：没有，她没说什么，然后我不得不又回到这里，变大，其实这很难，我努力挣扎着并且试着走开，因为我感觉自己好像还在那里，但是我不得不告诉你，啊，我现在多大，但是我的一部分还留在那里呢。

催眠师：当你的其他部分回来的时候，你感觉怎么样呢？

受术者：那感觉起来不像真的，我的意思是，我知道我的年纪，我也知道我坐在这个房间内，但是我不能想到这个大学，或者关于我现在这个年龄的任何东西。仅仅是我很少的一部分回来了，告诉你，你知道的，我22岁，并且知道我回来了。

催眠师：这部分想回到其他部分，1岁的时候？

受术者：是呀！在第二次我回来的时候，我留下了所有的事情，并且回来了，你知道的，我全部都回来了。

催眠师：第一次你的一部分回来了，第二次全部的你都回来了，这二者有什么区别吗？

受术者：好的，第一次，我仍然会有关于过去的一些图像，并且我可以看到它们，感觉我好像就在那里，但是第二次，我只是有点留下了，很快就忘记了，我想的是我现在坐在这里。

催眠师：是不是我说的话让这两次不同呢？

受术者：第二次，我可以慢慢地回来，还可以想想，但是第一次，我不得不思维跳跃地回来。

催眠师：所以第一次你不得不很快地回答我的问题了。

受术者：是的。

催眠师：第二次，你可以慢慢地回来。

受术者：是的。

催眠师：好的，让影片在你头脑中更快地滚动起来吧。

受术者：我看不到任何东西，所有的都结束了。

催眠师：结束了，好的，完全地放松，放松，完全地放松，电影现在结束了。

案例讨论：

该个案体验分析的资料显示了这个催眠感受性很高的受术者的催眠反应的微妙影响因素。在这个例子中，通过幻觉回放的体验分析，受术者意识的混合水平得到了证实。当催眠师要求受术者回溯童年经历时，这种过去与现实的混合认知似乎特别活跃。这些都说明了在研究对象的返童经历中，受术者对于现实影响的高度敏感性。该案例再次证明，在返童经历中，受术者的情感参与程度以及她与催眠师保持协调的水平，都对她在回溯过程中形成对催眠师指示的反应有重要的影响。

第二十四章
一个催眠研究案例

澳大利亚心理学家史汉和麦坎基在《催眠与体验——现象与过程探讨》一书中，报告了他们对一个具有高催眠感受性的女被试所做研究的详细过程。这个案例研究证实了，特殊和非凡的想象力天赋在催眠中的作用。

一、 被试 F 的几次催眠体验

在史汉举办的一次催眠工作坊中，被试 F 受邀请，志愿做催眠演示的受术者。做催眠示范的是一位短期访问的催眠师，催眠师首先对她进行了一系列常规催眠测试，包括手臂漂浮、手臂僵硬、年龄回溯和记忆丧失。催眠的引导是从常规的放松——眼皮闭合开始的，之后，催眠师边数数，边让被试想象宁静、放松的场景，把她带入深度催眠。在这一阶段的催眠中，被试显示了她的高感受性。她可以成功地对所有催眠测试任务给予明显的反应，而且做出这些反应毫无困难。例如，她证实了催眠理论中非常典型的年龄回溯反应。当退回到童年时，她一下就进入德语状态。她小时候生长在德国，年龄回溯后她说着流利的德语，且能同时很好地理解催眠师用英语做的指示和问题。

8个月后，F 又参加了另一个工作坊。案例的故事起始于在参加了第一个工作坊后 14 个月时，被试 F 来见史汉。她很担心催眠的后果或者是后遗症，因此想完整地描述一下她的感受。当时，她对参加第二个工作坊的催眠引导产生的反应有一些困惑，第二个工作坊距她参加第一个工作坊已经有好几个月了，在第二个工作坊中她参加的是痛觉缺失实验。

她这次来找史汉谈她的感受完全是自发的、主动的。史汉也弄不清楚哪儿出了问题，在被试对自己体验的描述中，是什么引人入胜的因素导致了她的持久性反应。在听完被试的叙述之后，史汉请求被试 F 将自己的体验尽可能详细地写下来，这为进一步研究被试的持久性反应打下了良好的基础。下面是被试对催眠反应的详细描述。

　　我第一次催眠体验是有一天我在心理学院看到一个"招募催眠实验被试"的通知。我的好奇心被唤醒了，我决定去看个究竟。但是，我去得晚了，错过了对催眠感受性测试的 HGSHS 磁带的介绍。由于对催眠的误解，我决定抵抗暗示。然而，这并不是件易事。我经常发现，自己一听到那个声音，就会难以抵抗。就像是我自己身体的一部分被那个声音带走了，并且想任其发展，按照那个声音的指示去做。我必须时刻提醒自己："我不会被催眠，我要抵抗。"到最后，我就困惑了，我被催眠了吗？我如何报告呢？我判定我没有被催眠，可实际上完全相反！令我吃惊的是，我后来被告知，我在满分为 12 分的 HGSHS 测试中得了 9 分。

　　我后来的一次体验是在将近 4 年以后了。当时，我是无意中被你们的催眠工作坊邀请做催眠演示的。这次，我决定配合催眠师，任其发展。与上次相似的是，我又被催眠师的声音带走了，不同的是，这次我没有抵抗，而是在脑海中不断重复催眠师的话。他把我带到一个沙滩上，距离水有 20 个台阶，我们边数数，边往下走。我可以清楚地看到画面，就像我真的到了那儿一样。我喜欢待在那儿，那儿温暖、祥和，但是，我没有注意到，他是什么时候把我从沙滩带走，并把我带到我的校园生活的。回到童年时是很有趣的，就像是在观看一个快速播放的电影，年轮流过，我其实看不清楚任何画面。但是只要他说停下来，就可以停下来。

　　之后，催眠师告诉我，他将会和观众说话，但这并不会影响到我。结果真是那样。我意识到他和观众在谈论我，但我感觉自己与他们完全隔离，他们的谈论并没有影响到我。

　　我感到非常轻松，并且非常享受这一过程。因此，当催眠师说他准备数数，并带我回来时，我感到很沮丧，我真的不想回来。我记得我当时在想："这太不公平了，他本来说的是要做 30 分钟左右，可是才几分钟，他就要结束催眠了。"他只是在简单地数数，我感到很不满意。我内心的一切在向他喊："不，你不能那么做，你必须把我带到沙滩上。"随着他的数数，我变得越来越焦虑，我想要再次走到沙滩的台阶上。我不停地在想："为什么不把我带回沙滩和台阶上？"我内心剧烈翻腾着。然而，我后来看到录像后非常震惊，我当时一点也没有表现出内心的抗争，我看到我静静地坐在那儿。

　　在那一次后几周，我脑海中会毫无缘由地闪现沙滩的画面，我内心有一种强烈的愿望想回到楼梯上，虽然那种感觉和画面只会停留几秒，但却非常强烈。甚至在一年多后，我仍然有渴望回到台阶上的感觉。现在，这种感觉没有那么频繁，也没那么强烈了，而且我可以从理智上消除它，但是，它确实一直存在着。我曾经尝试走上那段阶梯，并且真的能非常成功，但是下次想象时，我总是还待在台阶底部！

八个月之后，我参加了另一个催眠工作坊。在这里，参加者是分小组体验痛觉缺失技术。经过一个基础测试，一个简单导引和一个特殊技术后，将一只胳膊放进一个装有冰水的木桶里，通过自我体验，给自己评估，在1～10分中评估自己的痛苦程度和承受度是多少。给我做催眠的人，用简短的放松引导和痛觉缺失暗示将我催眠。这次，我没有像上次那样感觉与大家隔离开，我能意识到一切。实际上，我记得我当时在想："我绝对忍受不了那么冷的冰水，那会伤害我的。"尔后，我的胳膊变得麻木了，随着每一次的敲击，我感到胳膊越来越麻木了。后来，我几乎感觉不到他的手碰我了。当他把我的胳膊放进水中时，我在想："天哪，开始了，我肯定会受不了的。"但是，让我吃惊的是，我没有任何不适，后来，过了一小会儿，我感到手有点儿疼，但是胳膊一点儿也不疼，或许只是我感觉不到。尔后，据我所记，催眠师简单地告诉我，让我醒过来。我有点不知所措。我知道我清醒了，但是，总感觉哪里不对，我的胳膊还是感觉麻木。我记得我说："你对我的胳膊做了什么？它怎么还麻木着。"经过一个简短的小组讨论后，决定让催眠师再次将我催眠，并且取消暗示。催眠者让我放松，我再次被催眠了，催眠者说当我再次醒来时，胳膊就会恢复正常。

但是，首先，我觉得我第二次根本没有被催眠，我感觉时间太短了。其次，他这次并没有碰我的胳膊。他只是简单地说，我的胳膊会恢复正常。但是，当他引导我进入麻木状态时，他边说边敲我的胳膊，我的胳膊就会变得越来越麻木。不管什么原因，当我睁开眼睛时，胳膊仍然感觉麻木。虽然不严重，但是的确能感觉麻木。因为不想太生气，便想，或许是因为冰水让我的胳膊麻木的，我决定不再说什么，在后来的工作坊休息时，我一直在搓胳膊，想着："这会麻多久啊，冰水导致麻木的话，现在应该好了吧。"

第二天，我感觉稍微好点了，但麻木的感觉仍然在困扰我，就像是我体内有一个声音在提醒我，"我的胳膊麻了"，之后我就真的麻了一样。在经过36小时后，我的胳膊仍然麻着。我开始真的苦恼了。我试图理智地说服自己。比如，"你疯了吧，你的胳膊感觉不到麻木，你知道的，你太敏感了。他只不过是敲了几下，怎么能让你的胳膊麻了呢？你只是在幻想，这都是你脑子里想的而已。"有趣的是，我很赞同这一点，并且可以明白这种逻辑，但我的胳膊还是觉得麻。就像是我身体的一部分负责麻木感，它注意不到我的推理，或者根本不想听我的。

48 小时后，我仍在和自己斗争。甚至在开车的时候都这样——我想把胳膊放在车窗上，让它休息一下，因为我觉得胳膊抓着方向盘又麻又重——我觉得我受够了。不管是幻觉还是现实，我都不会再忍了。然而，我不想让自己看起来很傻，于是直接去找工作坊的负责人，并向他吐露秘密，他答应帮我消除麻木。在经过一个引导后，他把我带到了上次参加工作坊的那一天，并且暗示说，那儿有两个桶，一个是冰水桶，一个是装着温暖、有镇静作用的水的桶。然后，他告诉我，他将会把我的胳膊从冰水中拿出来，放到另外一只桶里，当我放进去后，温暖的水会让我恢复感觉，我的胳膊会感到温暖、舒适，就像我平常所感觉的那样。这次体验非常真实，我可以看清房间和里面的人，可以感觉到温暖的水，麻木的感觉从胳膊消失。当我把胳膊从桶里取出来时，我感觉很好，我的胳膊再也不麻了。催眠师倒数着数把我唤醒。这时，发生了一件不可思议的事情，我"看到"房间和房间里的人们的影像都叠映在墙上，我无法相信我的双眼，使劲儿眨了眨，但是图像还在。我能清楚地看到白色的瓷砖，我知道我在哪儿，我是清醒的，但是，我能看到工作坊的房间和人们就在那个墙上。就像是我，至少是我的一部分仍在那个屋里。这是最神奇的。当我告诉催眠师后，他又再一次将我带入催眠状态，他告诉我，我正在离开工作坊的房间，当我睁开眼睛后，所有的一切都恢复了正常，影像消失了，那儿只有一面白墙。

我很高兴，一切都顺利解决了，但是自从那天后，还有一些额外的东西一直伴随着我。当我想到自己回到那间工作室时，我知道那儿只有一只桶——冰水桶。而当我把那天的情景可视化了之后，我能"看到"两只桶——一只冰水桶，一只温水桶。在某种程度上，我知道真正发生了什么，而另一种程度上，我不知道。我身体的一部分被蒙蔽了，我有种感觉，我没法接触这部分，身体的两部分无法合一了。

二、 对被试 F 催眠体验的分析

很明显，被试 F 对催眠有着非常高的感受性，第一次给她做催眠敏感度测试的小组远远低估了她接受催眠的能力和潜力。她完整的报告更强有力地论证了想象过程和催眠的特殊相关性。虽然我们不知道被试的想象力是否在催眠状态和清醒状态都起作用。然而，可以确信的是，这种催眠环境以一种独特的方式整合了她所有的能力。

应该说，一开始被试 F 就对心理学比较了解，并且对催眠的行为反应有一些特殊的期待和先入为主的概念，这些很可能影响了她在催眠表现中的细节。然而，她并不知道催眠暗示效果的持久性，并且在催眠相关书籍中也没有记载。在这种意义上，我们可以将她的催眠体验视为一种与预期截然相反的现象。

被试 F 的催眠反应特征，有很多都不是来自催眠师的引导，尽管她表现出来的特征与催眠者要求她执行的任务并不冲突。例如，在被试 F 清晰的报告中，虽然没经过催眠者暗示，她仍表现出了一些在催眠中极其罕见的特征，并且这通常在催眠高敏感度被试中也属于特异反应。然而，这个被试最独特的行为反应特征是暗示效果的持久性。催眠者指引她下台阶去体验更深层的催眠、体验痛觉缺失，她都在催眠结束后持续了很长时间。在上述的两个工作坊中，虽然催眠师按通常可以去除暗示效果的方法引导了被试 F，但她的催眠暗示影响还是保持了很久。催眠师引起了被试的想象和幻觉，并且使结果持续很久。为了应对和去除暗示效果，催眠师就需要知道，到底在催眠中被试发生了什么事情。

最开始那位催眠者用一种常规的方式唤醒了被试 F，但是没有把她带回到台阶上。史汉在 14 个月后再次催眠了她，并且在想象中把她带回原来的台阶，并且上来了。之前，她自己已经下去过，她渴望能够从台阶的底部上去。这次的催眠引导没有留下任何后遗症，当被试 F 从台阶底部上来后，她感到非常舒服，非常放松。被试的紧张感消失了，暗示效果的后遗症也不再持续。

催眠体验的传统调查方法，并不能探析到更深层的与被试的个体反应特征显著相关的信息。在第二个工作坊的小组讨论中，被试 F 对更深层的催眠做出了反应，在这其中，出现了异乎寻常的催眠持久性事件。但是催眠者并没有意识到这些特点，这时就出现了明显的冲突。当意识到这种矛盾的存在时，人们对于问题产生的原因就会产生极大的困惑。

EAT 技术的应用解释了这种困惑，并且为被试正在经历的窘境提供了可能的解决方案。EAT 在这一方面的程序区别于传统的方法，解决了同时存在于催眠师和受术者身上的一个特殊的窘境。

在第二个工作坊中，为了制作一个催眠的录像带，对被试 F 的整个催眠过程被录了下来。通过催眠体验分析发现，催眠者无意中传达了一个关于催眠反应的特殊信息，这种无意中的暗示是，除非被试 F 看到了催眠者的催眠要点，否则她就不会被催眠。然而催眠者并没有意识到他给了被试这个暗示。而且，个案经历解决这一问题是基于这样一个事实：即使被试自己希望被催眠，她也不会被其他催眠师催眠。事件的记录使我们不得不承认，被试有着很好的催眠感受天赋，然而，如果不给她适当的暗示，并且消除先前暗示的影响，这一天赋就不会起作用。

问题产生于这次催眠的一个阶段，这一阶段包括两个标准催眠项目的实施。诱发催眠的引导语是常规的，诱导的信号是被试瞥见了催眠者的指令要点，这一刺激在之前的其他场合（结合其他的一些刺激）被用于诱发催眠，对于被试 F 来说又快又简单。紧跟诱导，催眠者对他进行了胳膊下降和幻觉测验，在把她叫醒之前，催眠者给了她这样一个暗示：当她看到任何的催眠指示要点后，她都不会被催眠，即她不会被任何简单地想催眠她的人催眠。这一指示，是为了向被试传达一个信息，即对于任何想要催眠她的人，要变得谨慎一点。然而，被试 F 把这一暗示理解为：除非她看到了催眠师的催眠要点，而且除非是这个催眠师本人才行。被试的反应是刻板的，而且误解了催眠者所传递的信息。催眠者也带着一个错误的信念结束了催眠，他认为，所有的暗示效应都被消除了，这一阶段发生的所有事情都没有对被试造成影响。通过后来的事件来看，这显然是错误的。

两周之后，被试 F 又参加了一个工作坊的催眠。在那儿，分别由不同催眠者尝试着对她进行了两次催眠。两次诱导都完全失败了，被试 F 开始关注到她无法体验催眠的事实；更严重的是，她无法理解自己突然丧失反应的原因。在这个工作坊里，对她进行的所有的催眠尝试都没能成功。被试知道肯定是哪儿不对劲了，她向史汉表达了她的担忧。在这个阶段，我们无法提供任何解释，对于被试在催眠中表现的无能，我们也很困惑，而在此之前，她展示了在催眠感受上惊人的天赋和能力。

然而，她对上次那个催眠者最后是如何去除暗示，并且给她提示，让她对催眠要小心谨慎，她不由自主地全忘了。对于最后那一部分的完全失忆，显然是未经触动的，被试 F 自己并没有意识到催眠者在最后进行的暗示，这就使得她对目前的体验感到困惑了。同时，她参加了一次谈话，她说史汉在一次报告中提到，易受催眠影响的人容易入睡。可她开始发现自己有了睡眠问题了——而这一难题她从未经历过。尔后，她进一步说，自从上次催眠后，她入睡变得困难了。

此时，史汉作为研究者通过让她观看之前的录像，来探索她的反应。通过这种方法，她应该能够觉察到在催眠者的最后暗示之前发生的事件，从而帮助研究者寻找她体验的压力的原因到底在哪儿。

从前面阶段的录像中，研究者首次获得了被试 F 的反应资料。让被试 F 回忆在催眠者最后暗示之前发生的事情非常有用，这将会刺激她对已经忘记的材料的记忆。这次，被试 F 变得不安。在工作坊的两次催眠引导都失败了，而且，她不能体验到自我催眠了。她说，她现在第一次知道了，催眠和没有被催眠的区别，也开始明白了被催眠和放松的区别。

当播放录像时，研究者明白了，催眠者的指导语与被试经历的困惑之间的显著关系，当指导语第一次呈现在屏幕上时，她感到与她在工作坊同样的感受——心神不宁和焦虑——当催眠者开始说的时候（录像里），并且他把指导语拿走后，不安的感觉开始消失了。第二次，当被试 F 看到催眠者在叫醒她之前的指导语时，她说感觉不安。在录像结束后，被试 F 表示惊讶，然后问："就这些吗？这就是全过程？"她显然仍旧没有想起来最后一次的暗示是：当催眠者检查了所有的暗示都消除了，并最后一次呈现了他的指导语后，暗示她应该小心任何试图催眠她的人。

这时，史汉试图再次去催眠被试 F，就像之前在其他场合所做的那样。史汉用了标准的眼皮闭合技术，但是失败了。另外两个催眠师用别的方法所做的进一步尝试也失败了。被试报告说，催眠师越谈论催眠，她越觉得焦虑和不安。考虑到过去，史汉曾将被试催眠到最深水平，她现在对进入催眠状态的无能让人感到震惊。研究者先后尝试了六种以上不同的方法，其中两个是其他催眠师做的，有几个是被试自我催眠，另外三个是史汉亲自做的。所有这些尝试都没有成功。

催眠师问她，问题是否与指导语有关时，被试回答说："指导语？和这个有什么关系？"史汉拿出他的指导语，要求被试盯着看，催眠马上发生了。被试对指导语的快速反应验证了这个假设，即被试在上次催眠的最后，把催眠者的指令误解为，只有当催眠师亲自用指导语引导她进入催眠时，她才会被催眠。这一无意的暗示制造出了这么大的效应，且对其他方式的诱导都造成了持续性障碍。

然而，造成个体焦虑的原因还是弄不清楚，于是研究者引进 EAT 技术来澄清这一难题。为了实验目的，史汉采用了一项经过改进的 EAT 技术，请求被试回想上次的重要事件，并且告诉了她关于 EAT 的技术，目的是为了澄清，为什么被试对上次催眠最后发生的事件选择了遗忘。引起幻觉的

EAT 揭示了问题的实质。在催眠的最后，催眠师创建了一个暗示，这是一个积极的幻觉，包括了被试的一个朋友。催眠的取消是催眠师要求被试睁开双眼，并报告，她看见她的朋友不坐在椅子上了。她照做了，然后催眠师就暗示说，此时所有暗示不再有效。

然后，催眠师抓紧机会，明确地暗示被试，只要她愿意，她可以被其他催眠师催眠。所有关于指导语的那部分都被省略掉了，重点是被试只要想被催眠，在未来的任何时候，任何地点，她都会被催眠。

这个案例以一种非常戏剧性的方式说明，催眠反应中没有被暗示的特征，也可以出现在催眠过程中。对于被试 F 来说，幻觉的影响仍有一部分在起作用。结果，被试制造的冲突被她自己无意中解决了，通过她自发的失忆，帮助她缓解了焦虑，由于她不得不承认她朋友在那儿，而实际上她并不在。但是同时，也阻碍了被试去解决冲突，因为后来的事件就源于这种失忆。由于一个无意中的暗示，即只有第一位催眠师可以催眠被试，且必须用一种特殊的方式，这个暗示还在持续地起作用，情况变得复杂。

史汉对幻觉 EAT 分离出问题和提出解决方法的效果，进行了两次有效性检验。首先，紧随这一阶段，把被试 F 介绍给第二位研究者麦坎基。麦坎基用了一个标准的催眠方法——眼皮闭合技术，来诱导被试进入催眠。此时，由于是冲突解决后的第一次催眠，诱导非常容易，被试进入了深度催眠状态。其次，在四天之后，被试 F 主动报告，她会比以前更早入睡。研究者故意没有做任何尝试来解决这个问题，只解释说，这是冲突的残留后果，如果那个冲突能够成功解决，睡眠问题将会消失。后来，被试报告说，她睡眠恢复正常，她在数月以来，第一次感到轻松、舒适。从那以后，她再也没有报告过睡眠问题。被试在经历了多次催眠障碍后能够重新进入催眠了；在经历了长期的失眠困扰之后能够安稳入睡了。

这个案例戏剧性地论证了无意中暗示的影响和出乎意料的暗示效应的持久性。

在测试不同任务的条件和场合下，她的暗示效应持久性地表现出了一致性。虽然，被试的敏感性在某种意义上是明显的特异反应，并且不能被当成催眠行为中的普通案例，或者当成标准等级评估中的一种反应模式。

该项研究表明，那些具有高度催眠敏感性的被试会采用非常复杂的方式对接受到的指示进行加工，这种暗示的效应仅限于一些高敏感度被试。那位催眠者，在三个阶段中的每一步，没有期望被试有任何持续的暗示效应。而且，催眠者采用的也都是一些通常被解释为，所有可能的暗示效果都应该消除的指导语。事实是：没有任何明显的线索表明，催眠者以任何方式期待了被试的特异反应。

EAT 技术显示出自身在解释催眠现象上的独特优越性，并且能够促进对催眠反应和体验的全面理解。

　　根据我们在上一章介绍的体验分析技术的应用案例，受术者对催眠的易感性水平通常不足以解释他们在报告催眠体验时的那些不同，察觉到这一点是很重要的。催眠师的水平和感染力最终也是催眠效果的一个重要的影响因素。研究表明，无论在年龄回溯还是幻觉反应中，受术者的情感卷入程度可能扮演着重要的角色，而受术者的情感卷入程度同他与催眠师关系的密切程度有直接关系。而后者又同催眠师的资质以及人格和能力密不可分。

　　在 2012 年 10 月 26 日第十一届全国人民代表大会常务委员会第二十九次会议通过的《中华人民共和国精神卫生法》第二十三条中明确指出，心理咨询人员应当提高业务素质，遵守执业规范，为社会公众提供专业化的心理咨询服务。

一、 催眠师的专业素质

　　催眠师的专业水平、临床经验及人格特点、服务精神等都会影响催眠治疗的效果。

　　在发达国家，从事临床催眠工作的通常是下面几类专业人员：①心理治疗师、咨询师；②精神科医生；③受过训练的护士、社工；④牙科、妇产科医生（将催眠术用于止痛和麻醉）。

　　许多国家均有法律规定，没有受过系统催眠专业训练、没有通过专业机构认证并取得相应资格的人是不能做催眠工作的。

　　根据我国有关法规，特别是《中华人民共和国精神卫生法》，无论对身体还是心理疾病的治疗都需要有医师的资格，许多催眠师并无此资格，从事治疗工作有违法嫌疑。台湾应用催眠研究协会理事长黄奇卿医师，建议用"催眠自疗"代替"催眠治疗"，即通过催眠引发受术者的自我疗愈功能，解决身体和心理上的困扰，这样便不受有关法规的约束了，这真是很有创意的解决办法。

除了催眠术本身的理论与方法外，心理学、精神病学，特别是心理咨询与心理治疗的理论和方法，也都是催眠师的必修课，是催眠师必须具备的专业素养。

催眠既是一门学问，也是一门艺术。单纯的催眠理论学习并不能真正掌握催眠的技术，没有任何理论方法的学习可以取代实践练习。同其他任何技能一样，要精通催眠术，必须经过严格训练。有些人仅仅读了一两本催眠书，便自诩催眠大师，对这种人大家只能嗤之以鼻。

要成为一名合格的催眠师，必须经常参加催眠培训，不断学习新理论，掌握新方法。

要通过自我催眠和接受他人催眠，亲身体验各种各样的催眠感受，接触各种各样的催眠现象。

有些初学者喜欢用家人、亲友或同事作为催眠练习的受术者，效果通常不会太好。可以组织催眠探索团队或学习小组，招募志愿者做受术者，也可以对着镜子或想象一个受术者坐在面前体验催眠过程（这是艾瑞克森用过的一种方法），采用多种方式反复练习。

经验表明，多位学员互为催眠师和受术者，彼此交流催眠过程中的心理状态和生理反应，分析成功和失败的原因，相互提出意见和建议，是一种行之有效的练习方法。

熟能生巧。只有多多练习，反复实践，才能将诱导语说得十分流畅，做到吐字清楚，表达准确。这里不是说要将诱导语背得滚瓜烂熟，一字不差，而是在保留关键字词的情况下灵活变通，根据对象和场景采用不同的替代话语。

要经常与同事讨论、交流催眠经验，切磋催眠方法，还要经常接受专家督导或同行相互督导，以不断自我探索，提高自己的专业水平。

要勇于创新，不要墨守成规；要勇于实践，与时俱进，不断尝试新方法，总结新经验。

二、 催眠师的人格素质

只掌握了催眠的专业知识和技巧，可以成为游走江湖的催眠匠人或术士，绝不能成为催眠大师。要成为催眠大师除了专业素养之外，还必须具备高尚的人格。

催眠师的人格素质对催眠效果具有不可低估的影响，所有国内外的催眠大师无不具有超凡脱俗的人格魅力，艾瑞克森便是其中的杰出代表。无论艾瑞克森的患者、学生还是朋友均对艾瑞克森给予极高评价。美国著名学者萨儿瓦多·米奴钦（Salvador Minuchin）在给艾瑞克森的一封信中说："与你会晤的经验令人回味无穷。这一生当中，我只见过少数不平凡的人物——而你绝对名列其中。"

催眠，是催眠师与被催眠者共同完成的一段身心灵探索之旅。催眠师态度要和蔼可亲，诱导要从容不迫。来访者一般不愿或无法对那些冷漠、专制、矫揉造作、犹豫不决、急于求成、紧张或缺乏自信，以及有私心杂念的催眠师做出积极的回应。对催眠师的喜爱、尊敬以及催眠师的声望均有助催眠；害怕、生气、激动、不信任、怨恨，均不利于催眠。罗杰斯提出的"真诚""共情""无条件积极关注"，作为心理治疗有效的三个必要条件，对于催眠的成功同样适用。

催眠师要服饰得体，举止大方，精神专注。如果催眠师的言行风格没有吸引力，如衣着邋遢或奇装异服，不修边幅或浓妆艳抹，讲话啰唆或干巴单调，语言枯燥或华而不实，猎艳探秘或神不守舍，受术者就会通过内心对话不断地质疑，因而就不可能集中注意于催眠师的指令，当然也就不可能产生相应的催眠体验。

自信是人格的核心，也是成功之本。一个缺乏自信的人是很难成为一名杰出的催眠师的。在希腊德尔斐城的阿波罗神殿中有一句古老的碑铭："了解你自己"。美国医学博士弗兰克·S.卡普里奥在给催眠大师莱斯利·勒克龙编写的《自我催眠术》所做的序中说："自知通向自信，自信则导致有效的自制，而自制最终带来更幸福更健康的生活方式。"

催眠师必须流露出自信和对受术者的尊重，既要相信自己具有催眠交流的能力，也要相信受术者具有改变的潜能。自信会导致一种良性循环，即自信可以增强治疗效果，治疗效果又反过来提升自信心。马维祥先生曾一针见血地指出："催眠术的成功，从实质上看，就是催眠师的意志战胜了受术者的意志，进而发生心理上的感应。"

自信并不意味着不会失败。许多年轻催眠师在应用某项具体催眠技术时，会过分担心受术者能否对这种技术做出反应。由于催眠师急切地抱着成功的期望，所以呼吸变急促了，节奏也打乱了，给治疗造成了极大妨碍。其实，即使催眠的初学者也会有40%的成功率，有经验后几乎能做到100%的成功。

按照艾瑞克森学派的观点，受术者的任何反应都是正常的，不存在"成功"与"失败"的问题。他们感兴趣的是合作而不是控制，不要求受术者必须出现某种反应。甚至认为90％的暗示都不会引起深层的催眠体验，因为受术者会倾向于选择那些对自己最有意义的暗示做出体验性回应。我们无法知道哪些暗示与受术者关系最为密切，所以也就不能准确预言受术者会做出何种反应。然而，有一点我们可以确信，只要对受术者的反应抱着更加包容的态度，即使受术者对大部分暗示都没有产生我们所期望的反应，但最终总会对某些暗示做出有利于治疗的反应。

催眠师还要具有坚强的意志和自控能力，在试图控制别人之前，必须先学会控制自己。既不要被有意挑衅或无理取闹的来访者激怒，而大发雷霆或与其争吵；也不要因受术者的异常行为或失控表现，而产生焦虑、恐惧或厌恶、不耐烦的情绪反应。

三、 如何选择催眠师

社会上自我标榜为各种大师的人很多，江湖骗子更多。催眠师同样良莠不齐，求助者一定要擦亮眼睛，善于辨别。

（一）何为好的催眠师

作为一名求助者或来访者，可以从以下十个方面考察一位催眠师是否称职：

第一，催眠师有专业执照或资格证书。

第二，催眠师的工作室让你觉得舒服自在。

第三，与催眠师相处你感到轻松。

第四，催眠师尊重你。

第五，催眠师对你的问题感兴趣，试图认真弄清你的需求。

第六，当你说话时催眠师专心倾听。

第七，催眠师对你提出的问题能耐心回答。

第八，催眠师性格开朗乐观，让你充满希望。

第九，催眠师没有抽烟喝酒习惯。

第十，催眠师有良好的职业操守。

（二）不要轻信的催眠师

催眠师若有以下几种表现，就不但不要轻易相信他，最好还要远离他：

第一，催眠中不允许亲友陪伴。

第二，催眠过程不允许录音。

第三，从不教求助者自我催眠。

第四，夸大催眠效能或保证几次催眠病就会好。

第五，对求助者问题简单归因。

第六，在无其他人在场的情况下接触异性受术者身体。

第七，语言轻佻下流。

第八，经常做神秘催眠秀哗众取宠。

第九，在应得的治疗费用外索取钱物。

第十，与求助者建立和发展工作之外的其他关系。

第二十六章
催眠师的职业操守

∙∙∙

除必须遵守国家相关法律法规外，催眠治疗师还要恪守职业道德。中国心理学会制定的《临床与咨询工作伦理守则》，对心理治疗师和咨询师的要求同样适用于催眠师，相关人员必须严格遵守。

一、 必须尊重受术者的需要和价值观

受术者并非受骗者，一般不会跟随与自己价值观不一致的指令。强迫受术者做他们不愿做的事情往往会将他们带出催眠状态。一般说来，这种企图会使受术者不再信任治疗师，并对治疗师感到愤怒，不但会严重破坏治疗关系，也是职业道德所不允许的。

催眠师对受术者发出的种种暗示，必须是合理的，而非荒谬的；必须是善意的，而非恶意的；必须是积极的，而非消极的。切勿使用有损受术者人格、名誉和身心健康的暗示语。

当代催眠大师艾瑞克森反复强调对来访者和病人的尊重，绝不可以为了个人需要或自己的利益而操纵和控制受术者。他曾明确指出：受术者需要时刻作为拥有权利和隐私的个体而受到保护，而且还要意识到他们已经被置于催眠情境中一个看似脆弱的位置上。

不管受术者多么聪明博学，总会有个一般性的疑问（无论被意识到与否），即在催眠中会发生什么，或者什么可以说、可以做，什么不可以说、不可以做。即使那些已经打消所有顾虑，并能够对催眠师自由表达的受术者也都表示需要保护自我，在缺点暴露之后，无论当时多么自如，都希望尽快离开。无论在清醒状态还是催眠状态，都应该给予受术者这种保护。清醒状态里最好用间接的方式，而在催眠状态下则可以更为直接一些。

剥夺受术者的这种受尊重权利就意味着失败，就是没有将他当作一个有自觉力的人来看待。这种失败会影响催眠治疗的效果，因为受术者可能会感觉到他的努力没有得到赞赏，而且可能会导致合作能力的下降。

这里，关于操纵问题有必要做进一步讨论。我们的行为总是会影响别

人，从这个意义上说来，所有的催眠和治疗行为都是在操纵。因为我们与受术者交流的目的，就是要改变他的行为。这里的关键在于催眠动机，是否一切从来访者的福祉出发，是否你所做的一切都有助于来访者的健康成长。

最后需要指出的是，催眠的指令必须因人而异，要考虑受术者的理解能力，对于文化程度较低的人给予的暗示指令要通俗易懂，对于文化程度较高者用语则要文雅，但也不可矫揉造作，卖弄辞藻。

二、 必须恪守职业道德和相关法律

在国内外利用催眠术骗人钱财或实施性侵犯的案例时有发生，即使本人受到法律制裁，也同样会败坏整个催眠行业的信誉。

在催眠之前要征得来访者同意，必要时请来访者签署知情同意书。这里引用台湾张芝华老师"催眠咨询个人基本资料与同意书"模式（个别文字有改动），供催眠爱好者参考。

催眠咨询个人基本资料与同意书

日期：_____年_____月_____日

姓名_____ 生日：_____年___月___日 性别：□男 □女

联系电话：H：_____ O：_____ 手机：_____

身份证号：_____ e-mail：_____

学历：_____ □博士 □硕士 □学士 □高中 □初中 □小学 □无

现在职业：_____ 职位与职务内容：_____

婚姻状况：□未婚 □已婚___年 □离婚：结婚___年，离婚___年

孩子：□无 □有___男___女

被催眠经验：□无 □有：催眠师：_____

对催眠的认知是什么？_____

宗教信仰：_____ 家中排行：_____

童年满意度：_____

静坐：□无 □有 ___年 打坐/冥想/气功/瑜伽：□无 □有 ___年

曾经学过催眠：□无 □有 超感官经验：□无 □有

描述：_____

_____

最近有无服用药物？□无 □有(药名)_____ 原因：_____

有无看过精神科或神经内科医师？□无　□有，＿＿＿年＿＿＿＿＿症

最近有无看过医生？□无　□有，＿＿＿年＿＿＿＿＿症　家庭医师：＿＿＿＿＿

是否有家族性的疾病或遗传疾病？有的话，请回答患的是什么疾病？

＿＿＿＿＿＿＿＿＿＿＿＿＿＿＿＿＿＿＿＿＿＿＿＿＿＿＿＿＿＿＿＿＿＿＿

家人的病史（包含曾经或现在患过的疾病或经常患的生理或心理疾病）：

＿＿＿＿＿＿＿＿＿＿＿＿＿＿＿＿＿＿＿＿＿＿＿＿＿＿＿＿＿＿＿＿＿＿＿

身体状况

有没有下列情形：

□抽筋或麻木	□肾脏问题	□高血压	□眼睛功能	□失眠
□心脏问题	□肝功能	□糖尿病	□风湿热	□痉挛
□气喘	□耳朵问题	□肺结核	□血液问题	□皮肤问题

头部有没有受过伤？或意外伤害过？＿＿＿＿＿＿＿＿＿＿＿＿＿＿＿＿＿＿

咨询项目：

□舒解压力	□戒除烟瘾	□美容催眠	□减重塑身	□焦虑惊惶
□睡眠困难	□克服恐惧	□增强自信	□情绪平衡	□运动表现
□潜能开发	□人际关系	□亲子关系	□两性关系	□优生催眠
□内在小孩	□年龄回溯	□前世回溯	□生离死别	□催眠助产
□牙医恐惧	□生理机能	□疼痛控制	□手术前后	□催眠律动
□改变习惯	□艺术治疗	□创造能力	□记忆衰退	□尿床
□不专心	□咬指甲	□口吃	□自我实现	□厌食
□暴食	□躁郁	□忧郁	□增强动机	□推拖拉
□癌症	□健胸	□怪僻		

我，＿＿＿＿＿＿＿（签名），自愿完全同意接受催眠咨询，并同意咨询过程中可能的同步录音或录像存查；并见证在本催眠咨询过程中，无任何不当事情发生。

（未成年）监护人：＿＿＿＿＿＿＿　签章：＿＿＿＿＿＿＿　证人：＿＿＿＿＿＿＿

《中华人民共和国精神卫生法》第二十三条中指出，心理咨询人员应当尊重接受咨询人员的隐私，并为其保守秘密。保护来访者和当事人的隐私，是所有助人行业的共同行为准则。除来访者有危害社会、伤害他人或自杀、自残行为，或司法工作需要（依照相关法律执行）外，不得泄露来访者个人秘密和有关信息。在讲课、著书或写文章引用案例时必须经过技术处理，

以防暴露当事人身份。

在催眠状态，受术者的心理防御机制解除或减弱，更容易将内心深处的秘密和隐私暴露无遗，对催眠师的保密要求更高，绝不可将其作为茶余饭后的谈资在亲友面前炫耀，更不可以此威胁要挟受术者达到个人不可告人的目的。

催眠师不要有门户之见。要认识到，没有任何一种方法是万能的，没有任何一种技术可以适用于所有受术者。单纯依赖催眠并不能保证全面和长久的治疗效果，一定要与其他各种治疗方法相互配合、相互补充。对其他治疗方法和不同催眠学派不要有门户之见，不要抬高自己，否定别人。

不但催眠治疗，就是在电视或舞台上的催眠秀，也要讲职业道德，不能为赢利或吸引眼球，进行一些庸俗和不健康的表演，既误导大众，又败坏催眠的信誉。美国催眠大师奥蒙德·麦吉尔（Ormond McGill）在《新舞台催眠百科全书》（*New Encyclopedia of Stage Hypnotism*）中明确指出："舞台演示催眠必须适当，不但要提供高品质的娱乐效果，还应强调医学和学术上的成果，将催眠科学提升到艺术的境界。"

三、 如何规避催眠师的职业风险

从事催眠师工作是有一定风险的，为了规避职业风险，需注意以下几方面。

首先，如果催眠师没有医师资格，不要开催眠诊所对心理和身体疾病做治疗，只能为普通人或企事业单位开展催眠服务工作，或作为心理咨询的一种方法技术来使用，若做治疗则需要与专业医生合作进行。

其次，要对催眠对象有所筛选，剔除不适合的受术者。一般说来，脑神经受损或严重精神病患者，正在受酒精、毒品或其他化学药品影响的人，以及极端抗拒者，均不适合作为催眠对象。

当催眠术取得比较好的效果时，一些受术者可能对催眠师产生依赖或移情，把催眠师看作父母、朋友或情人，催眠师一定要立场坚定，恪守职业道德，不能与来访者建立工作之外的关系。

有时，医师或心理治疗师可能被个别寡廉鲜耻或别有用心的人诬告性骚扰，特别是催眠治疗师更容易遭受这方面的危机而被勒索。为了避免这种麻烦，不要轻易地碰触来访者身体，除非他们知道并且同意你这样做。通常，在为异性做催眠时，可请受术者带个伙伴一起进入催眠室作为见证人，必要时还应录像存证，这是催眠师自保的最有效方法。

最好备用一个录音机，当发现来访者对催眠师产生移情或性侵害的幻想时，立刻打开录音机，告诉来访者为了日后查询必须要录音。若受术者在催眠中表现出性反应，可用缓和的语气说："保持冷静，放松，安宁，平和。"在受术者安静下来之前，不要给予任何催眠建议。若问题依然不能解决，必须请其他人(最好是受术者的亲人)在场，或转介给其他治疗师。

为了减少风险，催眠前要了解来访者的病史，对于有心脏病或高血压的患者，一定要避免突然宣告令人震惊的事(如某人死亡或重伤等)；年龄回溯常会引起很多情绪的爆发，因此使用时必须要谨慎小心；绝不要在催眠中突然激发或改变受术者的情绪，有些舞台催眠师为了娱乐观众而让人忽悲忽喜，可能对受术者造成心理伤害。

若发现癔病患者在催眠中头开始慢慢地、有韵律地转圈，或突然莫名其妙地笑，或不能控制地哭，必须立刻处理。可轻轻拍打头部，碰触前额，让其安静、放松。若头部转动停止，可继续完成当次的催眠。若头又开始转动，再使其平静，然后唤醒，别再催眠。

另外，在催眠过程中还要防止对受术者的身体造成伤害。必须认识到，在清醒时会造成伤害的，在催眠状态也是一样。千万不要相信，催眠时可以不怕热、火焰或重压，催眠无法使人增加身体对外来伤害的抵抗力。

当然，最大的风险还是来自不称职的治疗师。心理治疗师必须受过系统的专业训练，只受过催眠基础训练者，应避免去处理情绪创伤的问题或有严重身体或心理疾病的患者。催眠治疗师必须有自知之明，了解自己擅长的领域，以及自己能力的局限。

在西方国家，催眠师在注册取得专业资格时，通常要宣誓遵守催眠师的道德规范。下面列出一段常见誓词，请各位铭记在心，以此作为本书的结束语：

催眠师誓词

我×××谨以至诚，郑重宣誓：我决心认真学习催眠，助人助己，绝对不用来从事不道德与犯罪行为，永远以求助者的利益为第一考虑，不为个人谋取私利。我一定努力训练自省的能力，随时观照自己的言行，随时修正自己，发现自己的问题就努力处理，把自我人格修整得光明澄澈。我要努力提高洞察真相的能力，帮助人看清内心缠绕的葛藤，运用积极的语言和正能量，引导人与人互动顺畅，使内心更和谐，使生活更幸福。

附　录

中华人民共和国精神卫生法

（2012 年 10 月 26 日第十一届全国人民代表大会常务委员会第二十九次会议通过）

第一章　总　则

第一条　为了发展精神卫生事业，规范精神卫生服务，维护精神障碍患者的合法权益，制定本法。

第二条　在中华人民共和国境内开展维护和增进公民心理健康、预防和治疗精神障碍、促进精神障碍患者康复的活动，适用本法。

第三条　精神卫生工作实行预防为主的方针，坚持预防、治疗和康复相结合的原则。

第四条　精神障碍患者的人格尊严、人身和财产安全不受侵犯。

精神障碍患者的教育、劳动、医疗以及从国家和社会获得物质帮助等方面的合法权益受法律保护。

有关单位和个人应当对精神障碍患者的姓名、肖像、住址、工作单位、病历资料以及其他可能推断出其身份的信息予以保密；但是，依法履行职责需要公开的除外。

第五条　全社会应当尊重、理解、关爱精神障碍患者。

任何组织或者个人不得歧视、侮辱、虐待精神障碍患者，不得非法限制精神障碍患者的人身自由。

新闻报道和文学艺术作品等不得含有歧视、侮辱精神障碍患者的内容。

第六条　精神卫生工作实行政府组织领导、部门各负其责、家庭和单位尽力尽责、全社会共同参与的综合管理机制。

第七条　县级以上人民政府领导精神卫生工作，将其纳入国民经济和社会发展规划，建设和完善精神障碍的预防、治疗和康复服务体系，建立健全精神卫生工作协调机制和工作责任制，对有关部门承担的精神卫生工作进行考核、监督。

乡镇人民政府和街道办事处根据本地区的实际情况，组织开展预防精神障碍发生、促进精神障碍患者康复等工作。

第八条 国务院卫生行政部门主管全国的精神卫生工作。县级以上地方人民政府卫生行政部门主管本行政区域的精神卫生工作。

县级以上人民政府司法行政、民政、公安、教育、人力资源社会保障等部门在各自职责范围内负责有关的精神卫生工作。

第九条 精神障碍患者的监护人应当履行监护职责，维护精神障碍患者的合法权益。

禁止对精神障碍患者实施家庭暴力，禁止遗弃精神障碍患者。

第十条 中国残疾人联合会及其地方组织依照法律、法规或者接受政府委托，动员社会力量，开展精神卫生工作。

村民委员会、居民委员会依照本法的规定开展精神卫生工作，并对所在地人民政府开展的精神卫生工作予以协助。

国家鼓励和支持工会、共产主义青年团、妇女联合会、红十字会、科学技术协会等团体依法开展精神卫生工作。

第十一条 国家鼓励和支持开展精神卫生专门人才的培养，维护精神卫生工作人员的合法权益，加强精神卫生专业队伍建设。

国家鼓励和支持开展精神卫生科学技术研究，发展现代医学、我国传统医学、心理学，提高精神障碍预防、诊断、治疗、康复的科学技术水平。

国家鼓励和支持开展精神卫生领域的国际交流与合作。

第十二条 各级人民政府和县级以上人民政府有关部门应当采取措施，鼓励和支持组织、个人提供精神卫生志愿服务，捐助精神卫生事业，兴建精神卫生公益设施。

对在精神卫生工作中作出突出贡献的组织、个人，按照国家有关规定给予表彰、奖励。

第二章 心理健康促进和精神障碍预防

第十三条 各级人民政府和县级以上人民政府有关部门应当采取措施，加强心理健康促进和精神障碍预防工作，提高公众心理健康水平。

第十四条 各级人民政府和县级以上人民政府有关部门制定的突发事件应急预案，应当包括心理援助的内容。发生突发事件，履行统一领导职责或者组织处置突发事件的人民政府应当根据突发事件的具体情况，按照应急预案的规定，组织开展心理援助工作。

　　第十五条　用人单位应当创造有益于职工身心健康的工作环境，关注职工的心理健康；对处于职业发展特定时期或者在特殊岗位工作的职工，应当有针对性地开展心理健康教育。

　　第十六条　各级各类学校应当对学生进行精神卫生知识教育；配备或者聘请心理健康教育教师、辅导人员，并可以设立心理健康辅导室，对学生进行心理健康教育。学前教育机构应当对幼儿开展符合其特点的心理健康教育。

　　发生自然灾害、意外伤害、公共安全事件等可能影响学生心理健康的事件，学校应当及时组织专业人员对学生进行心理援助。

　　教师应当学习和了解相关的精神卫生知识，关注学生心理健康状况，正确引导、激励学生。地方各级人民政府教育行政部门和学校应当重视教师心理健康。

　　学校和教师应当与学生父母或者其他监护人、近亲属沟通学生心理健康情况。

　　第十七条　医务人员开展疾病诊疗服务，应当按照诊断标准和治疗规范的要求，对就诊者进行心理健康指导；发现就诊者可能患有精神障碍的，应当建议其到符合本法规定的医疗机构就诊。

　　第十八条　监狱、看守所、拘留所、强制隔离戒毒所等场所，应当对服刑人员，被依法拘留、逮捕、强制隔离戒毒的人员等，开展精神卫生知识宣传，关注其心理健康状况，必要时提供心理咨询和心理辅导。

　　第十九条　县级以上地方人民政府人力资源社会保障、教育、卫生、司法行政、公安等部门应当在各自职责范围内分别对本法第十五条至第十八条规定的单位履行精神障碍预防义务的情况进行督促和指导。

　　第二十条　村民委员会、居民委员会应当协助所在地人民政府及其有关部门开展社区心理健康指导、精神卫生知识宣传教育活动，创建有益于居民身心健康的社区环境。

　　乡镇卫生院或者社区卫生服务机构应当为村民委员会、居民委员会开展社区心理健康指导、精神卫生知识宣传教育活动提供技术指导。

　　第二十一条　家庭成员之间应当相互关爱，创造良好、和睦的家庭环境，提高精神障碍预防意识；发现家庭成员可能患有精神障碍的，应当帮助其及时就诊，照顾其生活，做好看护管理。

　　第二十二条　国家鼓励和支持新闻媒体、社会组织开展精神卫生的公益性宣传，普及精神卫生知识，引导公众关注心理健康，预防精神障碍的发生。

第二十三条　心理咨询人员应当提高业务素质，遵守执业规范，为社会公众提供专业化的心理咨询服务。

心理咨询人员不得从事心理治疗或者精神障碍的诊断、治疗。

心理咨询人员发现接受咨询的人员可能患有精神障碍的，应当建议其到符合本法规定的医疗机构就诊。

心理咨询人员应当尊重接受咨询人员的隐私，并为其保守秘密。

第二十四条　国务院卫生行政部门建立精神卫生监测网络，实行严重精神障碍发病报告制度，组织开展精神障碍发生状况、发展趋势等的监测和专题调查工作。精神卫生监测和严重精神障碍发病报告管理办法，由国务院卫生行政部门制定。

国务院卫生行政部门应当会同有关部门、组织，建立精神卫生工作信息共享机制，实现信息互联互通、交流共享。

第三章　精神障碍的诊断和治疗

第二十五条　开展精神障碍诊断、治疗活动，应当具备下列条件，并依照医疗机构的管理规定办理有关手续：

（一）有与从事的精神障碍诊断、治疗相适应的精神科执业医师、护士；

（二）有满足开展精神障碍诊断、治疗需要的设施和设备；

（三）有完善的精神障碍诊断、治疗管理制度和质量监控制度。

从事精神障碍诊断、治疗的专科医疗机构还应当配备从事心理治疗的人员。

第二十六条　精神障碍的诊断、治疗，应当遵循维护患者合法权益、尊重患者人格尊严的原则，保障患者在现有条件下获得良好的精神卫生服务。

精神障碍分类、诊断标准和治疗规范，由国务院卫生行政部门组织制定。

第二十七条　精神障碍的诊断应当以精神健康状况为依据。

除法律另有规定外，不得违背本人意志进行确定其是否患有精神障碍的医学检查。

第二十八条　除个人自行到医疗机构进行精神障碍诊断外，疑似精神障碍患者的近亲属可以将其送往医疗机构进行精神障碍诊断。对查找不到近亲属的流浪乞讨疑似精神障碍患者，由当地民政等有关部门按照职责分工，帮助送往医疗机构进行精神障碍诊断。

疑似精神障碍患者发生伤害自身、危害他人安全的行为，或者有伤害自身、危害他人安全的危险的，其近亲属、所在单位、当地公安机关应当立即采取措施予以制止，并将其送往医疗机构进行精神障碍诊断。

医疗机构接到送诊的疑似精神障碍患者，不得拒绝为其作出诊断。

第二十九条　精神障碍的诊断应当由精神科执业医师作出。

医疗机构接到依照本法第二十八条第二款规定送诊的疑似精神障碍患者，应当将其留院，立即指派精神科执业医师进行诊断，并及时出具诊断结论。

第三十条　精神障碍的住院治疗实行自愿原则。

诊断结论、病情评估表明，就诊者为严重精神障碍患者并有下列情形之一的，应当对其实施住院治疗：

（一）已经发生伤害自身的行为，或者有伤害自身的危险的；

（二）已经发生危害他人安全的行为，或者有危害他人安全的危险的。

第三十一条　精神障碍患者有本法第三十条第二款第一项情形的，经其监护人同意，医疗机构应当对患者实施住院治疗；监护人不同意的，医疗机构不得对患者实施住院治疗。监护人应当对在家居住的患者做好看护管理。

第三十二条　精神障碍患者有本法第三十条第二款第二项情形，患者或者其监护人对需要住院治疗的诊断结论有异议，不同意对患者实施住院治疗的，可以要求再次诊断和鉴定。

依照前款规定要求再次诊断的，应当自收到诊断结论之日起三日内向原医疗机构或者其他具有合法资质的医疗机构提出。承担再次诊断的医疗机构应当在接到再次诊断要求后指派二名初次诊断医师以外的精神科执业医师进行再次诊断，并及时出具再次诊断结论。承担再次诊断的执业医师应当到收治患者的医疗机构面见、询问患者，该医疗机构应当予以配合。

对再次诊断结论有异议的，可以自主委托依法取得执业资质的鉴定机构进行精神障碍医学鉴定；医疗机构应当公示经公告的鉴定机构名单和联系方式。接受委托的鉴定机构应当指定本机构具有该鉴定事项执业资格的二名以上鉴定人共同进行鉴定，并及时出具鉴定报告。

第三十三条　鉴定人应当到收治精神障碍患者的医疗机构面见、询问患者，该医疗机构应当予以配合。

鉴定人本人或者其近亲属与鉴定事项有利害关系，可能影响其独立、客观、公正进行鉴定的，应当回避。

第三十四条　鉴定机构、鉴定人应当遵守有关法律、法规、规章的规定，尊重科学，恪守职业道德，按照精神障碍鉴定的实施程序、技术方法和操作规范，依法独立进行鉴定，出具客观、公正的鉴定报告。

鉴定人应当对鉴定过程进行实时记录并签名。记录的内容应当真实、客观、准确、完整，记录的文本或者声像载体应当妥善保存。

第三十五条　再次诊断结论或者鉴定报告表明，不能确定就诊者为严重精神障碍患者，或者患者不需要住院治疗的，医疗机构不得对其实施住院治疗。

再次诊断结论或者鉴定报告表明，精神障碍患者有本法第三十条第二款第二项情形的，其监护人应当同意对患者实施住院治疗。监护人阻碍实施住院治疗或者患者擅自脱离住院治疗的，可以由公安机关协助医疗机构采取措施对患者实施住院治疗。

在相关机构出具再次诊断结论、鉴定报告前，收治精神障碍患者的医疗机构应当按照诊疗规范的要求对患者实施住院治疗。

第三十六条　诊断结论表明需要住院治疗的精神障碍患者，本人没有能力办理住院手续的，由其监护人办理住院手续；患者属于查找不到监护人的流浪乞讨人员的，由送诊的有关部门办理住院手续。

精神障碍患者有本法第三十条第二款第二项情形，其监护人不办理住院手续的，由患者所在单位、村民委员会或者居民委员会办理住院手续，并由医疗机构在患者病历中予以记录。

第三十七条　医疗机构及其医务人员应当将精神障碍患者在诊断、治疗过程中享有的权利，告知患者或者其监护人。

第三十八条　医疗机构应当配备适宜的设施、设备，保护就诊和住院治疗的精神障碍患者的人身安全，防止其受到伤害，并为住院患者创造尽可能接近正常生活的环境和条件。

第三十九条　医疗机构及其医务人员应当遵循精神障碍诊断标准和治疗规范，制定治疗方案，并向精神障碍患者或者其监护人告知治疗方案和治疗方法、目的以及可能产生的后果。

第四十条　精神障碍患者在医疗机构内发生或者将要发生伤害自身、危害他人安全、扰乱医疗秩序的行为，医疗机构及其医务人员在没有其他可替代措施的情况下，可以实施约束、隔离等保护性医疗措施。实施保护性医疗措施应当遵循诊断标准和治疗规范，并在实施后告知患者的监护人。

禁止利用约束、隔离等保护性医疗措施惩罚精神障碍患者。

第四十一条　对精神障碍患者使用药物，应当以诊断和治疗为目的，使用安全、有效的药物，不得为诊断或者治疗以外的目的使用药物。

医疗机构不得强迫精神障碍患者从事生产劳动。

第四十二条　禁止对依照本法第三十条第二款规定实施住院治疗的精神障碍患者实施以治疗精神障碍为目的的外科手术。

第四十三条　医疗机构对精神障碍患者实施下列治疗措施，应当向患者或者其监护人告知医疗风险、替代医疗方案等情况，并取得患者的书面同意；无法取得患者意见的，应当取得其监护人的书面同意，并经本医疗机构伦理委员会批准：

（一）导致人体器官丧失功能的外科手术；

（二）与精神障碍治疗有关的实验性临床医疗。

实施前款第一项治疗措施，因情况紧急查找不到监护人的，应当取得本医疗机构负责人和伦理委员会批准。

禁止对精神障碍患者实施与治疗其精神障碍无关的实验性临床医疗。

第四十四条　自愿住院治疗的精神障碍患者可以随时要求出院，医疗机构应当同意。

对有本法第三十条第二款第一项情形的精神障碍患者实施住院治疗的，监护人可以随时要求患者出院，医疗机构应当同意。

医疗机构认为前两款规定的精神障碍患者不宜出院的，应当告知不宜出院的理由；患者或者其监护人仍要求出院的，执业医师应当在病历资料中详细记录告知的过程，同时提出出院后的医学建议，患者或者其监护人应当签字确认。

对有本法第三十条第二款第二项情形的精神障碍患者实施住院治疗，医疗机构认为患者可以出院的，应当立即告知患者及其监护人。

医疗机构应当根据精神障碍患者病情，及时组织精神科执业医师对依照本法第三十条第二款规定实施住院治疗的患者进行检查评估。评估结果表明患者不需要继续住院治疗的，医疗机构应当立即通知患者及其监护人。

第四十五条　精神障碍患者出院，本人没有能力办理出院手续的，监护人应当为其办理出院手续。

第四十六条　医疗机构及其医务人员应当尊重住院精神障碍患者的通讯和会见探访者等权利。除在急性发病期或者为了避免妨碍治疗可以暂时性限制外，不得限制患者的通讯和会见探访者等权利。

第四十七条　医疗机构及其医务人员应当在病历资料中如实记录精神障碍患者的病情、治疗措施、用药情况、实施约束、隔离措施等内容，并如实告知患者或者其监护人。患者及其监护人可以查阅、复制病历资料；但是，患者查阅、复制病历资料可能对其治疗产生不利影响的除外。病历资料保存期限不得少于三十年。

第四十八条　医疗机构不得因就诊者是精神障碍患者，推诿或者拒绝为其治疗属于本医疗机构诊疗范围的其他疾病。

第四十九条　精神障碍患者的监护人应当妥善看护未住院治疗的患者，按照医嘱督促其按时服药、接受随访或者治疗。村民委员会、居民委员会、患者所在单位等应当依患者或者其监护人的请求，对监护人看护患者提供必要的帮助。

第五十条　县级以上地方人民政府卫生行政部门应当定期就下列事项对本行政区域内从事精神障碍诊断、治疗的医疗机构进行检查：

（一）相关人员、设施、设备是否符合本法要求；

（二）诊疗行为是否符合本法以及诊断标准、治疗规范的规定；

（三）对精神障碍患者实施住院治疗的程序是否符合本法规定；

（四）是否依法维护精神障碍患者的合法权益。

县级以上地方人民政府卫生行政部门进行前款规定的检查，应当听取精神障碍患者及其监护人的意见；发现存在违反本法行为的，应当立即制止或者责令改正，并依法作出处理。

第五十一条　心理治疗活动应当在医疗机构内开展。专门从事心理治疗的人员不得从事精神障碍的诊断，不得为精神障碍患者开具处方或者提供外科治疗。心理治疗的技术规范由国务院卫生行政部门制定。

第五十二条　监狱、强制隔离戒毒所等场所应当采取措施，保证患有精神障碍的服刑人员、强制隔离戒毒人员等获得治疗。

第五十三条　精神障碍患者违反治安管理处罚法或者触犯刑法的，依照有关法律的规定处理。

第四章　精神障碍的康复

第五十四条　社区康复机构应当为需要康复的精神障碍患者提供场所和条件，对患者进行生活自理能力和社会适应能力等方面的康复训练。

第五十五条　医疗机构应当为在家居住的严重精神障碍患者提供精神科基本药物维持治疗，并为社区康复机构提供有关精神障碍康复的技术指导和支持。

社区卫生服务机构、乡镇卫生院、村卫生室应当建立严重精神障碍患者的健康档案，对在家居住的严重精神障碍患者进行定期随访，指导患者服药和开展康复训练，并对患者的监护人进行精神卫生知识和看护知识的培训。县级人民政府卫生行政部门应当为社区卫生服务机构、乡镇卫生院、村卫生室开展上述工作给予指导和培训。

第五十六条　村民委员会、居民委员会应当为生活困难的精神障碍患者家庭提供帮助，并向所在地乡镇人民政府或者街道办事处以及县级人民政府有关部门反映患者及其家庭的情况和要求，帮助其解决实际困难，为患者融入社会创造条件。

第五十七条　残疾人组织或者残疾人康复机构应当根据精神障碍患者康复的需要，组织患者参加康复活动。

第五十八条　用人单位应当根据精神障碍患者的实际情况，安排患者从事力所能及的工作，保障患者享有同等待遇，安排患者参加必要的职业技能培训，提高患者的就业能力，为患者创造适宜的工作环境，对患者在工作中取得的成绩予以鼓励。

第五十九条　精神障碍患者的监护人应当协助患者进行生活自理能力和社会适应能力等方面的康复训练。

精神障碍患者的监护人在看护患者过程中需要技术指导的，社区卫生服务机构或者乡镇卫生院、村卫生室、社区康复机构应当提供。

第五章　保障措施

第六十条　县级以上人民政府卫生行政部门会同有关部门依据国民经济和社会发展规划的要求，制定精神卫生工作规划并组织实施。

精神卫生监测和专题调查结果应当作为制定精神卫生工作规划的依据。

第六十一条　省、自治区、直辖市人民政府根据本行政区域的实际情况，统筹规划，整合资源，建设和完善精神卫生服务体系，加强精神障碍预防、治疗和康复服务能力建设。

县级人民政府根据本行政区域的实际情况，统筹规划，建立精神障碍患者社区康复机构。

县级以上地方人民政府应当采取措施，鼓励和支持社会力量举办从事精神障碍诊断、治疗的医疗机构和精神障碍患者康复机构。

第六十二条　各级人民政府应当根据精神卫生工作需要，加大财政投入力度，保障精神卫生工作所需经费，将精神卫生工作经费列入本级财政预算。

第六十三条　国家加强基层精神卫生服务体系建设，扶持贫困地区、边远地区的精神卫生工作，保障城市社区、农村基层精神卫生工作所需经费。

第六十四条　医学院校应当加强精神医学的教学和研究，按照精神卫生工作的实际需要培养精神医学专门人才，为精神卫生工作提供人才保障。

第六十五条　综合性医疗机构应当按照国务院卫生行政部门的规定开设精神科门诊或者心理治疗门诊，提高精神障碍预防、诊断、治疗能力。

第六十六条　医疗机构应当组织医务人员学习精神卫生知识和相关法律、法规、政策。

从事精神障碍诊断、治疗、康复的机构应当定期组织医务人员、工作人员进行在岗培训，更新精神卫生知识。

县级以上人民政府卫生行政部门应当组织医务人员进行精神卫生知识培训，提高其识别精神障碍的能力。

第六十七条　师范院校应当为学生开设精神卫生课程；医学院校应当为非精神医学专业的学生开设精神卫生课程。

县级以上人民政府教育行政部门对教师进行上岗前和在岗培训，应当有精神卫生的内容，并定期组织心理健康教育教师、辅导人员进行专业培训。

第六十八条　县级以上人民政府卫生行政部门应当组织医疗机构为严重精神障碍患者免费提供基本公共卫生服务。

精神障碍患者的医疗费用按照国家有关社会保险的规定由基本医疗保险基金支付。医疗保险经办机构应当按照国家有关规定将精神障碍患者纳入城镇职工基本医疗保险、城镇居民基本医疗保险或者新型农村合作医疗的保障范围。县级人民政府应当按照国家有关规定对家庭经济困难的严重精神障碍患者参加基本医疗保险给予资助。人力资源社会保障、卫生、民政、财政等部门应当加强协调，简化程序，实现属于基本医疗保险基金支付的医疗费用由医疗机构与医疗保险经办机构直接结算。

精神障碍患者通过基本医疗保险支付医疗费用后仍有困难，或者不能通过基本医疗保险支付医疗费用的，民政部门应当优先给予医疗救助。

第六十九条　对符合城乡最低生活保障条件的严重精神障碍患者，民政部门应当会同有关部门及时将其纳入最低生活保障。

对属于农村五保供养对象的严重精神障碍患者，以及城市中无劳动能力、无生活来源且无法定赡养、抚养、扶养义务人，或者其法定赡养、抚养、扶养义务人无赡养、抚养、扶养能力的严重精神障碍患者，民政部门应当按照国家有关规定予以供养、救助。

前两款规定以外的严重精神障碍患者确有困难的，民政部门可以采取临时救助等措施，帮助其解决生活困难。

第七十条　县级以上地方人民政府及其有关部门应当采取有效措施，保证患有精神障碍的适龄儿童、少年接受义务教育，扶持有劳动能力的精神障碍患者从事力所能及的劳动，并为已经康复的人员提供就业服务。

国家对安排精神障碍患者就业的用人单位依法给予税收优惠，并在生产、经营、技术、资金、物资、场地等方面给予扶持。

第七十一条　精神卫生工作人员的人格尊严、人身安全不受侵犯，精神卫生工作人员依法履行职责受法律保护。全社会应当尊重精神卫生工作人员。

县级以上人民政府及其有关部门、医疗机构、康复机构应当采取措施，加强对精神卫生工作人员的职业保护，提高精神卫生工作人员的待遇水平，并按照规定给予适当的津贴。精神卫生工作人员因工致伤、致残、死亡的，其工伤待遇以及抚恤按照国家有关规定执行。

第六章　法律责任

第七十二条　县级以上人民政府卫生行政部门和其他有关部门未依照本法规定履行精神卫生工作职责，或者滥用职权、玩忽职守、徇私舞弊的，由本级人民政府或者上一级人民政府有关部门责令改正，通报批评，对直接负责的主管人员和其他直接责任人员依法给予警告、记过或者记大过的处分；造成严重后果的，给予降级、撤职或者开除的处分。

第七十三条　不符合本法规定条件的医疗机构擅自从事精神障碍诊断、治疗的，由县级以上人民政府卫生行政部门责令停止相关诊疗活动，给予警告，并处五千元以上一万元以下罚款，有违法所得的，没收违法所得；对直接负责的主管人员和其他直接责任人员依法给予或者责令给予降低岗位等级或者撤职、开除的处分；对有关医务人员，吊销其执业证书。

第七十四条　医疗机构及其工作人员有下列行为之一的，由县级以上人民政府卫生行政部门责令改正，给予警告；情节严重的，对直接负责的主管人员和其他直接责任人员依法给予或者责令给予降低岗位等级或者撤职、开除的处分，并可以责令有关医务人员暂停一个月以上六个月以下执业活动：

（一）拒绝对送诊的疑似精神障碍患者作出诊断的；

（二）对依照本法第三十条第二款规定实施住院治疗的患者未及时进行检查评估或者未根据评估结果作出处理的。

第七十五条　医疗机构及其工作人员有下列行为之一的，由县级以上人民政府卫生行政部门责令改正，对直接负责的主管人员和其他直接责任人员依法给予或者责令给予降低岗位等级或者撤职的处分；对有关医务人员，暂停六个月以上一年以下执业活动；情节严重的，给予或者责令给予开除的处分，并吊销有关医务人员的执业证书：

（一）违反本法规定实施约束、隔离等保护性医疗措施的；

（二）违反本法规定，强迫精神障碍患者劳动的；

（三）违反本法规定对精神障碍患者实施外科手术或者实验性临床医疗的；

（四）违反本法规定，侵害精神障碍患者的通讯和会见探访者等权利的；

（五）违反精神障碍诊断标准，将非精神障碍患者诊断为精神障碍患者的。

第七十六条　有下列情形之一的，由县级以上人民政府卫生行政部门、工商行政管理部门依据各自职责责令改正，给予警告，并处五千元以上一万元以下罚款，有违法所得的，没收违法所得；造成严重后果的，责令暂停六个月以上一年以下执业活动，直至吊销执业证书或者营业执照：

（一）心理咨询人员从事心理治疗或者精神障碍的诊断、治疗的；

（二）从事心理治疗的人员在医疗机构以外开展心理治疗活动的；

（三）专门从事心理治疗的人员从事精神障碍的诊断的；

（四）专门从事心理治疗的人员为精神障碍患者开具处方或者提供外科治疗的。

心理咨询人员、专门从事心理治疗的人员在心理咨询、心理治疗活动中造成他人人身、财产或者其他损害的，依法承担民事责任。

第七十七条　有关单位和个人违反本法第四条第三款规定，给精神障碍患者造成损害的，依法承担赔偿责任；对单位直接负责的主管人员和其他直接责任人员，还应当依法给予处分。

第七十八条　违反本法规定，有下列情形之一，给精神障碍患者或者其他公民造成人身、财产或者其他损害的，依法承担赔偿责任：

（一）将非精神障碍患者故意作为精神障碍患者送入医疗机构治疗的；

（二）精神障碍患者的监护人遗弃患者，或者有不履行监护职责的其他情形的；

（三）歧视、侮辱、虐待精神障碍患者，侵害患者的人格尊严、人身安全的；

（四）非法限制精神障碍患者人身自由的；

（五）其他侵害精神障碍患者合法权益的情形。

第七十九条　医疗机构出具的诊断结论表明精神障碍患者应当住院治疗而其监护人拒绝，致使患者造成他人人身、财产损害的，或者患者有其他造成他人人身、财产损害情形的，其监护人依法承担民事责任。

第八十条　在精神障碍的诊断、治疗、鉴定过程中，寻衅滋事，阻挠有关工作人员依照本法的规定履行职责，扰乱医疗机构、鉴定机构工作秩序的，依法给予治安管理处罚。

违反本法规定，有其他构成违反治安管理行为的，依法给予治安管理处罚。

第八十一条　违反本法规定，构成犯罪的，依法追究刑事责任。

第八十二条　精神障碍患者或者其监护人、近亲属认为行政机关、医疗机构或者其他有关单位和个人违反本法规定侵害患者合法权益的，可以依法提起诉讼。

第七章　附　则

第八十三条　本法所称精神障碍，是指由各种原因引起的感知、情感和思维等精神活动的紊乱或者异常，导致患者明显的心理痛苦或者社会适应等功能损害。

本法所称严重精神障碍，是指疾病症状严重，导致患者社会适应等功能严重损害、对自身健康状况或者客观现实不能完整认识，或者不能处理自身事务的精神障碍。

本法所称精神障碍患者的监护人，是指依照民法通则的有关规定可以担任监护人的人。

第八十四条　军队的精神卫生工作，由国务院和中央军事委员会依据本法制定管理办法。

第八十五条　本法自 2013 年 5 月 1 日起施行。

中国心理学会临床与咨询工作伦理守则

中国心理学会（以下简称"本学会"）制定的临床与咨询工作伦理守则（以下简称"本守则"），是本学会根据中华人民共和国民政部《社会团体登记管理条例》和其他国家相关法律、法规，授权中国心理学会临床与咨询心理学专业机构与专业人员注册标准制定工作组（以下简称"制定工作组"）在广泛征集有关专业人士的意见后制定的。制定本守则的目的是让心理师、寻求专业服务者以及广大民众了解心理治疗与心理咨询工作专业伦理的核心理念和专业责任，并借此保证和提升心理治疗与心理咨询专业服务的水准，保障寻求专业服务者和心理师的权益，增进民众的心理健康、幸福和安宁，促进和谐社会的发展。本守则亦作为本学会临床与咨询心理学注册心理师的专业伦理规范以及本学会处理有关临床与咨询心理学专业伦理申诉的主要依据和工作基础。

总　则

善行：心理师工作目的是使寻求专业服务者从其提供的专业服务中获益。心理师应保障寻求专业服务者的权利，努力使其得到适当的服务并避免伤害。

责任：心理师在工作中应保持其专业服务的最高水准，对自己的行为承担责任。认清自己专业的、伦理及法律责任，维护专业信誉。

公正：心理师应公平、公正地对待自己的专业工作及其他人员。心理师应采取谨慎的态度防止自己潜在的偏见、能力局限、技术的限制等导致的不适当行为。

尊重：心理师应尊重每一个人，尊重个人的隐私权、保密性和自我决定的权利。

专业关系

心理师应尊重寻求专业服务者，按照专业的伦理规范与寻求专业服务者建立良好的专业工作关系，这种工作关系应以促进寻求服务者的成长和发展，从而增进其自身的利益和福祉为目的。

1.1　心理师不得因寻求专业服务者的年龄、性别、种族、性取向、宗教和政治信仰、文化、身体状况、社会经济状况等任何方面的因素歧视对方。

1.2　心理师应尊重寻求专业服务者的知情同意权。在临床服务工作开始时和工作过程中，心理师应首先让对方了解专业服务工作的目的、专业关系、相关技术、工作过程、专业工作可能的局限性、工作中可能涉及的第三方的权益、隐私权、可能的危害以及专业服务可能带来的利益等相关信息。

1.3　心理师应依照当地政府要求或本单位的规定恰当收取专业服务的

费用。心理师在进入专业性工作关系之前，要对寻求专业服务者清楚地介绍和解释其服务收费的情况。不允许心理师以收受实物、获得劳务服务或其他方式作为其专业服务的回报，因为它们有引起冲突、剥削、破坏专业关系等潜在的危险。

1.4　心理师要明了自己对寻求专业服务者的影响力，尽可能防止损害信任和引起依赖的情况发生。

1.5　心理师应尊重寻求专业服务者的价值观，不代替对方做出重要决定，或强制其接受自己的价值观。

1.6　心理师应清楚地认识自身所处位置对寻求专业服务者的潜在影响，不得利用对方对自己的信任或依赖利用对方，或者借此为自己或第三方谋取利益。

1.7　心理师要清楚地了解双重关系（例如与寻求专业帮助者发展家庭的、社交的、经济的、商业的或者亲密的个人关系）对专业判断力的不利影响及其伤害寻求专业服务者的潜在危险性，避免与寻求专业服务者发生双重关系。在双重关系不可避免时，应采取一些专业上的预防措施，例如签署正式的知情同意书、寻求专业督导、做好相关文件的记录，以确保双重关系不会损害自己的判断并且不会对寻求专业帮助者造成危害。

1.8　心理师不得与当前寻求专业服务者发生任何形式的性和亲密关系，也不得给有过性和亲密关系的人做心理咨询或治疗。一旦业已建立的专业关系超越了专业界限（例如发展了性关系或恋爱关系），应立即终止专业关系并采取适当措施（例如寻求督导或同行的建议）。

1.9　心理师在与某个寻求专业服务者结束心理咨询或治疗关系后，至少三年内不得与该寻求专业服务者发生任何亲密或性关系。在三年后如果发生此类关系，要仔细考察关系的性质，确保此关系不存在任何剥削的可能性，同时要有合法的书面记录备案。

1.10　心理师在进行心理咨询与治疗工作中不得随意中断工作。在心理师出差、休假或临时离开工作地点外出时，要对已经开始的心理咨询或治疗工作进行适当的安排。

1.11　心理师认为自己已不适合对某个寻求专业服务者进行工作时，应向对方明确说明，并本着为对方负责的态度将其转介给另一位合适的心理师或医师。

1.12　在专业工作中，心理师应相互了解和相互尊重，应与同行建立一种积极合作的工作关系，以提高对寻求专业服务者的服务水平。

1.13　心理师应尊重其他专业人员，应与相关专业人员建立一种积极合作的工作关系，以提高对寻求专业服务者的服务水平。

隐私权与保密性

心理师有责任保护寻求专业服务者的隐私权，同时认识到隐私权在内容和范围上受到国家法律和专业伦理规范的保护和约束。

2.1　心理师在心理咨询与治疗工作中，有责任向寻求专业服务者说明工作的保密原则，以及这一原则应用的限度。在家庭治疗、团体咨询或治疗开始时，应首先在咨询或治疗团体中确立保密原则。

2.2　心理师应清楚地了解保密原则的应用有其限度，下列情况为保密原则的例外：(1)心理师发现寻求专业服务者有伤害自身或伤害他人的严重危险时。(2)寻求专业服务者有致命的传染性疾病等且可能危及他人时。(3)未成年人在受到性侵犯或虐待时。(4)法律规定需要披露时。

2.3　在遇到2.2中的(1)(2)和(3)的情况时，心理师有向对方合法监护人或可确认的第三者预警的责任；在遇到2.2中(4)的情况时，心理师有遵循法律规定的义务，但须要求法庭及相关人员出示合法的书面要求，并要求法庭及相关人员确保此种披露不会对临床专业关系带来直接损害或潜在危害。

2.4　心理师只有在得到寻求专业服务者书面同意的情况下，才能对心理咨询或治疗过程进行录音、录像或演示。

2.5　心理师专业服务工作的有关信息包括个案记录、测验资料、信件、录音、录像和其他资料，均属于专业信息，应在严格保密的情况下进行保存，仅经过授权的心理师可以接触这类资料。

2.6　心理师因专业工作需要对心理咨询或治疗的案例进行讨论，或采用案例进行教学、科研、写作等工作时，应隐去那些可能会据此辨认出寻求专业服务者的有关信息(得到寻求专业服务者书面许可的情况例外)。

2.7　心理师在演示寻求专业服务者的录音或录像、或发表其完整的案例前，需得到对方的书面同意。

职业责任

心理师应遵守国家的法律法规，遵守专业伦理规范。同时，努力以开放、诚实和准确的沟通方式进行工作。心理师所从事的专业工作应基于科学的研究和发现，在专业界限和个人能力范围之内，以负责任的态度进行工作。心理师应不断更新并发展专业知识、积极参与自我保健的活动，促进个人在生理上、社会适应上和心理上的健康以更好地满足专业责任的需要。

3.1　心理师应在自己专业能力范围内，根据自己所接受的教育、培训和督导的经历和工作经验，为不同人群提供适宜而有效的专业服务。

3.2　心理师应充分认识到继续教育的意义，在专业工作领域内保持对当前学科和专业信息的了解，保持对所用技能的掌握和对新知识的开放态度。

3.3　心理师应保持对于自身职业能力的关注，在必要时采取适当步骤寻求专业督导的帮助。在缺乏专业督导时，应尽量寻求同行的专业帮助。

3.4　心理师应关注自我保健，当意识到个人的生理或心理问题可能会对寻求专业服务者造成伤害时，应寻求督导或其他专业人员的帮助。心理师应警惕自己的问题对服务对象造成伤害的可能性，必要时应限制、中断或终止临床专业服务。

3.5　心理师在工作中需要介绍自己情况时，应实事求是地说明自己的专业资历、学位、专业资格证书等情况，在需要进行广告宣传或描述其服务内容时，应以确切的方式表述其专业资格。心理师不得贬低其他专业人员，不得以虚假、误导、欺瞒的方式对自己或自己的工作部门进行宣传，更不能进行诈骗。

3.6　心理师不得利用专业地位获取私利，如个人或所属家庭成员的利益、性利益、不平等交易财物和服务等。也不得利用心理咨询与治疗、教学、培训、督导的关系为自己获取合理报酬之外的私利。

3.7　当心理师需要向第三方（例如法庭、保险公司等）报告自己的专业工作时，应采取诚实、客观的态度准确地描述自己的工作。

3.8　当心理师通过公众媒体（如讲座、演示，电台、电视、报纸、印刷物品、网络等）从事专业活动，或以专业身份提供劝导和评论时，应注意自己的言论要基于恰当的专业文献和实践，尊重事实，注意自己的言行应遵循专业伦理规范。

心理测量与评估

心理师应正确理解心理测量与评估手段在临床服务工作中的意义和作用，并恰当使用。心理师在使心理测量与评估过程中应考虑被测量者或被评估者的个人和文化背景。心理师应通过发展和使用恰当的教育、心理和职业测量工具来促进寻求专业服务者的福祉。

4.1　心理测量与评估的目的在于促进寻求专业服务者的福祉，心理师不得滥用测量或评估手段以牟利。

4.2　心理师应在接受过心理测量的相关培训，对某特定测量和评估方法有适当的专业知识和技能之后，方可实施该测量或评估工作。

4.3　心理师应尊重寻求专业服务者对测量与评估结果进行了解和获得解释的权利，在实施测量或评估之后，应对测量或评估结果给予准确、客观、可以被对方理解的解释，努力避免其对测量或评估结果的误解。

4.4　心理师在利用某测验或使用测量工具进行记分、解释时，或使用评估技术、访谈或其他测量工具时，须采用已经建立并证实了信度、效度的测量工具，如果没有可靠的信、效度数据，需要对测验结果及解释的说服力和局限性做出说明。心理师不能仅仅依据心理测量的结果做出心理诊断。

4.5　心理师有责任维护心理测验材料(指测验手册、测量工具、协议和测验项目)和其他测量工具的完整性和安全性，不得向非专业人员泄漏相关测验的内容。

4.6　心理师应运用科学程序与专业知识进行测验的编制、标准化、信度和效度检验，力求避免偏差，并提供完善的使用说明。

教学、培训和督导

心理师应努力发展有意义的和值得尊重的专业关系，对教学、培训和督导持真诚、认真、负责的态度。

5.1　心理师从事教学、培训和督导工作的目的是：促进学生、被培训者或被督导者的个人及专业的成长和发展，以增进其福祉。

5.2　从事教学、培训和督导工作的心理师应熟悉本专业的伦理规范，并提醒学生及被督导者注意自己应负的专业伦理责任。

5.3　负责教学及培训的心理师应在课程设置和计划上采取适当的措施，确保教学及培训能够提供适当的知识和实践训练，满足教学目标的要求或颁发合格证书等的要求。

5.4　担任督导师的心理师应向被督导者说明督导的目的、过程、评估方式及标准。告知督导过程中出现紧急情况、中断、终止督导关系等情况的处理方法。注意在督导过程中给予被督导者定期的反馈，避免因督导疏忽而出现被督导者伤害寻求专业服务者的情况。

5.5　任培训师、督导师的心理师对其培训的学生、被督导者进行专业能力评估时，应采取实事求是的态度，诚实、公平而公正地给出评估意见。

5.6　担任培训师、督导师的心理师应清楚地界定与自己的学生及被督导者的专业及伦理关系，不得与学生或被督导者卷入心理咨询或治疗关系，不得与其发生亲密关系或性关系。不得与有亲属关系或亲密关系的专业人员建立督导关系或心理咨询及治疗关系。

5.7 担任培训师、督导师的心理师应对自己与被督导者(或学生)的关系中存在的优势有清楚的认识，不得以工作之便利用对方为自己或第三方谋取私利。

研究和发表

提倡心理师进行专业研究以便对专业学科领域有所贡献，并促进对专业领域中相关现象的了解和改善。心理师在实施研究时应尊重参与者的尊严，并且关注参与者的福祉。遵守以人类为研究对象的科学研究规范和伦理准则。

6.1 心理师在从事研究工作时若以人作为研究对象，应尊重人的基本权益。遵守伦理、法律、服务机构的相关规定以及人类科学研究的标准。应对研究对象的安全负责，特别注意防范研究对象的权益受到损害。

6.2 心理师在从事研究工作时，应事先告知或征求研究对象的知情同意。应向研究对象(或其监护人)说明研究的性质、目的、过程、方法与技术的运用、可能遇到的困扰、保密原则及限制，以及研究者和研究对象双方的权利和义务等。

6.3 研究对象有拒绝或退出研究的权利，心理师不得以任何方式强制对方参与研究。只有当确信研究对参与者无害而又必须进行该项研究时，才能使用非自愿参与者。

6.4 心理师不得用隐瞒或欺骗手段对待研究对象，除非这种方法对预期的研究结果是必要的，且无其他方法可以代替，但事后必须向研究对象做出适当的说明。

6.5 当干预或实验研究需要控制组或对照组时，在研究结束后，应对控制组或对照组成员给予适当的处理。

6.6 心理师在撰写研究报告时，应将研究设计、研究过程、研究结果及研究的局限性等做客观和准确的说明和讨论，不得采用虚假不实的信息或资料，不得隐瞒与自己研究预期或理论观点不一致的结果，对研究结果的讨论应避免偏见或成见。

6.7 心理师在撰写研究报告时，应注意为研究对象的身份保密(除非得到研究对象的书面授权)，同时注意对相关研究资料予以保密并妥善保管。

6.8 心理师在发表论文或著作时不能剽窃他人的成果。心理师在发表论文或著作中引用其他研究者或作者的言论或资料时，应注明原著者及资料的来源。

6.9 当研究工作由心理师与其他同事或同行一起完成时，发表论文或著作应以适当的方式注明其他作者，不得以自己个人的名义发表或出版。对所发表的研究论文或著作有特殊贡献者，应以适当的方式给予郑重而明确的声明。若所发表的文章或著作的主要内容来自于学生的研究报告或论文，该学生应列为主要作者之一。

伦理问题处理

心理师在专业工作中应遵守有关法律和伦理。心理师应努力解决伦理困境，和相关人员进行直接而开放的沟通，在必要时向同行及督导寻求建议或帮助。心理师应将伦理规范整合到他们的日常专业工作之中。

7.1 心理师可以从本学会、有关认证或注册机构获得本学会的伦理规范，缺乏相关知识或对伦理条款有误解都不能成为违反伦理规范的辩解理由。

7.2 心理师一旦觉察到自己在工作中有失职行为或对职责存在着误解，应采取合理的措施加以改正。

7.3 如果本学会的专业伦理规范与法律法规之间存在冲突，心理师必须让他人了解自己的行为是符合专业伦理的，并努力解决冲突。如果这种冲突无法解决，心理师应该以法律和法规作为其行动指南。

7.4 如果心理师所在机构的要求与本学会的伦理规范有矛盾之处，心理师需要澄清矛盾的实质，表明自己具有按照专业伦理规范行事的责任。应在坚持伦理规范的前提下，合理地解决伦理规范与机构要求的冲突。

7.5 心理师若发现同行或同事违反了伦理规范，应予以规劝。若规劝无效，应通过适当渠道反映其问题。如果对方违反伦理的行为非常明显，而且已经造成严重危害，或违反伦理的行为无合适的非正式的途径解决，或根本无法解决，心理师应当向本学会的伦理工作组或其他适合的权威机构举报，以维护行业声誉，保护寻求专业服务者的权益。如果心理师不能确定某种特定情形或特定的行为是否违反伦理规范，可向本学会的伦理工作组或其他合适的权威机构寻求建议。

7.6 心理师有责任配合本学会的伦理工作组对可能违反伦理规范的行为进行调查和采取行动。心理师应熟悉对违反伦理规范的处理进行申诉的相关程序和规定。

7.7 本伦理规范反对以不公正的态度或报复的方式提出有关伦理问题的申诉。

7.8　本学会设有伦理工作组，以贯彻执行伦理守则，接受伦理问题的申诉，提供与本伦理守则有关的解释，并处理违反专业伦理守则的案例，伦理投诉信箱：lunlitousu@gmail.com。

附：本守则所包含的专业名词定义

临床心理学（clinical psychology）：是心理学的分支学科之一，它既提供心理学知识，也运用这些知识去理解和促进个体或群体的心理健康、身体健康和社会适应。临床心理学更注重对个体和群体心理问题的研究，以及严重心理障碍的治疗。

咨询心理学（counseling psychology）：是心理学的分支学科之一，它运用心理学的知识去理解和促进个体或群体的心理健康、身体健康和社会适应。咨询心理学更关注个体日常生活中的一般性问题，以增进个体良好的适应和应对。

心理师（clinical and counseling Psychologist）：指系统学习过临床或咨询心理学的专业知识、接受过系统的心理治疗与咨询专业技能培训和实践督导，正在从事心理咨询和心理治疗工作，且达到中国心理学会关于心理师的有关注册条件要求，并在中国心理学会有效注册，这些专业人员在本守则中统称为心理师。

心理师包括临床心理师（Clinical Psychologist）和咨询心理师（Counseling Psychologist）：对临床心理师或咨询心理师的界定依赖于申请者所接受的学位培养方案中的名称界定。

寻求专业服务者：即来访者（client）或心理障碍患者（patient），或其他需要心理咨询或心理治疗专业服务的求助者。

督导师（supervisor）：指正在从事临床与咨询心理学相关教学、培训、督导等心理师培养工作，且达到中国心理学会关于督导师的有关注册条件要求，并在中国心理学会有效注册的资深心理师。

心理咨询（counseling）：指在良好的咨询关系基础上，由经过专业训练的心理师运用咨询心理学的有关理论和技术，对有一般心理问题的求助者进行帮助的过程，以消除或缓解求助者的心理问题，促进其个体的良好适应和协调发展。

心理治疗（psychotherapy）：指在良好的治疗关系基础上，由经过专业训练的心理师运用临床心理学的有关理论和技术，对心理障碍患者进行帮助的过程，以消除或缓解患者的心理障碍或问题，促进其人格向健康、协调的方向发展。

剥削(exploitation)：在本守则中指个体或团体在违背他人意愿或不知情的情况下，无偿占有他人的劳动成果，或不当利用他人所拥有的各种物质的、经济的和心理上的资源谋取各种形式的利益或得到心理满足。

福祉(welfare)：在本守则中指寻求专业服务者的健康、心理成长和幸福。

双重关系(dual relationships)：指心理师与寻求专业服务者之间除治疗关系之外，还存在或发展出其他具有利益和亲密情感等特点的人际关系的状况，称为双重关系。如果除专业关系以外，还存在两种或两种以上的社会关系，就称为多重关系(multiple relationships)。

参考文献

1. Barabasz, A. & Christensen, C. *Hypnosis Concepts*. New York, NY: Routledge/Taylor & Francis Group, 2010.

2. Barabasz A., Olness, K., Bolland, R., & Kahn, S. *Medical Hypnosis Primer: Clinical and Research Evidence*. New York, NY: Routledge/Taylor & Francis Group, 2010.

3. Barber, T. X. *Hypnosis: A Scientific Approach*. New York: Van Nostrand Reinhold, 1969.

4. Bernardy, N. C., Lund, B. C., Alexander, B., & Friedman, M. J. Prescribing Trends in Veterans with Posttraumatic Stress Disorder. *Journal Of Clinical Psychiatry*, 2012, 73(3).

5. Cardeña, E. & Krippner, S. *The Cultural Context of Hypnosis*. Washington, DC: American Psychological Association, 2010.

6. Clark, H. *Hypnosis and Suggestibility: An Experimental Approach*. Carmarthen, Wales: Crown House Publishing, 2002.

7. Crebolder, R. J. A Study of the Utility of the Experiential Analysis Technique As a Subjective Method of Inquiry into Hypnosis. Unpublished Honors Thesis, University of Queensland, 1980.

8. Dafinoiu, I. Flexibility in Processing Visual Information: Effects of Mood and Hypnosis. *International Journal of Clinical and Experimental Hypnosis*, 2013, 61(1).

9. Dienes, Z., Brown, E., & Hutton S., et al. Hypnotic Suggestibility, Cognitive Inhibition, and Dissociation. *Consciousness and Cognition*, 2009, 18(4).

10. Enea, V. & Dafinoiu I. Ethical Principles and Standards in the Practice of Hypnosis. *Revista Romana de Bioetica*, 2011, 9(3).

11. Ericsson, K. A. & Simon, H. A. Verbal Reports as Data. *Psychological Review*, 1980, 87(3).

12. Erika, F. & Michael, R. N. *Contemporary Hypnosis Research*. New York: Guilford Press, 1992.

13. Guse, T. Enhancing Lives: A Positive Psychology Agenda for Hypnotherapy. *South African Journal Of Psychology*, 2012, 42(2).

14. Hammer, A. G., Walker, W. L., & Diment, A. D. A Nonsuggested Effect of Trance Induction. In Frankel, F. H. & Zammansky, H. S. (Eds.), *Hypnosis at Its Bicentennial: Selected Paper*. New York: Plenum Press, 1978.

15. Harry, A. *Handbook of NLP: A Mannual for Professional Communicators*. Hampshire: Gower Publishing Company, 1988.

16. Hilgard, E. R. *Hypnotic Susceptibility*. New York: Harcourt, Brace & World, 1965.

17. Hilgard, E. R. Neodissociation Theory of Multiple Cognitive Control Systems. In Schwartz, G. E. & Shapiro, D. (Eds.), *Consciousness and Self-regulation: Advances in Research* (Vol. 1). New York: Plenum Press, 1976.

18. Hilgard, E. R. *Divided Consciousness: Multiple Controls in Human Thought and Action*. New York: Wiley, 1977.

19. Hunter, C. R. *Mastering The Power of Self-Hypnosis: A Practical Guide to Self-Empowerment* (2nd Ed.). Norwalk, CT, US: Crown House Publishing Limited, 2011.

20. Hunter, C. R. & Eimer, B. N. *The Art of Hypnotic Regression Therapy: A Clinical Guide*. Norwalk, CT: Crown House Publishing Limited, 2012.

21. James, U. Practical Uses of Clinical Hypnosis in Enhancing Fertility, Healthy Pregnancy and Childbirth. *Complementary Therapies in Clinical Practice*, 2009, 15(4).

22. Jensen, M. P. Hypnosis for Chronic Pain Management: A New Hope. *Pain*, 2009, 146(3).

23. Johnson, M. W., Suess, P. E., & Griffiths, R. R. Ramelteon a Novel Hypnotic Lacking Abuse Liability and Sedative Adverse Effects. *Archives Of General Psychiatry*, 2006, 63(10).

24. Judith, W. R., Steven, J. L., & Irving, K. Handbook of Clinical Hypnosis. *American Psychological Association*, 1993, 15(4).

25. Kevin, M. M. & Peter, W. S. *Hypnosis, Memory, and Behavior in Criminal Investigation*. New York: The Guilford Press, 1995.

26. Kumar, V. K. & Farley, F. Structural Aspects of Three Hypnotizability

Scales: Smallest Space Analysis. *International Journal of Clinical and Experimental Hypnosis*, 2009, 57(4).

27. Mahon, E. J. The Uncanny in a Dream. *Psychoanalytic Quarterly*, 2012, 81(3).

28. McGeown, M. J. , Mazzoni, G. , & Venneri, A. Hypnotic Induction Decreases Anterior Default Mode Activity. *Consciousness and Cognition*, 2009, 18(4).

29. Michael, H. , Richard, J. B. , & David, A. O. The Highly Hypnotizable Person: Theoretical, Experimental, and Clinical Issues. *Psychophar-macologia*, 2004, 33(1).

30. Milton, H. E. & Ernest, L. R. *Innovative Hypnotherapy*. New York: Halsted Press, 1980.

31. Orne, M. T. & McConkey, K. M. Toward Convergent Inquiry into Selfhypnosis. *International Journal of Clinical and Experimental Hypnosis*, 1981, 29(3).

32. Perry, C. , Gelfand, R. , & Marcovitch, P. The Relevance of Hypnotic Susceptibility in the Clinical Context. *Journal of Abnormal Psychology*, 1979, 88(88).

33. Peter, W. S. & McConkey, K. M. *Hypnosis and Experience: The Exploration of Phenomena and Process*. New York: Brunner/Mazel Publishers, 1996.

34. Riemann, D. , Spiegelhalder, K. , & Nissen, C. REM Sleep Instability—A New Pathway for Insomnia? *Pharmacopsychiatry*, 2012, 45(5).

35. Salzman, L. K. A Clinical Modification of the Experiential Analysis Technique. *Australian Journal of Clinical and Experimental Hypnosis*, 1982 (May issue).

36. Sheehan, P. W. Hypnosis and the Process of Imagination. In Fromm, E. & Shor, R. E. (Eds.), *Hypnosis: Developments in Research and New Perspective*. Hawthorn, N. Y. : Aldine, 1979.

37. Walters, V. J. & Oakley, D. A. Hypnotic Imagery as an Adjunct to Therapy for Irritable Bowel Syndrome: An Experimental Case Report. *Contemporary Hypnosis*, 2006, 23(3).

38. Weitzenhoffer, A. M. Review of the Children's Hypnotic Susceptibility Scale. *American Journal of Clinical Hypnosis*, 1978, 21(2-3).

39. Weitzenhoffer, A. M. & Hilgard, E. R. *Stanford Hypnotic Susceptibility*

Scale，*Form* C. Palo Alto，Cal.：Consulting Psychologists Press，1962.

40. 布莱恩·魏斯. 前世今生——生命轮回的前世疗法. 谭智华，译. 台北：张老师文化出版社，1993.

41. 布莱恩·魏斯. 生命轮回——超越时空的前世疗法. 黄汉耀，译. 台北：张老师文化事业股份有限公司，1995.

42. 方莉，刘协和. 斯坦福团体催眠感受性量表的信度与效度分析. 中国临床康复，2004(15).

43. 傅荣，吴雅文，徐雅玲. 实用催眠治疗手册. 南昌：江西科学技术出版社，2002.

44. Gerald Rosen. 身心松弛法. 黄惠玲，刘兆明，编译. 台北：张老师出版社，1984.

45. 格桑泽仁. 你，正在被催眠. 北京：世界图书出版公司，2009.

46. 哈瑞·阿德尔. NLP 实践指南. 李灏，林卫凌，等，译. 北京：经济管理出版社，2003.

47. 哈瑞·雅尔德. NLP 心想事成的行为科学与艺术. 陈久泰，译. 台北：成智出版社，1997.

48. 黄大一. 催眠大师 150 招. 合肥：安徽人民出版社，2008.

49. 江波. 实用催眠术. 广州：广东科技出版社，1993.

50. 莱斯利·勒克龙. 自我催眠术. 然吟，蔡颖，联华，译. 北京：新华出版社，1989.

51. 李中莹. NLP 简快心理疗法. 北京：世界图书出版公司，2003.

52. 马维祥. 中华经络催眠术. 厦门：厦门大学出版社，2010.

53. 美童春彦. 催眠术入门. 纪思，孟宪文，译. 广州：科普出版社广东分社，1987.

54. 米尔顿·艾瑞克森，史德奈·罗森. 催眠之声伴随你——催眠谘商大师艾瑞克森的故事和手法. 萧德兰，译. 台北：生命潜能文化事业有限公司，2012.

55. 单家银. 催眠冲突管理研究. 上海：华东师范大学，2008.

56. 斯蒂芬·吉利根. 艾瑞克森催眠治疗理论. 王峻，谭洪岗，吴薇莉，译. 北京：世界图书出版公司，2007.

57. 邰启扬，吴承红. 催眠术治疗手记. 北京：社会科学文献出版社，2007.

58. 王慧良，张庆林. 催眠与记忆. 中国临床康复，2006(18).

59. 王淑合. 催眠暗示在侦查实践中的应用. 公安大学学报，2001(6).

60. 休·奈特. NLP 入门. 郑日昌，译. 上海：上海人民出版社，2006.

61. 余萍客. 催眠术与催眠疗法. 太原：山西科学技术出版社，2010.

62. 约翰·葛瑞德，莱迪芙·迪露西亚，理查·班德勒. 催眠天书2——莱尔顿、艾瑞克森催眠模式. 王建兵，蒋红梅，译. 北京：世界图书出版公司.

63. 湛若水.《黄帝内经》呼吸养生法. 南宁：广西科学技术出版社，2010.

64. 张芝华. 催眠瘦身. 北京：中国轻工业出版社，2009.

65. 赵淑芬. 侦查中的催眠方法探析. 中国人民公安大学学报（社会科学版），2006(1).

66. 郑日昌，傅纳，朱仙桃. 催眠疗法. 北京：开明出版社，2015.